BANKRUPTCY LAW

破产法专题研究

POCHANFA ZHUANTI YANJIU

周小龙 ◎ 主　编

钟朝阳 ◎ 副主编

中山大學出版社
SUN YAT-SEN UNIVERSITY PRESS

· 广州 ·

图书在版编目（CIP）数据

破产法专题研究/周小龙主编；钟朝阳副主编．—广州：中山大学出版社，2022.6
ISBN 978-7-306-07539-0

Ⅰ.①破…　Ⅱ.①周…　②钟…　Ⅲ.①破产法—研究—中国—文集　Ⅳ.①D922.291.924-53

中国版本图书馆CIP数据核字（2022）第085554号

出 版 人：王天琪
策划编辑：嵇春霞　李海东
责任编辑：林梅清
封面设计：曾　斌
责任校对：陈　莹
责任技编：靳晓虹
出版发行：中山大学出版社
电　　话：编辑部 020-84110283，84113349，84111997，84110779，84110776
　　　　　发行部 020-84111998，84111981，84111160
地　　址：广州市新港西路135号
邮　　编：510275　　传　　真：020-84036565
网　　址：http：//www.zsup.com.cn　E-mail：zdcbs@mail.sysu.edu.cn
印 刷 者：佛山市浩文彩色印刷有限公司
规　　格：787mm×1092mm　1/16　16印张　238千字
版次印次：2022年6月第1版　2022年6月第1次印刷
定　　价：58.00元

目　　录

专题一　管理人的职责与报酬

专题二　破产程序中的撤销权与取回权

专题三　预重整与重整制度

专题四　债权的保护与清偿顺位

专题五　破产程序中的涉税问题

专题一

管理人的职责与报酬

破产管理人撤回预重整要约的效力分析

钟朝阳*

【摘要】 现行破产法赋予了管理人民事主体资格。但破产管理人不是普通的民事主体，而是一种特殊的民事主体，它独立于债权人和债务人之外，有着自己的工作职权和职责，需要为自己的行为承担相应的责任。若债权人公开发布重整公告和招募条件，那么应当认为这是一种民法、合同法上的要约邀请。在意向重整人遴选的第二阶段，双方已经形成“预重整合同关系”，这种关系具有法律约束力。此时，破产管理人以任何借口撤回要约或单方面解除合同，都是违反“预重整合同关系”的行为，需要承担相应的违约责任。

【关键词】 预重整；要约；违约；法律责任

一、案例简介

2019年12月20日，A市B学校破产管理人（简称为管理人）向全社会公开发布“A市B学校预重整投资人招募公告”，招募公告规定的报名条件是：“（一）符合A市经济社会发展和教育发展的需求，并具备《中华人民共和国民办教育促进法》和相关法律、法规规定的条件；（二）依据中华人民共和国法律设立并有效存续、信用状况良好，具有良好的社会诚信度和商业信誉且最近三年无重大违法行为、未被纳入失信被执行人名单的企业法人；（三）拥有3亿元人民币以上资产（需提供资产证明），无数额较大到期未清偿债务，能在合理时间支付清偿资金；（四）有五年以上中小学教育教学办学经

* 钟朝阳，广东明思律师事务所律师。

验（以申报人办学许可证发证之日起至本公告发布之日止为准）。”

C公司根据上述报名条件，在规定的时间内报名参与重整，提交资料，并交纳报名保证金和重整保证金共计2000万元。由于C公司是学校的开办者，又是学校物业的承租人，又与管理人签订了《重整期间B学校托管协议》，故综合来看，C公司具有较大的重整优势。同时期还有其他4个投资组合体参与意向重整，但最终都放弃交纳1800万元重整保证金。因此，C公司成为唯一的意向重整人。

C公司获得预重整资格后，多次与管理人进行深入交流、沟通，并参考管理人指定的评估机构作出的评估价，着手制订详细的重整计划。

2020年6月28日，管理人发布第三次债权人会议通知，通知与会者会议内容为表决重整计划草案。

2020年7月14日，在第三次债权人会议上，管理人向债权人宣布，C公司联合体不具备重整投资人资格。

管理人宣布C公司联合体无重整资格的理由是：该联合体提供的资料无法证明其具备招募公告要求的审计报告和办学经验。但真实情况是，原报名条件要求的是提供“资产证明”，而不是“审计报告”。C公司已提供资产证明，但未提供审计报告，管理人显然不应扩大对报名条件的字面解释，把“资产证明”上升为“审计报告”。此外，作为重整对象的B学校，其本身就是C公司开办的，而且已开办将近十年。因此，“C公司无办学经验”的说法是站不住脚的。况且，管理人曾与C公司签订过《重整期间B学校托管协议》，管理人对C公司“无办学经验”的评价，似乎难以成立。

2020年10月16日，管理人发布“A市B学校重整投资人第二次招募公告”，第二次招募公告规定的报名条件是：“（一）符合A市经济发展、社会发展和教育发展的需求，并符合《中华人民共和国民办教育促进法》和相关法律、法规规定的条件；（二）依据中华人民共和国法律设立并有效存续、信用状况良好，具有良好的社会诚信度和商业信誉且最近三年无重大违法行为、未被纳入失信被执行人名单的法人；（三）拥有1亿元人民币以上资产（需提供资产证明），无数额较大到期未清偿债务，能在合理时间支付清偿资金；（四）有五年以上中小学教育教学办学经验（以申请人办学许可证发证之日起至本公告发布之日止为准），且举办学校办学规模不少于1000人，办学信誉良好，其举办的所有学校近五年年检合格，未受行政处罚。”

对照第一次的招募公告，第二次的招募公告在招募条件上有一点细微区别，就是在第4项里增加了“未受行政处罚”的条件，而C公司开办的B学校，因为对外担保、挪用办学经费等问题，曾被A市教育部门作出过行政处罚。需要说明的是，B学校的实际管理者、经营者并非C公司，而是另一位曹姓女士。

因此，第二次招募公告设定的招募条件，实质上就是管理人撤回第一次招募，并且通过第二次招募程序来排除C公司参与破产重整。

二、破产管理人是特殊的民事主体

民事主体又称民事法律关系主体，是指参加民事法律关系享受权利和承担义务的公民、法人或其他组织，也可称之为民事法律关系的当事人。

破产管理人的民事主体资格，来自《中华人民共和国企业破产法》[①]（简称《破产法》）的规定，其中第二十二条规定：“管理人由人民法院指定。债权人会议认为管理人不能依法、公正执行职务或者有其他不能胜任职务情形的，可以申请人民法院予以更换。”第二十三条规定：“管理人依照本法规定执行职务，向人民法院报告工作，并接受债权人会议和债权人委员会的监督。管理人应当列席债权人会议，向债权人会议报告职务执行情况，并回答询问。”第二十四条规定：“管理人可以由有关部门、机构的人员组成的清算组或者依法设立的律师事务所、会计师事务所、破产清算事务所等社会中介机构担任。”

① 《中华人民共和国企业破产法》，自2007年6月1日起施行。

可见，现行破产法赋予了管理人民事主体资格。但破产管理人不是普通的民事主体，而是一种特殊的民事主体，其主体资格来自破产法的授权。它不是债权人的代言人，更不是债务人的委托人，而应该是一位“向人民法院报告工作，并接受债权人会议和债权人委员会的监督”的独立第三人。换句话说，破产管理人独立于债权人和债务人之外，有着自己的工作职权和职责，需要为自己的行为承担相应的责任。

此外，正因为管理人是特殊的民事主体，所以，在前述B学校重整一案中，管理人可以以“A市B学校管理人”的名义与C公司签订《重整期间B学校托管协议》，后来又以管理人的名义函告学校物业的所有人，要求续签租赁合同。根据破产法的规定，管理人还可以以管理人名义追讨破产财产和行使撤销权、形成权等。

因此，破产管理人既是一个特殊的民事主体，也是一个完全的民事主体。既然是民事主体，破产管理人就应当在享受民事权利的同时，承担相应的民事义务。对于管理人的民事责任，《破产法》第一百三十条明确规定：“管理人未依照本法规定勤勉尽责，忠实执行职务的，人民法院可以依法处以罚款；给债权人、债务人或者第三人造成损失的，依法承担赔偿责任。”可见，管理人作为独立的民事主体，也应当独立承担民事责任。

在破产实践中，有两种情况比较复杂，需要进一步区分。

一是管理人因债权人会议的干扰，执行债权人会议决议而造成他人损失。在这种情形下，如果管理人明知债权人会议决议违反法律规定和破产程序但仍然执行，那么由此导致的第三人的损失，管理人与债权人会议名下的清算组应当共同承担连带责任；除此之外，则管理人可以相应地免责。

二是管理人因受到人民法院办案人员的干扰，而做出损害第三人利益的事。在这种情形下，管理人不能免除过错责任。但是，若有证据证明管理人受到办案人员的干扰而做出侵害第三人合法权益之事实，则可以减轻或免除其责任。同时，第三人可以据此提起国家赔偿。

由于管理人是因自己的专业知识而成为管理人，如果管理人在履行职务时存在过错，对他人有侵权或违约事实，那么由此造成他人之损失与重整对象或实体无关，而应当以管理人自己的名义对外承担无限责任。由此可以看出，破产管理人作为一个特殊的民事主体，在破产事项的管理上有着不同于债权人和债务人的规范要求，违反该规范与道德要求的，都需要承担一定的责任。

三、破产管理人在破产重整期间作出的要约，具有民法、合同法上的效力

既然破产管理人是完全的民事主体，那么其公开发布的重整公告和招募条件，应当认为这是一种民法、合同法上的要约邀请。《中华人民共和国民法典》[①]（简称《民法典》）第四百七十三条规定："要约邀请是希望他人向自己发出要约的表示。拍卖公告、招标公告、招股说明书、债券募集办法、基金招募说明书、商业广告和宣传、寄送的价目表等为要约邀请。"因此，破产管理人第一次公开发布的重整公告、招募条件和招募说明，满足了要约邀请的条件。

接着，C公司根据破产管理人发出的要约邀请，先交纳报名保证金200万元。至此，相当于C公司向破产管理人发出了缔结重整合同的要约。

破产管理人对照自己发布的招募条件和招募说明，在审查C公司的资质后，要求其再支付1800万元重整保证金。此时，意味着管理人向C公司发出了正式的重整要约。根据该要约，只要C公司再支付1800万元重整保证金，并向管理人提出详细的预重整计划，双方之间就成立了一个法律关系，这个法律关系可以称之为"预重整合同"法律关系。

但由于符合报名条件的意向投资人可能有多位，即有多位意向投资人愿意支付1800万元重整保证金，这意味着管理人与多位意向投

① 《中华人民共和国民法典》，自2021年1月1日起施行。

资人成立了预重整合同法律关系，故这个“预重整合同”能否转化为正式的“重整合同”，还需要债权人会议确认。通过债权人会议，与最终确定的其中一位当事人另行签订一份正式的重整合同，从而完成预重整合同的相应义务。

一般来说，债权人会议会表决通过出价最高的预重整方案，并最终由该意向投资人参与重整。如果在多位意向投资人中最终选定了一家参与重整，就意味着其他预重整合同法律关系终止，管理人须向他们退还预交的报名保证金和重整保证金；如果最终只有一位意向投资人预缴重整保证金并提出预重整方案，那么债权人会议只能就这一家意向投资人的重整计划进行表决。

在本案例中，仅有C公司缴交了1800万元重整保证金，这意味着其他意向投资人中途放弃参与重整。因此，破产管理人只能与C公司缔结重整合同。管理人应当根据遴选程序，在唯一的合格意向投资人中，确认C公司为最终的重整投资人。

然而，破产管理人突然宣布C公司“不具备重整投资人资格”，并启动第二次招募投资人程序。破产管理人的行为其实是一种撤回重整要约行为，同时也表示了拒绝C公司其他要约的意思，因而违反了预重整合同的法律义务。

那么，破产管理人在已经审查其资质且指令C公司再支付1800万元重整保证金后撤回要约，是否构成违约？

对于这个问题，有两种观点。

第一种观点认为，撤回的是要约邀请，不构成违约。只要管理人不与意向投资人签订“重整确认书”，管理人随时可以撤回要约邀请。按此观点，破产管理人在签订重整确认书之前的所有行为，均为要约邀请。既然是要约邀请，那么不管破产管理人在此期间做出何种行为，均不构成违反合同约定和法律规定，自然也无须承担相对应的法律责任。

第二种观点认为，撤回的是要约，构成违约。此观点认为，招募程序显然是分阶段性的，根据重整公告、招募条件和招募说明等资料，整个程序分为“报名资质审查”和“预重整合同”两个阶段。

在前一个阶段中，破产管理人的行为属于要约邀请，双方都可以随时终止。但在后一个阶段，即C公司按管理人要求缴交了1800万元重整保证金、管理人接受了预重整计划书，此时，双方就已经形成预重整合同关系了。因此，该合同是具有法律效力的，如果破产管理人单方面撤回，则属于单方面解除合同，必然构成违约。同理，如果C公司单方面放弃重整，其支付的2000万元（含报名保证金200万元）重整保证金将要被没收。

笔者同意第二种观点，即在意向重整人遴选的第二阶段，双方已经形成预重整合同关系，这种关系具有法律上的约束力，即使其距离最终的“重整投资人确认”阶段还差一步。而在最终的“重整投资人确认”阶段，如果仅有C公司一家，那么破产管理人应当与C公司签订重整确认书并报送给人民法院认定。此时，破产管理人以任何借口撤回要约、单方面解除合同，都是违反预重整合同关系的行为，对C公司构成违约，因而需要承担相应的违约责任。

四、如果破产管理人对预重整投资人构成违约，应当承担违约责任

上述案例中，在重整程序已进入预重整计划的表决阶段时，有第三人以更高的重整价格要求参与重整。但该第三人并未参与先前的报名与竞选，属于空降的第三人，并不符合程序上的要求。而破产管理人却选择接受第三人的条件，撤回重整要约，并宣布C公司“不具备重整投资人资格”。

这样的做法若是得到法律的支持，就意味着在任何破产重整案件中，但凡有人没有在重整公告规定的报名时间内报名，后来又想参与破产重整，只要其提出一个比原先预重整意向人更高质量、更优惠的重整价格（后来的意向重整人提出的预重整计划、条件一般更受债权人欢迎，因金额更高，管理人获得的报酬也会更高），破产管理人就可以随时撤回原来的招募要约，那么，原意向投资人的合法权益该如何保障，设定该竞选程序的意义又何在？

笔者认为，虽然破产法没有这方面的相应规定，但这样的一种做法是无法得到民法、合同法支持的。允许破产管理人出尔反尔，不断变换招募条件来吸引价高者参与意向重整，虽然在一定程度上“维护”了债权人的利益，但显然也损害了在此之前参与意向重整投资人的利益，并且这种允许“后来者居上”的做法使得预重整之前的程序流于形式，且多此一举。这种做法不但违反了民法、合同法的诚实信用原则，而且严重违反了民法典的明确规定。

《民法典》第五百七十七条规定：“当事人一方不履行合同义务或者履行合同义务不符合约定的，应当承担继续履行、采取补救措施或者赔偿损失等违约责任。”因此，破产管理人作为预重整合同的当事人，理应对自己无故终止合同的行为承担违约责任。本案例中，由于破产管理人最终确认了出价更高的第三人参与重整，要求管理人继续按照先前的约定来履行合同对于三方来说成本太大，这种承担责任的方式在实践中很少得到青睐，故管理人承担违约责任的方式大多是赔偿损失。

另外，《民法典》第五百八十四条规定：“当事人一方不履行合同义务或者履行合同义务不符合约定，造成对方损失的，损失赔偿额应当相当于因违约所造成的损失，包括合同履行后可以获得的利益；但是，不得超过违约一方订立合同时预见到或者应当预见到的因违约可能造成的损失。”

据此，C 公司可以向破产管理人主张赔偿损失，包括合同履行后可以获得的期待利益。这个期待利益，可以参考 B 学校未来可期待的资产收益，也可以参考其方案与被采用方案的差别从而合理地确定其可期待的资产收益。

五、结语

预重整是通过司法途径引进的一种重整模式，在中国是一种新型的制度，尚未诞生与之相对的一套统一且具体的规则。因此，其规则是由各地的法院采取自行探索的方式逐步发展起来的。预重整有两个阶段，前一个阶段是当事人采取自主的方式确定一个重整方案，后一个阶段是该方案通过法院审核加以确认。其属性也有所不同，在前一个阶段，私人属性较强；后一个阶段则是司法属性占优。[①] 由于前一个阶段是私人间的协商发挥了更多的作用，为了维持应有的市场秩序和当事人之间的合意的效力，势必要求我们将相应的预重整期间的法律权利和法律义务加以明确化，同时将其嵌入现有的法律制度。因此，将预重整合同这一概念引入预重整程序中具有十分重要的意义。

预重整的目的在于成本最小化、效率最大化地实现管理人对债务人的重整的职责，明确预重整合同的要约人、承诺人、要约邀请人等对后续各方法律责任的承担、程序的有效快速进行具有重大的作用及意义。

---

① 参见胡利玲《预重整的目的、法律地位与性质——基于对我国预重整地方实践的反思》，载《东方论坛》2021 年第 4 期，第 1－12 页。

无产可破情形下管理人报酬支付困境及出路

颜春阳[*]

【摘要】从各国的破产实际案例来看，破产案件中管理人能获取报酬的案件占比非常低。近年来，随着破产案件的增多，我国无产可破的案件数量也在不断增加。虽然根据《最高人民法院关于审理企业破产案件确定管理人报酬的规定》第十二条的规定，债务人财产不足以支付管理人费用和报酬时，可以申请债权人、管理人、债务人的出资人垫付费用，但在司法实践中，清算破产案件债权人的清偿率极低，债务人、债权人也没有必须垫付费用的义务，债务人的出资人只有在不履行相关义务的情形下才承担一定责任。产生新的破产费用后，管理人往往很难申请到垫付资金，且很可能在清算终结时无法获得合理报酬。这不仅影响了管理人履行清算职责的积极性，更有可能导致破产程序提前终结。出资人或者申请人虽不愿意垫付费用，但是破产企业安置职工、处置剩余财产、追究企业高管侵犯公司利益、优化营商环境等公共利益破产程序通常还需要继续进行。

【关键词】无产可破；破产管理人；报酬

一、我国现行法律关于破产费用的规定及无产可破案件的处境

破产费用是指人民法院受理破产案件后，为保障破产程序的顺利进行而支出的必要成本及费用，包括破产案件的诉讼费用，管理、变

* 颜春阳，广东明思律师事务所律师。

价和分配债务人财产的费用，管理人执行职务的费用，报酬，聘用工作人员的费用。在破产清算司法实践中，存在大量债务人财产不足以支付破产费用的案件，即“无产可破”案件。破产费用在债务人财产分配中最为优先，并随时清偿，如果债务人的财产连破产费用都不足以清偿的话，顺序在后的共益债务、职工债权、税收债权及普通破产债权更是无法获得清偿，则最终无法达到对债务人财产进行清算并分配财产的目的，破产程序继续进行下去而新产生的破产费用也必然无法支付，这样的情形下，破产案件就丧失了继续审理的意义，破产程序也就无法继续进行，此时应当终结破产程序。因此，《中华人民共和国企业破产法》第四十三条第四款规定：“债务人财产不足以清偿破产费用的，管理人应当提请人民法院终结破产程序。人民法院应当自收到请求之日起十五日内裁定终结破产程序，并予以公告。”《最高人民法院关于审理企业破产案件确定管理人报酬的规定》[1] 第十二条第二款也规定：“债务人财产不足以支付管理人报酬和管理人执行职务费用的，管理人应当提请人民法院终结破产程序。”但是，在无产可破的特殊情形下，基于以下原因，司法实践中受理破产案件的法院还是要求破产管理人尽力将破产程序进行下去。

（一）通过破产管理程序依法清理企业债权债务，优化营商环境

世界银行于2019年10月24日发布了《2020年全球营商环境报告》，报告显示相较于前一年，我国在世界190个参与排名的经济体中提升15位跃至第31名。但是，近几年我国在营商环境评价中的“办理破产”指标中排名均仅50余位，这说明我国在办理破产方面还有极大的提升空间。2020年1月1日，国务院签发的《优化营商环境条例》（简称《条例》）正式施行，这是我国第一次实施优化营商环境专门性法规。其将我国营商环境的短板和痛难点对标国际先进

---

① 《最高人民法院关于审理企业破产案件确定管理人报酬的规定》，自2007年6月1日起施行。

水平，并作出相应规定。例如在破产方面，《条例》规定存在债权债务的市场主体在债权债务依法解决后应及时办理注销；县级以上地方人民政府应当根据需要建立企业破产工作协调机制，协调解决企业破产过程中涉及的有关问题。《条例》通过政府建立破产工作协调机制、清理债权债务等方法促进企业有序退出市场，加强社会资源的运用以及市场效率的提升，优化营商环境。

（二）通过破产管理人履行职责，追收债务人财产

破产制度的意义并不仅仅是将债务人现有财产进行分配，还强调管理人履行职责，收回破产财产，公平实现债权人、债务人利益最大化。目前，在世界范围内已经达成一个共识，即应当通过破产程序检验债务人是否存在欺诈行为，并通过追回权等手段追索被债务人藏匿、非法转移的财产。对此，破产程序实际提供了一次绝无仅有的检验债务人是否存在欺诈或者有无违反管理职责的机会，以将作奸犯科者绳之以法。因此，应当提倡各国设计相应的程序，在遇到无产可破时可以通过各种办法将破产程序进行下去。如果允许将债务人无产可破的案件一律拒之于破产程序门外，就会形成暗中鼓励债务人逃债行为的错误机制。因为债务人在破产案件受理之前将财产转移得越干净，留下可支付破产费用的财产就越少，由于无财产支付追查债务人破产欺诈行为的费用，在破产程序中发现债务人非法行为、追回逃债财产的可能性也越低，这将形成债务人逃债越彻底反而越安全的法律漏洞。所以，必须建立无产可破案件破产费用的保障机制以堵塞此漏洞。

在无产可破案件中，除破产案件的诉讼费用经人民法院批准可以减免外，管理人报酬和其他费用仍然需要实际支付。为了解决破产费用的保障问题，我国根据《最高人民法院关于审理企业破产案件确定管理人报酬的规定》第十二条第二款“债权人、管理人、债务人的出资人或者其他利害关系人愿意垫付上述报酬（指管理人报

酬）和费用（指管理人执行职务的费用）的，破产程序可以继续进行”的规定而设立的“破产费用垫付制度”，意在解决管理人报酬和其他费用的支付问题，努力使破产程序继续进行。这从我国破产欺诈现象较为严重的现状来看，具有至关重要的意义。债务人藏匿、转移财产等欺诈行为必然会影响到债权人、管理人、债务人的出资人等利害关系人的利益。这些利害关系人具有在破产程序中通过管理人行使追回权、挽回经济损失的利益驱动。由这些利害关系人垫付部分款项使破产程序得以继续进行，符合包括垫付人在内的各方当事人的利益。上述垫付的款项，应当作为破产费用从债务人财产中优先扣除，向垫付人随时清偿。

二、无产可破情形下，管理人报酬的偿付机制

破产财产作为破产程序启动的基础，以及破产债权实现的保障，其在破产程序中居于核心地位。在无产可破案件中，必须明确的一点是，破产费用的缺位是问题的核心所在，是当下无产可破案件需要啃下的“硬骨头”。各地法院的积极探索为该类案件的解决提供了经验，但依然存在一些问题：垫付制度因利害关系人垫付款项能力有限而难以切实解决破产费用的来源；“肥瘦搭配”的办法极大地受限于管理人的选任模式与我国的破产实践，容易出现不公正的操作；简化破产程序虽然可以在无产可破案件中减少支出，但破产费用问题依然悬而未决，因此应当通过多方面引入破产费用来解决管理人报酬资金不足的问题。

（一）引入破产董事制度

针对管理人报酬的问题，除了从法院垫付报酬合理性等方向进行改善，还可以借鉴欧美国家的董事责任制度，构建我国自己的破产董事制度。我国破产清偿率偏低的一个重要原因是一些企业在明知资不抵债的情况下仍借债经营，枉顾债权人利益。而由于缺乏严格的失职惩罚机制，本应起到监督作用的公司董事对这种破产清算前的行为往

往视若无睹。因此，健全相应的法律责任制度，增强破产时公司董事的责任意识，尽可能降低进入破产清算前公司资产的不必要流失，进而提升破产的清偿率就显得极为重要。

（二）完善破产基金制度（政府联动）

1. 破产基金的来源形式

第一种，资金来源于企业，可在企业进行工商登记之时一次性缴纳，或者从注册登记之日起在企业经营期限内分期缴纳；具体缴纳数额可以根据企业规模大小按固定金额收取，也可以根据企业的经营状况来确定，在企业债权债务清理完毕后的合法注销之日予以退还。

第二种，资金来源于破产管理人，破产管理人基金的设立就是为了保障管理人的利益。从管理人处获取资金体现了取之于管理人、用之于管理人的特点，具有正当性，应作为基金的主要来源，同时应注意该来源是基于管理人自愿。

第三种，资金来源于破产案件，这属于交叉补贴的方式，是指从其他盈利的破产案件中提取一定比例的资金纳入破产管理人基金。这种方式具有管理人互助的性质，也是管理人行业建立的要求。

第四种，资金来源于社会救助，类似于各基金会的资金来源，其具有自愿性质，任何组织、机构或者个人均可以作为资金来源，当然也包括政府，但不同于专门的财政拨款那样具有强制性和官方色彩。

2. 政府拨付专项资金

在英国，“无产可破”案件由破产署指派官方破产管理人负责处理，政府从所有破产人的不动产中提取17%的费用作为破产清算基金，用于管理无财产破产案件的支出。应当说，这种取之于社会、用之于社会的运作模式是非常有效率和成功的。基于无产可破案件的公益性，政府对此责无旁贷。因此，笔者认为，现行的破产费用垫付制度只是权宜之计。从长远来看，我国应当尽快建立破产管理基金制度。《最高人民法院关于审理企业破产案件确定管理人报酬的规定》第十二条第二款的“其他利害关系人”就包括政府，故政府可以此为依据建立破产管理基金，由财政预算安排专项资金。

3. 破产基金制度存在的问题

通过各地法院的积极探索，多地建立了破产基金制度来应对破产案件中债务人没有财产的情形，但破产基金制度仍存在诸多问题。第一，破产基金为补偿性质，并不能补足管理人履行职责的支出和报酬；第二，破产基金资金往来不透明，存在难以监管的情况；第三，仅通过建立破产基金制度，而无其他司法配套制度，很难解决现实中复杂多样的破产清算案件。

三、无产可破情形下，建立公益破产管理人制度

《中华人民共和国企业破产法》的立法宗旨并不仅仅是解决个别企业的破产问题，其立法着眼点也在于“优胜劣汰”，以完善的退出机制减少破产对市场的冲击，从而兼顾个体利益与公共利益。因此，破产法的公益性要求不言而明。例如，破产法的重要内容之一就是妥善安排职工，尤其是大型的国有企业，主要原因在于其职工安排涉及地区社会安稳问题。另外，税务问题以及消费者的利益也是法律设置的目标。这些内容既是破产法的自身要求，也是对管理人在协调处理破产公司的困境的同时协调所涉公共利益的要求。

根据破产法及相关规定，破产管理人有三种组成方式：其一，由有关部门、机构的人员组成的清算组；其二，由依法设立的律师事务所、会计师事务所、破产清算事务所等社会中介机构担任；其三，前两种主体的组合。由政府机构组成人员所组成的清算组担任管理人，其意图必定是要照顾到公共利益；而社会中介机构的参与则是借用其专业能力来解决破产案件中的疑难问题。若由政府机构人员组成的清算组担任管理人，那么在因保护公共利益而侵犯到债权人利益时应该怎么办？若完全由社会中介机构来担任管理人，其对社会公共利益的考虑势必会大打折扣。若由上述两种主体共同担任破产管理人，那么其因代表不同利益而产生冲突时又该怎么办？破产法并没有给出明确的答案。由社会中介机构担任的破产管理组成人员一方必然处于话语权劣势，但最终决定又是以“破产管理人”的名义发布。因此，如

像美国破产法那样施行主体二元制，在现有的市场化破产管理人之外增设公益性破产管理人，将会大大提高办事效率，即在此两个利益主体产生冲突时，设立一个中立第三人（即法院）。

关于公益管理人的指定方式，应当在现有破产管理人名册之外，增设公益性破产管理人名册（但是要保证此二名册中的机构是不同的）。市场化的破产管理人仍按照现有规定予以指定，但在涉及公益性破产管理人的确定时，应当倾向于先区分管理人的能力大小，再进行分级，然后再在该分级下随机指定，必要时可由法院直接指定。

报酬分配既然是公益性的，那么就应该体现出其根本特征：非利润性。但在无产可破的情况下，要让破产管理人既从事破产工作又分文不取，是不现实的，也是不公平的。因此，对公益性破产管理人而言，其报酬应仅限于必要支出，否则便违反了其设置目的。笔者建议公益性破产管理人的报酬应当由多方主体支付。因为此时公益性破产管理人的报酬仅是必要的支出，与支付给市场化破产管理人的报酬相比是少之又少的，可由政府、法院或者债权人会议（无产可破的情况下）予以先行支付。

四、结语

在处理破产案件的过程中，管理人肩负着非常繁重的任务，拥有依照法律规定获取报酬的权利。但是，在无产可破的案件处理中，管理人的报酬往往没有任何保障，这将严重打击其工作积极性和自主性，给继续推进破产程序带来障碍，进而导致各种不良现象的发生。因此，我国应当在条件成熟之时，在吸取国外先进经验的基础上，引入如破产报酬制度等，并结合我国的实际情况，完善破产基金制度，增加管理人报酬的资金来源。除此之外，还可以通过政府财政资金等建立公益管理人组织，引入公益管理人制度。但需要注意的是，无论采取何种制度和措施，都应当根据管理人履行职务的具体情况进行严格监督，使管理人报酬支付合理化，从而维护各方的实际利益。

专题二

破产程序中的撤销权与取回权

我国破产撤销权制度相关问题研究

陈立成*

【摘要】破产撤销权制度是我国破产法中的重要制度之一，旨在保护债权人利益和维护市场交易安全。随着《中华人民共和国企业破产法》及相关司法解释的出台，破产撤销权制度日趋完善。但在司法实践中仍有很多争议问题处于法律缺位的状态，这极大地损害了相对人的合法权益，阻碍了破产撤销权制度的发展。因此，完善破产撤销权制度迫在眉睫。

【关键词】管理人；撤销权；可撤销行为

一、破产撤销权基础理论

（一）破产撤销权的概念

破产撤销权是指管理人对债务人在破产临界期所实施的侵害债权人合法利益的行为，有否认其效力并向法院申请撤销的权利。这一权利的设置是为了防止债务人在破产程序启动前不当处置财产、恶意规避债务，从而确保全体债权人在破产程序中得到统一、公平的受偿。

破产撤销权在各国（地区）的称谓也不尽相同，德国将之称为“取消权”，日本将之称为“否认权”，英国将之称为“否决权”，中国台湾地区将之称为“撤销权”。[①] 可见，各国各地区均有破产撤销权的类似规定，其已成为破产法中不可或缺的制度之一。

---

* 陈立成，广东明思律师事务所律师。

① 参见王欣新《破产撤销权研究》，载《中国法学》2007 年第 5 期，第 147－162 页。

（二）债权撤销权与破产撤销权的区别

债权撤销权是指当债务人无偿处分或以不合理的对价交易等导致其财产权益减少或责任财产负担不当加重，对债权人产生影响时，债权人可以向法院申请撤销其相关行为的一项民事权利；主要体现在《中华人民共和国民法典》第五百三十八条和第五百三十九条①。从债权撤销权与破产撤销权二者定义上看，其本质和立法目的相同，但二者在法律后果和适用主体等方面却有较大区别。

1. 二者行使的前提条件不同

民法中债权撤销权行使的前提为债权债务关系的存在，但在破产撤销权中，破产程序的开始也是其行使前提，即在破产程序开始前，管理人是无法行使破产撤销权的。

2. 二者的行使主体不同

民法中债权撤销权由债权人行使，原因是民法中债权人最清楚自己权益是否受到侵害，赋予其向法院申请撤销的权利有利于更好地维护债权人利益。而破产清算程序中撤销权由破产管理人行使，重整程序中则由债务人行使。

3. 二者是否需要考虑主观要件不同

在债权撤销权中，根据《民法典》第五百三十九条中的“债务人的相对人知道或者应当知道该情形的”可知，债务人以明显不合理的低价转让财产等行为造成债权人债权损害的情形需考虑其是否存在主观恶意后再论是否撤销。而破产撤销权制度的相关法条只是单纯客观地描述和列举了几种可撤销情形，并未规定需要考虑的主观要件。

---

① 《中华人民共和国民法典》第五百三十八条：“债务人以放弃其债权、放弃债权担保、无偿转让财产等方式无偿处分财产权益，或者恶意延长其到期债权的履行期限，影响债权人的债权实现的，债权人可以请求人民法院撤销债务人的行为。”第五百三十九条：“债务人以明显不合理的低价转让财产、以明显不合理的高价受让他人财产或者为他人的债务提供担保，影响债权人的债权实现，债务人的相对人知道或者应当知道该情形的，债权人可以请求人民法院撤销债务人的行为。”（《中华人民共和国民法典》，自2021年1月1日起施行。）

4. 二者行使的时效不同

债权人在行使撤销权时会受到两重除斥期间的限制，即主客观双重因素。前者为自债权人明知或应当知道该行为之日起 1 年内；后者为自行为发生之日起 5 年内。而破产撤销权只有一个除斥期间，即在破产程序完结后的 2 年内。

5. 二者的法律后果不同

行使债权撤销权恢复的财产，可直接用于返还债权人；而行使破产撤销权的破产，则须按法定的清偿顺序，平等地对债务人进行清偿。

（三）破产撤销权可撤销行为的类别

可撤销行为是破产撤销权的行使对象，也是其核心内容。在学理上，根据其损害对象的不同可分为欺诈破产行为和个别清偿行为。

1. 欺诈破产行为

欺诈破产行为有两种表现形式，一种为破产债务人故意不当减少其责任财产，另一种为破产债务人故意无端增加其债务总额。在人民法院受理企业破产申请前的 1 年内，若债务人出现了《中华人民共和国企业破产法》第三十一条①规定的 5 种情形的行为，破产管理人或债务人有权向法院申请予以撤销。

包括上述的 5 种行为在内，若债务人在没有任何法定或者约定情形下不当减少自己的财产或加重自己责任财产负担，都极可能具有欺诈债务人、损害债权人合法权益的嫌疑。为保护其利益及减轻日后管理人举证责任将其归为欺诈性行为，此举有利于维护交易稳定、促进社会公平正义。

2. 个别清偿行为

个别清偿行为是指在破产程序受理前的合理期间内，债务人在毫无法律及其他合法依据的前提下对个别债权人债务进行清偿，从而使

---

① 《中华人民共和国企业破产法》（自 2007 年 6 月 1 日起施行）第三十一条："人民法院受理破产申请前一年内，涉及债务人财产的下列行为，管理人有权请求人民法院予以撤销：（一）无偿转让财产的；（二）以明显不合理的价格进行交易的；（三）对没有财产担保的债务提供财产担保的；（四）对未到期的债务提前清偿的；（五）放弃债权的。"

个别债权人获益但其他债务人利益受损的行为[①]。虽然偿还债务是债务人的法定义务，但在破产原因出现时，临界期进行的个别清偿行为不仅不利于破产债务人的重整，也对其他债权人的不公平，其扰乱了破产分配秩序，从而导致其他债权人的清偿率降低。

但是，使破产企业财产获益的个别清偿行为不在此列。即该个别清偿行为使破产企业受益，如破产企业为维持生产必需而支付的货款，为追回债务而支付的律师费，等等。且在《最高人民法院关于适用〈中华人民共和国企业破产法〉若干问题的规定（二）》[②]（简称《破产法司法解释（二）》）第十四到十六条中，也规定了可撤销的个别清偿行为的几种例外情形：一是破产企业对以自有财产设定担保物权的债权进行的个别清偿；二是因公权力的介入执行而为的清偿；三是维系“生命”必需的清偿，如支付的水电费、员工的劳动报酬、人身损害赔偿金等。

（四）破产撤销权的行使

1. 破产撤销权的行使主体

根据《破产法》第三十四条[③]，破产清算程序中行使撤销权的毫无疑问是管理人。但在破产重整程序中，该权利行使主体是管理人还是债务人，则存在一定争议。

从理论上看，对于破产重整程序中撤销权的行使资格有两种不同观点。观点一：破产撤销权的行使必定与债务人利益存在冲突，若此时仍由其行使可能导致该权利行使主体的消极怠慢，因此应由管理人统一行使该权利。观点二：根据《破产法》第七十三条，重整程序中管理人职责由债务人行使，即管理人享有的仅是监督权，其并未赋

---

① 《中华人民共和国企业破产法》第三十二条：“人民法院受理破产申请前六个月内，债务人有本法第二条第一款规定的情形，仍对个别债权人进行清偿的，管理人有权请求人民法院予以撤销。但是，个别清偿使债务人财产受益的除外。”

② 《最高人民法院关于适用〈中华人民共和国企业破产法〉若干问题的规定（二）》（法释〔2013〕22号），自2013年9月16日起施行。

③ 《中华人民共和国企业破产法》第三十四条：“因本法第三十一条、第三十二条或者第三十三条规定的行为而取得的债务人的财产，管理人有权追回。”

予管理人行使监督外的其他权利，因此应由债务人行使该撤销权。

综上，笔者同意第二种观点，即由债务人行使该破产撤销权，但与此同时，管理人也应发挥其监督职能并以公平原则和解决利益冲突问题为前提。当债务人行使权利不当或怠于行使该权利时，管理人有权代为行使该权利。

2. 破产撤销权的被告主体资格

我国破产法明确规定撤销权的行使应以诉讼为前提，但在管理人或债务人行使撤销权时，列谁为被告，法律并未规定。在理论上也存在一定的争议，其主要观点有三。一是以债务人为被告，适用情形为无须追回财产，只需撤回债务人的相关行为；或以债权人和相对人为被告，适用情形为需要追回财产。二是以债务人为被告，相对人为第三人。三是直接将相对人列为被告。而笔者更为赞同第三种观点，因为相比第三种观点，第一种观点和第二种观点都会出现诉讼两造的局面，即管理人或债务人可能既是原告也是被告，这明显与《中华人民共和国民事诉讼法》（2021 修正）的理念相悖，且恢复破产财产是行使破产撤销权的主要目的，所以直接将相对人列为被告，不仅有利于提高诉讼效率，也可以避免产生诉讼两造的混乱局面。

二、我国破产撤销权存在的问题

我国破产撤销权制度的发展还处于初级阶段，《破产法》自 2006 年颁布至今仅十几年时间，且关于破产撤销权制度的规定亦只有两条，其中第三十一条采取穷尽式列举了 5 种欺诈性可撤销行为，第三十二条规定了个别清偿的可撤销行为情形。其虽具有较强的指引性，适用领域清晰，但是穷尽式列举的方式容易使法条僵化，面对层出不穷的破产新情况，法律的滞后问题也将更加凸显。因各个法官对法条的理解存在一定的差异，最终可能会导致同案不同判的情形。2013 年通过的《破产法司法解释（二）》第九条至第十五条对破产撤销权也做了一些补充规定，即便如此，目前司法实践中的大多问题仍处于立法空白阶段。

（一）忽略了主观意思对破产撤销权的影响

破产撤销权实质上是民法中债权撤销权的延伸。破产法中规定的破产撤销权并不以行为人的主观意思为构成要件，即成立该可撤销行为不需要相对人具有主观恶意，同时相对人也不能以主观善意来抵抗该权利的行使。这一规定虽然在一定程度上保护了破产债权人的利益，但该规定的合理性与科学性值得我们深思。一味不论行为人主观意思如何直接撤销会导致以下问题：①极大地增加了企业的交易成本。为维护交易安全和稳定性，防止交易行为将来被撤销，交易相对方往往会要求相对人提供担保。②对第三人的利益保护不公平。假如不对主观要件加以衡量而直接撤销其相关行为，不仅对该相对人不公平，同时也降低了企业在破产程序中“起死回生”的可能性。

（二）无偿转让行为缺少例外规定

公益捐赠行为是典型的无偿转让行为。根据《民法典》第六百五十八条[①]可知，公益捐赠行为是不可撤销的。但若该公益捐赠行为发生在破产企业临界期内，对该行为是否可撤销并无明确规定。且我国破产法亦未对无偿转让行为进行例外规定，这在一定程度上可以理解为公益捐赠行为是可以撤销的。但这样又是不合理的，因为法律的适用也应遵循价值判断，当公共利益和债权人利益发生冲突时，应当以公共利益为先。

（三）缺少对以明显不合理的价格进行交易的判断标准

以明显不合理价格进行交易是破产可撤销行为的情形之一，但什么是“明显不合理价格”？破产法及相关司法解释并没有明确规定。

---

① 《中华人民共和国民法典》第六百五十八条：“赠与人在赠与财产的权利转移之前可以撤销赠与。经过公证的赠与合同或者依法不得撤销的具有救灾、扶贫、助残等公益、道德义务性质的赠与合同，不适用前款规定。”

因此，在司法实践中，通常做法是参考《最高人民法院关于适用〈中华人民共和国合同法〉若干问题的解释（二）》第十九条[①]规定。虽然有其他司法解释可以参照适用，但在破产法及相关司法解释中，“明显不合理价格”的判断标准仍是缺位的。

（四）个别清偿中的例外规定未予细化

根据《破产法》第三十二条规定可知，个别清偿行为存在一个例外规定，即“使债务人财产受益的情况”不在可撤销的范围，但什么情况属于“使债务人财产受益”？其判断标准是什么？对未到期的提前清偿行为，假如该清偿行为使债务人受益的，是否能撤销？这条规定缺少细化规定或例举释义，而仅以一个抽象笼统的概念直接作为例外规定，极易造成实践中法官理解偏差，最终可能导致同案不同判的现象层出不穷。

（五）担保问题规定不明

破产可撤销行为的情形之一为“对没有财产担保的债务提供担保的”，但对反担保行为是否属于可撤销行为并无具体规定。反担保行为实质上也是一种担保行为。对破产债务人而言，担保人要求其提供反担保行为并不是一个纯粹的负担性行为，其也必在反担保行为中获取了某些益处，因此一概而论地撤销包含反担保在内的担保是不合理的。[②]

---

① 《最高人民法院关于适用〈中华人民共和国合同法〉若干问题的解释（二）》（自2009年5月13日起施行）第十九条：“对于合同法第七十四条规定的‘明显不合理的低价’，人民法院应当以交易当地一般经营者的判断，并参考交易当时交易地的物价部门指导价或者市场交易价，结合其他相关因素综合考虑予以确认。转让价格达不到交易时交易地的指导价或者市场交易价百分之七十的，一般可以视为明显不合理的低价；对转让价格高于当地指导价或者市场交易价百分之三十的，一般可以视为明显不合理的高价。”

② 参见吴欣霖《论破产撤销权》（学位论文），云南财经大学2020年。

三、关于完善我国破产撤销权制度的建议

（一）采用概括加列举的模式

关于可撤销行为的规定，我国采用的是单一列举模式。笔者认为，德国概括加列举的模式不仅更为全面，也很值得我国借鉴。即我国在完善破产撤销权制度时，应先对可撤销行为下一个概括性的定义，然后再详细列举几种具体行为。这样不仅可以避免单纯列举式的法条僵化、概念抽象和法律滞后，也可以为普通公民提供良性指引，避免遗漏列举之外的情形。

（二）将主观意思引入可撤销行为中

我国破产法在破产撤销权立法规范上实行严格客观主义，主观善恶并非行使破产撤销权的前提条件①。为此，笔者认为应在此后的司法解释中将其加以完善，并将相对人是否明知诈害意图或是否明知行为会损害债权人利益作为其抗辩事由。如可借鉴《德国支付不能法》第一百三十条②、《日本破产法》第一百六十二条③、《英国破产法》第二百四十一条④等。

同时，在区分关系人与非关系人基础上，可以规定管理人需要证明特定债权人明知债务人处于破产临界期或资不抵债这一客观事实。当然，关系人作为特定债权人时，除非其有较强的证据推翻上述事实，否则可直接推定其明知。由于关系人比非关系人拥有较强的信息

① 参见江玫青《论主观意思对破产撤销权的效力影响》，载《天水行政学院学报》2017 年第 4 期，第 110 – 113 页。

② 《德国支付不能法》第一百三十条：“撤销履行义务的偏颇行为需要证明债权人于行为时期明知支付不能激活程序开始申请的事实。”

③ 《日本破产法》第一百六十二条：“撤销债务人履行义务的行为，需要证明债权人知道支付不能或停止支付的事实或破产申请的事实，如果撤销债务人实施的不属于其义务的行为，债权人可以提出在行为时不知该行为会损害债权人利益的事实作为抗辩。”

④ 《英国破产法》第二百四十一条规定：“撤销给予优先权的行为需要证明相对人明知。对于接受这两种清偿行为的债权人来说，认定其明知的事实应从广义的推定角度出发。”

和控制优势，因此需要更严格的适用标准[①]。

（三）增加无偿转让行为的例外规定

对可撤销行为中的无偿转让财产行为，笔者认为可以增加两个例外规定：

一是将公益捐赠行为排除在可撤销范围外。民法典明确规定公益捐赠行为不可撤销，增加将其排除在破产法可撤销范围外的规定，不仅遵循了公共利益优先的原则，也有利于更好地衔接民法典和破产法。

二是日常生活中的小额无偿赠与行为也应排除在可撤销范围内。考虑到我们国家是人情社会的现状，日常生活中的赠与在所难免，一概而论的撤销未免不近人情。但为了防止债务人利用此规则多次无偿转让财产而损害债权人利益，在对此规定进行完善时也应当对转让的次数及金额作出一定的限制，具体可依据社会人情往来中的情况进行规定，这样更符合中国国情和现实操作。

（四）统一对以明显不合理的价格进行交易的判断标准

虽然司法实践中对以明显不合理价格进行交易的判断标准是参照适用《全国法院贯彻实施民法典工作会议纪要》第九条的标准，但在破产法及相关司法解释中却没有加以规定，处于法律空白状态。为了更好地衔接破产法和民法典，应当将破产法中对以明显不合理价格进行交易的判断标准与《全国法院贯彻实施民法典工作会议纪要》中的判断标准相统一，即将明显不合理低价规定为不超过当地的市场交易价或指导价的70%，明显不合理高价规定为超过当地的市场交易价或指导价的30%。

---

① 参见江玫青《论主观意思对破产撤销权的效力影响》，载《天水行政学院学报》2017年第4期，第110－113页。

（五）对个别清偿行为的例外规定予以细化

我国破产法仅对个别清偿行为规定了例外情形，即“使债务人财产受益”的清偿行为除外，但什么情况属于“使债务人财产受益”，其判断标准又是什么，相关法律并未予以细化。因此，笔者认为，应当将“使债务人财产受益”的情形及判断标准加以概括并列举，以便更好地为社会公众提供指引、规范相关行为以及便于法官在法律适用中的明辨等。同时，也应当将“对未到期债务提前清偿”和“对没有财产的债务提供担保”这两种可撤销行为列入“使债务人财产受益”的例外规定的适用范围中①。

（六）对反担保行为是否可撤销加以判定

结合上文，反担保行为的撤销与否也应当以是否属于“使债务人财产受益”的情形为判断标准。若债务人在获得了担保利益等对价利益后再向担保人提供反担保的，该反担保行为则不应当被撤销。若是在破产临界期的第三人为债务人提供担保前出于自身利益考虑而要求债务人提供反担保行为的，债务人在该行为中不仅没有取得对价利益，甚至还增加了权利负担，因此应予撤销。

四、结语

破产撤销权的设置应从保护债权人的整体利益出发，目的在于使全体债权人能够得到公平合理的清偿。但是，债权人的合法权益值得保护，债务人的合法权益、债务人交易相对方的交易行为也值得保护。因此，实现三者之间的利益平衡，有利于市场交易秩序的稳定以及社会的和谐。相信在社会的发展和司法实践下，我国的破产撤销权制度会越来越完善。

---

① 参见廖欣欣《破产法中可撤销行为的司法认定》（学位论文），西南政法大学2018年。

所有权保留在破产中的进程

汪子琪*

【摘要】 所有权保留的性质在理论上主要有两种学说——附停止条件的所有权转移说和非典型的担保物权说，不同的学说在实体上的效益对当事人来说并没有太大的不同，但在破产领域中则显示出极大的区别。同时，不同的观点会影响所有权保留买卖合同在破产中的性质，进而影响到买卖双方在破产中的权利义务。我国现有所有权保留制度与传统观点“附停止条件的所有权转移”表现出高度的一致性，故在此基础上的所有权保留制度对新情况的解释和改进已经足够，无须采纳成本较高的新型学说。

【关键词】 所有权保留；破产；取回权；别除权；德国法

现行的《中华人民共和国企业破产法》是2007年颁布施行的，距离现在已经有十余年了。其间也颁布了三部司法解释，对破产法进行了适应时代的解释和补充。近几年来，企业破产现象越来越普遍，需要我们随之加深对破产法的理解和运用。2021年1月1日《中华人民共和国民法典》开始生效，其中既有对旧有法律的继承，也有对旧有法律的发展。在所有权保留方面，则是在原有制度的基础上加以发展和完善。在民法典时代，所有权保留在破产领域的既有制度及其发展前景如何？对此，需要我们结合新的法律规定进行深入探讨。

---

* 汪子琪，广东明思律师事务所律师。

一、所有权保留

（一）所有权保留的性质

所有权保留是指双方当事人在买卖合同当中约定，出卖人先向买受人交付标的物，但此时买受人并不享有所有权，即在买受人支付全部价款或者履行完毕合同义务前，所有权仍归出卖人享有。对于所有权保留的性质，在理论层面上有着多种观点，但主要有以下两种学说——附停止条件的所有权转移说和非典型的担保物权说[①]。

1. 附停止条件的所有权转移

这一学说认为，所有权保留中所有权转移效力的发生取决于买受人合同价款义务的履行或者约定义务的开始履行，如果买受人无法履行完毕价款支付或者其他合同义务，则标的物的所有权仍归属出卖人，出卖人可以主张取回权[②]。也就是说，在买受人进入破产程序时，视为其停止条件未成就，故而所有权未发生转移，出卖人可主张取回权。

2. 非典型的担保物权

这一学说认为，“所有权保留与让与担保相同，标的物的所有权虽然归属于出卖人，但该所有权受到担保目的的限制，实质上为担保物权”[③]。即出卖人仅在形式上对标的物具有所有权，而在实质上则是买受人享有所有权，并在买受人享有所有权的标的物上设定一个担保物权，以此担保出卖人因出卖此标的物所享有的债权。若买受人进入破产程序，且买受人未支付全部价款或者履行完毕合同义务时，则出卖人仅可主张别除权。

---

① 参见黄诗怡《所有权保留买卖合同的破产清算规则》（学位论文），华东政法大学2020年。

② 参见沈真鸣《破产程序中所有权保留问题之研究》（学位论文），华东政法大学2020年。

③ 沈真鸣：《破产程序中所有权保留问题之研究》（学位论文），华东政法大学2020年，第3页。

（二）所有权保留

可以看出，所有权保留的性质决定了出卖人和买受人在破产程序等法律程序中所享有的权利。按照传统的看法，所有权保留被认为是“附停止条件的所有权转移”。而认为所有权保留属于一种担保物权则是近来一种新兴的观点，并显示出一定的合理之处。对于这一问题，各国的做法各有不同，德国法的观点与我国传统的观点一致，而日本法则认为所有权保留属于一种担保物权[①]。其关键在于，各国的不同观点都有相对应的各国国内的配套制度，所以均显示出一定的合理性，当然也有一定的不足之处。

笔者坚持传统的观点，认为所有权保留属于“附停止条件的所有权转移”。首先，《民法典》第六百四十一条规定：“当事人可以在买卖合同中约定买受人未履行支付价款或者其他义务的，标的物的所有权属于出卖人。出卖人对标的物保留的所有权，未经登记，不得对抗善意第三人。”从这一规定的字面表述来看，其仍然是一种附条件转移的传统描述，而不是类似担保物权的规定，如《民法典》第三百八十六条规定：“担保物权人在债务人不履行到期债务或者发生当事人约定的实现担保物权的情形，依法享有就担保财产优先受偿的权利，但是法律另有规定的除外。”其次，我国的物权法规定的原则是“物权法定”，若将所有权保留认定为一种新的非典型担保物权，似有超越物权法定的嫌隙。同时，这也是上述担保物权法律规定同所有权保留的法律规定不一致的关键所在。受物权法定的影响，所有涉及新的物权的规定在法律条文之中都会有明确的表述，以保证每一个物权的法定化、明确化。既然《民法典》第六百四十一条并没有明确地加以界定，则不应超出文本意思进行过多的法律解释。因此，可以看出这并不是一种所谓的非典型担保物权。最后，将所有权保留归属于“附停止条件的所有权转移”这一传统看法在实践中并没有出现

---

① 参见沈真鸣《破产程序中所有权保留问题之研究》（学位论文），华东政法大学2020年。

太大的问题和漏洞。而且，这一观点与其他制度互相配合，反而是现阶段最为有效的一种安排。一是不必因变更其基层逻辑而变更其上层建筑；二是其他的法律制度本就是在这一基础之上建立的，是相配套的措施、制度，比如与“物权法定”的适配性。对于随着社会发展而产生的法律与现实之间的脱轨、出现的一点瑕疵或者存有空白漏洞的地方，也可通过解释或者修订这一学说加以解决，若是随意地采用了另一种学说，则由此产生的社会成本过于巨大，并非优选。下文将论及日本法将所有权保留视为担保物权，相应的，破产时则将所有权保留买卖合同不视为双方未履行双务合同，从而导致破产法的规定需要加以调整的情况。对于我国现有法律制度规范来说，在破产时，破产管理人对于所有权保留合同仍然享有自由选择权。综上所述，笔者认为所有权保留属于“附条件停止的所有权转移”。

二、所有权保留买卖合同的破产程序

（一）所有权保留买卖合同在破产中的性质

在破产程序中，《破产法》第十八条规定：“人民法院受理破产申请后，管理人对破产申请受理前成立而债务人和对方当事人均未履行完毕的合同有权决定解除或者继续履行，并通知对方当事人。”即破产管理人对于未履行完毕的合同有选择履行或者解除的权利，故而所有权保留合同在破产之中是何种性质决定了破产管理人是否能够行使该选择权。

根据《最高人民法院关于适用〈中华人民共和国企业破产法〉若干问题的规定（二）》第三十四条规定，在所有权没有完全移转给买受人享有的情况下，该合同属于双方均未履行完毕合同，破产管理人可以行使选择权。同时，该解释的第三十五条和第三十八条对管理人的选择权又进行了一定的限缩，以防止赋予管理人太大的权限从而损害债权人或者债务人的利益。也有学者认为，在出卖人破产时应该对管理人行使选择权的权利加以限制，在买受人破产时则应允许管理人自由选择解除合同或者继续履行，从而避免破产财团承担过于沉重的债务负担①。

在德国法中也是如此。德国法认为所有权保留买卖合同属于双方均未履行完毕合同，但是，它也规定了只有买受人破产时破产管理人才能够自由行使选择权。在出卖人破产时，《德国支付不能法》第一百零七条明确规定了破产管理人不再享有自由的选择权，而是需要等待买受人做出是否继续履行的意思表示，在买受人选择不继续履行之后，出卖人或者管理人才可以行使其取回权②。这一做法意在保护买受人对取得标的物的期待利益③。而我国目前并不禁止破产管理人的自由选择，仅仅规定了例外情况，即“买受人已经支付标的物总价款百分之七十五以上或者第三人善意取得标的物所有权或者其他物权的除外”④。

对于将所有权保留当作一种非典型担保物权的日本法来说，我国相关法律与其也有所不同。日本法认为所有权保留是一种担保，在标的物交付给买受人的时候已经实质上完成了所有权的转移，其所采取的是一种实质的担保性质观⑤。即出卖人的合同义务已经履行完毕，所以所有权保留买卖合同不属于双方未履行双务合同，出卖人和买受人破产时管理人均不能行使选择权。

笔者认为德国法的规定有值得借鉴的地方。其一，如果不对破产管理人的选择权加以限制的话，容易导致其滥用权利，在不管是出卖人或是买受人破产时，均给予其随意选择的权利，使得相对方只能一直处于一种弱势的被动地位。其二，保留所有权虽然使得出卖人仍然

① 参见李永军《破产法：理论与规范研究》，中国政法大学出版社 2013 年版，第 114－115 页。

② 参见杜景林、卢谌译《德国支付不能法》，法律出版社 2002 年版，第 35 页。

③ 参见张春梅《破产管理人合同解除权的限制问题——以所有权保留合同为例》，载《法制与经济》2020 年第 10 期，第 62－64 页。

④ 《最高人民法院关于适用〈中华人民共和国企业破产法〉若干问题的规定（二）》（自 2013 年 9 月 16 日起施行）第三十五条。

⑤ 参见沈真鸣《破产程序中所有权保留问题之研究》（学位论文），华东政法大学 2020 年。

具有该标的物的所有权，但买受人已经具有了使用权，是能够充分发挥该标的物价值的主体。因此在出卖人破产时，若给予管理人或者出卖人随意选择解除合同的权利，既不利于标的物的使用，也不利于社会整体价值的增加。

（二）所有权保留买卖合同的破产路径

如上所述，我国暂时并未对破产时破产管理人的选择权等加以限制，无论是何者破产，破产管理人均可以选择解除合同或者履行合同，不同的是管理人行使的是取回权还是别除权。当然，由于笔者在前文中已经阐述了将其视作"取回权"的德国法值得借鉴的地方，在后面的论述中也将继续着重讨论德国法值得借鉴的地方和理由，并对具体情形下买卖双方的权利义务加以讨论。

1. 保留所有权人所能行使的权利及性质

所有权保留的性质决定了保留所有权人所能行使的权利及性质。若认为所有权保留为"附停止条件的所有权转移"，则保留所有权人所行使的为取回权；若认为是非典型担保物权，则其行使的是别除权。

（1）取回权

目前，我国和德国都认为保留所有权人行使的是一种取回权[①]。所有权保留是一种附停止条件的所有权转移，在进入破产程序时，该标的物的所有权仍属于保留所有权人，而非该破产财团的财物。因此，出卖人有权要求取回该物。《民法典》第六百四十二条明确规定了出卖人取回权。《破产法》第三十八条则规定了破产取回权："人民法院受理破产申请后，债务人占有的不属于债务人的财产，该财产的权利人可以通过管理人取回。但是，本法另有规定的除外。"对于出卖人取回权和破产取回权的关系又有不同的理解。

理论上，出卖人取回权属于实体权利。究其性质，有取回权的解

① 参见邹海林《论出卖人在破产程序中的取回权——以所有权保留制度为中心》，载《上海政法学院学报（法治论丛）》2021 年第 4 期，第 1－15 页。

除权说、附法定期间的解除权说和特别程序说三种学说[1]。从其表现来看，为所有权人请求占有人返还占有物，从而保全其所有权，乃是一种物上请求权。而对于破产取回权，我国大多学者认为其亦是一种实体上权利[2]，与出卖人取回权并无二致[3]。但从整体上看，破产法是为规范破产程序而制定的法律，其所设的权利必然带有程序上的倾向，也即破产取回权具有程序上的异议权。同时，破产取回权在实体上的效用已经通过民法典的出卖人取回权加以规定了，若仅仅认为它只是一种实体权利，反而使得相关立法显得累赘。破产取回权的程序异议权说[4]认为，破产程序实质上是一种强制执行程序，而破产取回权则是提供给第三人（取回权人）的一种救济权利，以防止破产管理人在强制执行的破产中损害第三人财产。第三人可以据此请求排除管理人对第三人所有财产的侵害。结合前面所述，其事实上表现为取回权人为标的物的所有人，而直接占有人在破产之前为合法占有，在买受人进入破产程序之后，合法占有的原因消灭，出卖人据此对买受人的合法占有提出异议从而恢复其占有。因此，可以看出，出卖人在破产程序中的取回权的请求权基础为《民法典》第六百四十二条，而其行使依据则是《破产法》第三十八条[5]。

《破产法司法解释（二）》第三十七条第二款规定："买受人管理人无正当理由未及时支付价款或者履行完毕其他义务，或者将标的物出卖、出质或者作出其他不当处分，给出卖人造成损害，出卖人依据

---

① 一是取回权的解除权说，此说认为一旦出卖人行使标的物取回权，买卖合同即告解除。二是取回权为附法定期间的解除权说，此说认为，出卖人行使取回权时买卖合同并不解除，只有当回赎期届满后买受人仍未回赎标的物时，买卖合同即告解除；若回赎期未届至，买受人请求再出卖或出卖人因为紧急情况出卖标的物，会产生同样的效果。三是取回权的特别程序说，即出卖人的取回权是保障出卖人获取标的物价款的一种具有特殊性的程序，本质上近似于强制执行中的查封，可以将买受人的回赎权比拟为撤销查封，而出卖人的再出卖标的物则与拍卖程序相似。

② 参见孙佑海、袁建国《企业破产法基础知识》，中国经济出版社1988年版，第114页。

③ 参见最高人民法院《企业破产法讲座》，人民法院出版社1990年版，第110页。

④ 参见陈荣宗《破产法》，三民书局1986年版，第219页。

⑤ 参见邹海林《论出卖人在破产程序中的取回权——以所有权保留制度为中心》，载《上海政法学院学报（法治论丛）》2021年第36卷第4期，第1－15页。

合同法第一百三十四条等规定主张取回标的物的，人民法院应予支持。”在《民法典》出台后，《合同法》第一百三十四条由《民法典》第六百四十二条替代。在破产程序中，立法上规定的出卖人取回权作为实体权利，其行使不受破产程序的约束，但这也导致权利人丧失了在程序上相应的权利，故而破产法为其创设了在破产程序中可以行使的程序性权利——破产取回权，具有积极意义。

（2）别除权

此说为日本法的通说[①]。日本法认为所有权保留是一种实质性质上的担保物权，同时承认所有权保留买卖合同并非双方未履行双务合同，所有权在标的物移交时已经实质上转移至买受人，保留所有权仅仅起的是担保作用。故在破产时，保留所有权人并不能请求原物返还，因为该标的物已经成为破产财团的财物了，保留所有权人只能就所担保的债权请求优先偿还，此所谓别除权。

当然，不止日本法支持此说。只要在以上论及的问题中，认为所有权保留是一种担保物权，承认所有权已经随着交付转移至买受人，则必然会导致保留所有权人在破产程序中行使的权利成为一种别除权，而非请求返还原物的取回权。

2. 买受人破产时买卖双方的权利义务

在出卖人已经交付标的物，但还未转移所有权之前，买受人由于资不抵债等原因进入破产程序后，破产管理人可以选择继续履行合同或者解除合同。当然，在实践之中，也有可能产生既不选择履行也不选择解除的情况，即陷入一种“沉默”的状态。从前述可知，买受人是标的物的直接使用者，是在未破产时能够较优位利用该标的物、使其产生更大价值的主体，故而在其破产时，给予其选择权是比较符合效益原则的。买受人可以基于自己的生产经营状况以及破产策略选择继续履行合同，从而取得该标的物的所有权。此时，若买受人拒不支付价款，出卖人则享有《破产法司法解释（二）》第三十七条第三

① 参见黄诗怡《所有权保留买卖合同的破产清算规则》（学位论文），华东政法大学2020年。

款规定的共益债务请求权。当然，就目前我国的破产现状而言，企业进入破产程序的主要原因是生产经营不下去，资不抵债，希望通过破产程序处置好债权债务而非让企业重生，所以选择解除合同是常态①。另外，如上所说，破产财团方也有可能出现一种“沉默”的消极状态，导致权利义务悬而未决。在这种情况下，只能由出卖人向法院起诉从而法定解除合同，以行使出卖方具有的请求买受人返还原物的取回权。

若坚持所有权保留是一种担保物权，则其清偿有所不同。因《破产法》第一百零九条规定了担保物权的优先清偿顺序，故在这种情况下，买受人也会丧失自由选择的权利，从而直接按照第一百零九条的清偿顺序和方式进行清偿。而这与我国现有的《破产法司法解释（二）》第三十七条的相关规定不一致。由此可以看出，现有立法也坚持所有权保留是一种“附停止条件的所有权转移”这一观点的。

3. 出卖人破产时买卖双方的权利义务

出卖人进入破产程序后，根据我国法律现有规定，除了受到善意取得制度及“买受人已支付75%价款的除外”等的限制外，出卖人或者管理人可以自由行使选择权。进入破产程序时，出卖人已经完成了标的物的交付，但还没有做出转移所有权的意思表示，且买受人还未支付完毕全部货款或者履行完毕全部合同义务，则出卖人享有破产法规定的取回权或解除权，而买受人只能享有因为支付一定程度的货款而带来的预期取得标的物所有权的期待权。在这种情况下，对于已经实际取得标的物并且进行了生产经营等劳动的买受人来说并不公平。另外，根据《民法典》第六百四十一条第二款“出卖人对标的物保留的所有权，未经登记，不得对抗善意第三人”，对所有权保留做了登记的出卖人可以对抗善意第三人。

上文已经提及，笔者在这个问题上认为德国法的做法有值得借鉴的地方，其关键就是在出卖人破产的情况下不应该“一刀切”地给

① 参见黄诗怡《所有权保留买卖合同的破产清算规则》（学位论文），华东政法大学2020年。

予出卖人自由选择权。《德国支付不能法》第一百零七条明确规定了破产管理人不再享有自由的选择权，而是由买受人优先做出是否继续履行的意思表示。首先，出卖人破产并不意味着买受人丧失了偿债能力，一般情况下，买受人决定继续履行合同或者解除合同对于破产出卖人的财物价值而言并没有不同。其次，从整个交易状态来看，出卖人已经将标的物交由买受人，虽然出卖人已经进入破产程序，但是这个交易仍然在正常的进行路径中，在正常情况下，双方继续履行合同的意愿并不会因此而发生改变。只有标的物的市场价格发生极大的变动，才容易导致双方对于先前达成的合意有所变化。若是因市场价格的变动而支持出卖方可以自己选择解除合同与否，这既不利于交易行为和市场秩序的正常进行，也与民商法的诚信原则有所背离。最后，如上文说到，在市场自行运行下进行的交易，将该标的物转移至买受人处能够发挥其最大价值。要维护这种价值最大化的分配，则不应该简单地给予出卖人在这种情况下的自由选择权。

当然，在市场价格变动极大的情况下，双方的交易合意可能发生变化，而这种变动既有可能是价格大幅上涨，也有可能是价格大幅下滑。因此，在破产管理人行使自由选择权之前，由买受人选择是否继续履行合同是一个合适的安排，这样能防止双方意图通过解除合同而获得不合理利益，同时也能让标的物在本有的基础上发挥其最大价值。

若坚持所有权保留是一种担保物权，在这种情况下，则出卖人没有自由选择权，买受人也不具备德国法所规定的先行选择的权利。具体清算规则可参考担保物权的相关规定，按照民法典、破产法等的担保制度进行清算即可，无须另外制定规则，如担保物权的清偿顺序优先于共益债务等。

三、结语

在一般情况下，所有权保留的性质是担保物权或是“附停止条件的所有权转移”在实体效果上并没有什么不同，出卖人和买受人均可以有效维护自身的利益。但是，在进入破产程序时，则会产生很大的不同，其中一个较大的区别就在于担保物权说中破产管理人会丧失自由选择的权利：既无法决定继续履行，也无法决定解除合同。同时，清偿顺序也会有所不同，担保物权的清偿顺序更优先于所有权保留在我国以“附停止条件的所有权转移”建立起来的制度而使其归属于的共益债务的清偿顺序。虽然担保物权说有一定的优点，比如在这种情况下清偿的顺序明显比我国将所有权保留视作“附停止条件的所有权转移”而建立起来的制度更有利于对当事人的财产保护，但也可以明显地看出这一观点所需要支付的社会成本比较大，需要对整体制度做出改变，而其发挥最大作用的领域也只在破产领域。采用一种特殊领域的新学说，除了其优点明显胜于现有学说外，还要尽可能地减少其对现有法律体系、制度的冲击，而担保物权说显然暂时不具备这样的条件。所以，笔者在此问题上坚持原有的学说，即认为所有权保留是一种“附停止条件的所有权转移”。

在现有制度下，不管是出卖人还是买受人，在进入破产程序时，所有权保留买卖合同属于双方均未履行双务合同，破产管理人均可以行使破产法赋予的选择权，同时法律对于此种选择权也进行了一定的限制，主要是《破产法司法解释（二）》所规定的善意取得制度和“买受人支付75%价款除外”的条款。在此基础上，应该对出卖人破产时破产管理人的选择权再进行相应的制约，德国破产法的规定是一种较为优选的安排，可以考虑在日后的立法或修法中，结合我国实际情况进行一定的修改，从而更好地处理破产时各方当事人之间的利益。

浅析破产程序中的所有权保留问题及破产取回权内涵

廖彦麾*

【摘要】《最高人民法院关于适用〈中华人民共和国企业破产法〉若干问题的规定（二）》第三十四条中对所有权保留买卖合同性质的定义主要来源于我国多年的司法实践经验，具有鲜明的理论特点，《中华人民共和国企业破产法》已明确指引其行权路径，其中第三十八条更是规定了破产取回权的行权模式。破产取回权虽与《中华人民共和国民法典》中出卖方享有的取回权在行权模式上有一定相似之处，但二者隶属于不同法律层面的概念。而且前者的行权模式致使其受制于更多的程序性规范，因此也更应注意其在破产实践中的具体落实问题。

【关键词】所有权保留买卖合同；选择权；破产取回权；取回权；所有权保留登记制度

《最高人民法院关于适用〈中华人民共和国企业破产法〉若干问题的规定（二）》第三十四条将标的物所有权未完成转让的所有权保留买卖合同认定为“双方均未履行完毕的合同”，管理人有权依据《中华人民共和国企业破产法》第十八条的规定决定解除或者继续履行合同，明确在管理人不予提前通知或经催告不予答复以及不提供担保以保证后续履行的情况下，合同相对方可推定合同解除。同时，《破产法司法解释（二）》第三十五至三十八条分别规定了出卖方或买受方的管理人选择继续履行或解除合同后各方的权利义务，学界一般将该部分规定统称为“选择权”。

* 廖彦麾，广东明思律师事务所律师。

对于行使前述“选择权”可能引起的法律关系变动，《破产法》第三十八条规定，当债务人占有不属于债务人的财产时，财产的权利人可以通过管理人取回，我国破产法上所有人“取回”标的物的权利由此设定，学界一般将其简称为“破产取回权”。

针对前述规定，与之相关的问题也应运而生。首先，应当如何理解所有权保留约定的性质？其次，从字面及现行法律制度方面看，破产取回权与《中华人民共和国民法典》第六百四十二条规定的所有权保留买卖合同的出卖方享有的取回权有何种联系？破产取回权的性质应当如何界定？最后，破产取回权在行使过程中应当满足哪些条件、受到哪些限制？对于这些问题，本文将一一进行探讨。

一、所有权保留的性质

（一）域外理论综述

所有权保留的文字来由实际上是对相应合同之约定的提炼，而其性质究竟为何，域外法学理论解释不一，其中有以下四种主流观点。

首先是附停止条件的所有权转移说。该说认为所有权保留的约定是合同的停止条件，该停止条件的具体内容即是当买受方清偿完毕全部对价。合同的停止条件成就，买受方当然地获得标的物的所有权，双方的买卖合同关系随即终止①。

其次是部分所有权转移说。该说是对附停止条件的所有权转移说的发展，认为在价款分期支付的过程中，买受方基于已支付的价款而对标的物产生了所有权，随着价款全额逐步清偿，买受方获得完全所有权之日也逐渐临近②。更有日本学者将这个过程形象地比喻为“削梨”，以表现这一动态的所有权共有过程。

再次是担保权益说。该说认为出卖方以自有标的物作为全部债权

---

① 参见梁慧星《中国物权法研究》，法律出版社 1998 年版，第 1077 页。

② 参见陈荣文《所有权保留的法律性质论析》，载《亚太经济》2004 年第 4 期，第 87－89 页。

得以清偿的保障。该说是总结并类比美国《统一商法典》的相关规定得出的理论，认为只要合同约定在功能上具有保障债权实现的作用即可将其认定为一种“担保权益”[①]。

最后一种是担保物权说。该说认为标的物的所有权自合同成立之时起即转移至买受方，而后买受方以该标的物为履约行为提供担保。

（二）我国理论综述

在引入域外法学理论的基础上，我国理论界对于所有权保留买卖合同关系中出卖方享有的对标的物的权利之性质存在争议，其中主要的学说分别是担保物权说和所有权说。

担保物权说认为，出卖方在将标的物交予买受方时，所有权已经转移给了买受方，而后买受方为出卖方的债权在标的物上设定担保。也就是说，在理解“所有权保留”这一法律用语的含义时不能望文生义，而应当限制解释其中的“所有权”为受担保目的约束的所有权，否则将难以解释出卖方以自己的标的物为自己的债权设定担保的合理性。对此，该说进一步主张，基于物权法定原则的缓和化趋势，习惯法上的物权因商业习惯应运而生，同样应当予以承认。实际上，物权法定主义的宗旨在于限制根据当事人之间的合意内容新创物权，并无意禁止在长期社会实践中产生的习惯法物权[②]。以习惯法创设新物权，其在本质上以司法自治为依据，相较于以法律以下的规范性文件或司法解释创设新物权，更具有正当性。而在所有权保留买卖关系下，其本身就蕴含着买受方以标的物价值保证出卖方收回相应对价之意，因而更为符合担保物权的立法本意，应当将其归入担保物权的立法体系中。

所有权说或称为所有权构成说，是以买卖标的物的所有权属于出卖方为基础，并相应配置出卖方和买受方之间的权利义务关系的学

① 参见毛勇鸣《所有权保留延伸制度研究》（学位论文），华东政法大学2017年。
② 参见谢在全《民法物权论（上册）》，中国政法大学出版社2011年版，第36页。

说[①]。由此，所有权说最根源的短板便显现出来，即该说实际上是后期配置出的一种权利义务模式，需要引用其他更为成熟的法学理论予以实操层面的支撑。在内容上，该说的核心主张为出卖方仍为标的物的所有人，所有权在买受方履行完毕支付义务前不发生转移。所有权说下的“所有权保留”法律关系可以最大限度地降低出卖方可能面临的债权实现风险，也最大限度地扩展了买受方的权利：在买受方享有标的物的占有及使用带来的权益的情况下，出卖方留有可以规制买受方做出威胁其债权行为的手段。

笔者认为，作为我国民法理论和司法实务长期以来的观点，所有权说具有重要的现实意义。鉴于法律不可避免的滞后性，很多现有的、成型的法律体系实际上均经历过该说现阶段所处的窘境，因而在继续探究所有权保留实质的过程中，应当立足于已累积的实务经验。因此，所有权说具有不可磨灭的优越性。而担保物权说在与部分现有法律发生冲突的同时，否定了当事人之间最为简洁的商业选择，授意司法机关考虑突破意思自治原则，这样的做法极易造成司法裁判结果不统一。事实上，我国理论界引入担保物权说的重要原因是，部分中国台湾学者意欲借鉴美国的立法经验，却误以为美国《统一附条件买卖法》规定的内容是契合“债物二分”主义之主张的——而事实上英美法系并无“债物二分”一说，相关规定仅仅是立法强调功能主义担保的产物。

二、取回权与破产取回权

（一）取回权的内涵

国外对于出卖方取回权之性质的争论由来已久，归纳总结起来有解除权效力说、就物求偿说、恢复同时履行说三种主要观点。

---

① 参见邹海林《论出卖人在破产程序中的取回权——以所有权保留制度为中心》，载《上海政法学院学报（法治论丛）》2021年第4期，第1－15页。

首先，解除权效力说认为，出卖方取回标的物的行为实质上行使的是合同解除权。《德国民法典》第四百四十九条第二款即规定“仅在出卖人已解除合同时，出卖人才能根据所有权保留而请求返还物”[①]。日本民法的多数流派也支持该观点，他们认为与标的物占有、使用相关的买受方权利是基于买卖合同取得的，如果要从买受方手中剥夺这些权利，则必须解除该买卖合同[②]。我国的部分学者也赞成这一说法，他们以出卖方在所有权保留买卖中享有的权利状态为切入点反证，认为出卖方不能同时获得基于买卖合同所产生之债权的价款请求权和基于买卖合同解除后实现恢复原状的取回权，否则不解除买卖合同就无法使买受方获得足以对抗出卖方的占有权利消灭的权利[③]。

其次，就物求偿说是部分日本学者观点，认为以买受方债务不履行为理由取回所有权保留买卖标的物时，应当将该标的物看作“担保目的物”。如前所述，当交付完成时，出卖方已履行其全部的合同义务，行使取回权与出卖方重新负担起转移所有权的义务无关，而是一种实现担保物权的行为。在该说基础上，我国学者认为《最高人民法院关于审理买卖合同纠纷案件适用法律问题的解释》[④]（简称《买卖合同司法解释》）中规定的出卖方取回权应解释为就物求偿的特别程序，其内容与强制执行几无差异。该说将取回权法律关系中的相关概念与法院执行过程的各阶段作类比，比如将取回权带来的权利待定状态、出卖方行使取回权后买受方的回赎行为及出卖方另行出售标的物的行为对应为动产的查封、查封的撤销，以及拍卖、变卖程序。

最后，恢复同时履行说为德国法学界通说，其认为出卖方取回标的物不是行使解除权，而是收回向买受方移转占有的给付，使双方当

---

① 陈卫佐：《德国民法典》（第4版），法律出版社2015年版，第161页。

② 沈真鸣：《破产程序中所有权保留问题之研究》（学位论文），华东政法大学2020年，第24页。

③ 参见李永军《所有权保留制度的比较法研究——我国立法、司法解释和学理上的所有权保留评述》，载《法学论坛》2013年第6期，第11－21页。

④ 《最高人民法院关于审理买卖合同纠纷案件适用法律问题的解释》，自2021年1月1日起施行。

事人的权利义务恢复到同时履行的状态。该说主要通过解析所有权保留买卖中当事人的行为模式，认为出卖方在履行合同项下的交付义务时，是以对买受方同样会按约履行付款义务的期待作为驱动力的，这是一种将出卖方置于不利地位的“信赖”行为。若买受方之后出现未按约履行的情况，主要破坏的是出卖方的“信赖”。在这种情况下，买受方以占有状态作为抗辩理由将不会得到法院支持，出卖方无须解除合同即可基于所有权主张取回标的物，从而使买卖合同重新回到未履行的状态。

笔者持恢复同时履行说之观点。笔者认为，出卖方的取回权可以类比为实体法中的“不安抗辩”权利：通过解析出卖方行使取回权的原因可以看出，出卖方提前转移所有物用益物权的行为实际上代表了对买受方的极大信任，而买受方的违约行为显然动摇了出卖方的信任基础，出卖方对买受方后续继续履约与否感到“不安”，因而在买受方提供进一步的担保之前，由出卖方回收所有物并至少实现占有是合理的权利义务安排。

（二）破产取回权的性质

对于破产取回权，学理上存在实体法和诉讼法（或程序法）两种不同归类。

从实体法角度考察，破产取回权是一种物权请求权。该说主张破产取回权不是破产法新创设的权利，而只是财产权利人在实体法上自始享有的权利，不因破产程序开始、管理人将其财产不当列入债务人财产而受影响。对于债务人或其管理人无权占有的标的物，出卖方当然地享有要求返还的权利。该说认为破产取回权与取回权性质相同，仅是因买受方进入破产程序而在“取回权”名称前加上“破产”二字。

相对应的，从诉讼法、程序法角度切入，破产取回权被认定为一种程序异议权。该理论认为破产程序的实质是强制执行程序，管理人占有、管理债务人支配的全部财产，类似于法院强制执行债务人财产的查封措施；当管理人将他人财产归入债务人财产，侵害第三人的财产权利时，该第三人可以请求排除对特定财产的破产执行行为，破产取回权为强制执行程序上的异议权[1]。

笔者赞同将破产取回权理解为一种程序性的权利，这是因为破产法是一部程序法，其中规定之权利基础均出自现有的实体法规范，立法者断无赘述之必要。同时，《破产法》第三十八条的内容仅是立法者欲通过此条款指引债权人向管理人申报债权，而并未实质确立债权人的实体权利。

（三）取回权与破产取回权的联系

笔者认为，取回权与破产取回权虽然属于不同类型的权利，但二者之间联系紧密——破产取回权是以实体法上的返还原物请求权及类似权利作为权利基础的一种程序性的权利，取回权即属于前述“类似权利”之范畴。

破产取回权的行使不同于取回权在破产程序中的行使，主要原因是权利行使的对象不同，而这种差异造成了权利性质的不同：取回权是基于债务人无权占有的事实而引发的恢复占有标的物的请求权；破产取回权的行权对象为债务人的管理人，因破产管理人的接管行为有诉讼程序上的保全效果，管理人对标的物的占有与债务人的占有性质不同，债权人向破产管理人主张的权利更应当被认定是一种对于保全行为的程序性异议。

这两种权利的联系在于《民法典》第六百四十二条规定的取回权是出卖方主张程序性异议的实体权利基础。为何如此设置？因为破产法具有普遍意义上的排除私权利行使的效力，即在进入财产分配阶段前，债权人不得通过任何方式行使私权利致使债务人财产减损，原因是此行为将损害所有其他债权人的整体利益。因此，实体权利在程序法规定的范围内行使才符合破产法的立法初衷。

破产取回权的实体法基础并非仅限于所有权保留的合同约定，只要债务人在宣布破产后无权占有其他权利人的标的物，权利人就能通过《破产法》第三十八条之规定向管理人申报取回。因此，《破产法

① 参见陈荣宗《破产法》，三民书局 1986 年版，第 219 页。

司法解释（二）》的第三十四条规定实际上涉及至少两种破产取回权的行权条件。一是第三十七条规定的在管理人选择继续履行合同后，买受方未能一次性清偿价款或不当处分标的物的情况；二是管理人选择解除合同后买受方无权占有的情况。

三、破产取回权的行权限制

虽然在实质的法律关系上，标的物的所有权在买受方履行完毕价款支付义务之前不曾发生转移，但是买受方根据出卖方按约履行合同项下义务并最终获得所有权的期望，以及通常情况下标的物以占有的形式对外表示所有权属的状态，这些都需要法律予以保护。否则出卖方随意地行使取回权、破产一方随意地选择继续履行或者解除合同，都将造成合同双方权利义务不对等，从而导致期待利益人预期利益落空。因此，破产取回权和破产管理人选择权的行使都需要受到诸多限制。

（一）选择权问题

《破产法司法解释（二）》第三十四条将没有完成所有权转让的所有权保留买卖合同认定为双方均未履行完毕的合同，并赋予进入破产程序的一方当事人以选择继续履行合同与否的权利。而对于破产管理人在所有权保留买卖合同关系中的继续履行之选择权问题，理论界存在较大分歧。

1. 仅买受方的破产管理人享有选择权

在认可“买受方未支付完毕对价前，所有权保留买卖合同仍处于双方均未履行完毕的状态”的基础上，德国法通过《德国支付不能法》阻却了出卖方拒绝履行的主张，从而使得买受方可以继续按约履行支付义务并最终获得标的物所有权。

对此，我国部分学者认为德国法从实质上确立了“所有权保留”是一种担保的形式，在获得稳定的清偿来源的情况下，不应否定破产债务人与买受方先前的合同约定，否则将会造成买受方的期待权落空。若通过解除合同的方式要求买卖双方恢复原状，买受方的债权将只能作为普通债权进行清偿，风险的负担因而不具均衡性①。

2. 出卖方和买受方均不享有选择权

日本法通说认为所有权保留的担保实质以及出卖方的交付行为共同确认了出卖方的合同义务已经履行完毕，所有权保留买卖合同不应当被认定为双方均未履行完毕的合同。在此基础上，日本法同样强调买受方的期待权，认为破产管理人行使的选择权限制了该项权利。

但是，该学说却在日本国内受到了质疑。反对者认为该学说仅适用于不需要登记的普通动产，而对于需要通过登记对抗第三人的其他标的物，以及为了缓和与兼顾“所有权保留”这一双方合意与担保物权之间的关系，应当认定约定登记义务的所有权保留买卖合同属于双方均未履行完毕的合同。

3. 出卖方和买受方均享有选择权

该观点认为，当出卖方保留所有权时，一方面，买受方未能履行完毕其合同义务，未满足权利转移的条件；另一方面，因买受方未履行全部的合同义务，出卖方对标的物仍享有所有权，也就还没有按照合同约定完成所有权转移的义务，故可以认为买卖双方均未履行完毕合同项下义务。这样，在任何一方进入破产程序时，其管理人均有权决定是否继续履行合同。

此观点是我国破产法通说，《破产法》第十八条规定了破产管理人可以选择继续履行或者解除双方均未履行完毕的合同，《破产法司法解释（二）》第三十四条则对所有权保留买卖合同项下的权利义务做出定性，即“在标的物所有权未依法转移给买受人前，一方当事人破产的，该买卖合同属于双方均未履行完毕的合同”，而后在第三十五条至第三十八条内分别规定了出卖方或买受方选择继续履行或者解除合同的法律效果，以及交易相对方的救济措施和权利限制。其中值得注意的是，交易任一方因所有权保留买卖合同的继续履行或解除

① 参见李永军《破产法：理论与规范研究》，中国政法大学出版社 2013 年版，第 114－115 页。

而产生的对相对方的各项债务的性质，均被认定为共益债务，即剩余债权可以优先于其他债权获得清偿。该规定实质上再次确立了“所有权保留”是一项获得法律认可的新的交易习惯，而不应当机械化地将其纳入“担保物权”的范围内。

（二）所有权保留登记制度

登记并非取得动产所有权的要件，《民法典》第六百四十一条第二款如此规定，是出于保护合同双方交易稳定性的考虑。出卖方的所有权经过行政机关公示后即具备公信力，买受方的合法占有也因此被固定。同时，第三人也将有途径防备买受方因占有而形成的瑕疵“所有权”，也就避免了出卖方因善意第三人的对抗要件而无法按约行使取回权的困境。“登记的主要意义在于，通过公示使第三人知悉标的物之上的权利状态，防止买受人对标的物进行无权处分”①。

可以预见的是，在买受方破产时，经过公示的所有权保留的权利状态将更有效地保障出卖方破产取回权有的放矢；否则，在承受标的物流失的风险时，可能还要面对管理人拒绝承认破产取回权效力的情况。因而登记制度表面上是负担性义务，实际上为债权人自身提供了更多的保障。

（三）买受方或者第三人的合法阻却事由

根据《破产法司法解释（二）》第三十五条之规定，在出卖方破产的情况下，买受方或第三人的合法阻却事由有两项，即“买受人已经支付标的物总价款百分之七十五以上或者第三人善意取得标的物所有权或者其他物权的”。

该条规定的两项阻却事由中的第二项，是绝大部分买卖合同项下保护善意第三人权益的常态，而该条规定的第一种情形，是破产法中的特殊规定。该事由注重对买受方合理预期利益的有限制的保护，因

① 王利明：《所有权保留制度若干问题探讨》，载《人民法治》2015年第9期，第9－12页。

而具备其合理性：为了平衡买卖双方的利益问题，在买卖合同尚未解除的情况下，应当尊重交易的公平性，照顾买受方对标的物占有及使用的权利，而不能因为出卖方自身的财务窘境，让外部第三人连锁负担未来到期的债务。但在实际适用过程中，若使标的物恢复原状仍需大量的支出，那么，即使买受方先前支付的对价未达到百分之七十五，法院仍可能认定出卖方不能行使取回权。

（四）管理人的认可问题

在出卖方与买受方自行合意恢复原状的情形因破产程序的对抗而无法实现时，出卖方只能通过前述破产取回权的行使方式实现取回标的物的目的。根据破产法的规定，任何债权人主张债权的途径都是向管理人申报债权，所申报的债权经由债权人会议一致同意才能进入清偿序列。破产取回权的行使同样要服从债权申报流程，也就是说，破产管理人对于出卖方的债权真实性及有效性的认可与否，也是出卖方能否行使破产取回权的关键之一。

针对前述管理人不认可债权的困境，《破产法司法解释（二）》第二十七条赋予出卖方以债务人为被告直接向人民法院提起诉讼并请求行使取回权的权利。我国部分学者对这种情况下债务人是不是适格被告有不同的见解。反对的声音认为，出卖方应当提起恢复标的物占有的“对物诉讼”，因为我国民事诉讼法并未规定该种类的特别程序，所以参照担保物权的实现程序不失其可行性，这样的理解也更加符合《民法典》第六百四十二条第二款所提到的协商不成时的解决程序，并能得到既没有被告也没有管辖权争议的结果；同时，债权人无须提起另案诉讼，可使其行使权利的方式更加高效，还可有效降低交易和司法成本。

对此，笔者认为，在债务人破产的情况下行使破产取回权的，不必要再次参照民法典的立法目的予以解释适用。一方面，《民法典》第六百四十二条规定的出卖方取回权的行权模式不能突破破产程序法的限制，对此前文已有相关论述，不再赘述；另一方面，鉴于《破产法》第二十一条破产法院对破产债务人所涉诉讼集中管辖的规定，

《破产法司法解释（二）》第二十七条涉及的诉讼均由破产法院管辖。破产法院作为破产程序中真正的引导人，其熟悉案件情况、破产债务人状况以及当地政策的优势，也能使得相关诉讼迅速推进。总的来看，破产法院受理债权人的取回权诉讼利大于弊。同时，在近年来破产案件量激增的情况下，更为严格地遵守破产法成文规定、限制结合物权保护之立法本意的解释适用将越来越重要。

四、结语

总体来说，我国在立法层面认可“所有权保留”约定的对外形式效果，承认出卖方在买受方未履行完全部价款的给付义务之前独自享有标的物的所有权。当所有权保留合同当事人任意一方破产时，债权人可以通过向管理人主张破产取回权这一程序性权利以主张恢复对标的物占有状态。取回权相关规定随即成为破产取回权的实体权利基础之一。当然，破产取回权同样受到多重限制，而在破产取回权配套程序规定暂未完善的当下，出卖方更有可能面临权利不被承认的窘境。

鉴于近些年来我国企业破产案件呈上升趋势，加上 2020 年以来的新型冠状病毒肺炎疫情影响，接下来两年将成为企业破产案件的一个高峰期。因此，本文旨在大量案件到来之际，提前探索并明确破产法相关法律概念与适用，以期为我国破产案件审理效率的提升做出微薄贡献，并服务于破产债权的梳理、破产重整方案的制定等多个方面，加速我国破产法体系从实践反馈理论的进程。

专题三

预重整与重整制度

破产程序中预重整合同的法理分析

钟朝阳*

【摘要】 预重整是由于公司破产而自发形成的一种与破产重整程序相协调的做法，国内预重整一般会由政府或法院引导启动，由指定的清算组组织各方面协商达成预重整方案。所谓“预重整合同”，是指在破产程序中，意向投资人（意向重整人）与破产管理人之间缔结的以获得重整资格为目的的合同。无论在学理上还是在司法实务中，它都是存在的。既然是合同，便具备合同的基本内容以及相应的救济方式。

【关键词】 预重整；合同；主要条款；违约救济

预重整制度是破产重整程序启动之前，破产管理人、债权人、债务人、意向投资人在向法院提起破产重整申请时适用的法律制度，包括公开招募意向投资人（重整人）、提交重整计划草案、遴选意向投资人等。管理人、债权人、债务人、意向投资者通过协商谈判拟定的重整计划草案，在进入破产重整程序后对其仍有约束力。

目前，预重整程序并无详细配套的法律规定。预重整是由于公司破产而自发形成的一种与破产重整程序相协调的做法，国内预重整一般会由政府或法院引导启动，由指定的清算组组织各方通过协商达成预重整方案。预重整留给债务人的时间比较充裕，因而债权人和债务人能在较为宽松的环境下达成重整共识、形成重整方案。那么，预重整的发起人（破产管理人、债权人、债务人）与意向投资人在正式重整之前所达成的协议以及实施的各种破产事务，是否具有合同法上的效力？

---

* 钟朝阳，广东明思律师事务所律师。

本文以破产管理人发起的预重整程序为视角，以一宗真实的重整案例为标本[①]，试分析预重整合同的基本法理问题。

一、什么是预重整合同

预重整合同，是指在破产程序中，意向投资人（意向重整人）与破产管理人之间缔结的以获得重整资格为目的的合同。该合同与正式的重整合同有如下四点区别。

一是在破产程序中的阶段不同。预重整合同存在于正式的重整合同之前，当破产管理人确定了最终的重整投资人后，该预重整合同的效力即行终止。其合同效力的存续期间，一般是在管理人审查意向投资人之资质且缴交重整保证金之日起，至法院正式批准重整计划草案之前。重整合同的效力期间则从确定最终的重整投资人始，到完成破产重整、合同相对人完成合同约定的义务止，其合同存续期间远远长于预重整合同。

二是合同目的不同。预重整合同的目的仅仅是获得对重整实体的重整资格，以便与管理人缔结正式的重整合同，它与将来的重整计划草案无关。因此，预重整合同可以被认为是为了事后签订重整合同而预先签订的预约合同。作为预约合同，自然受《民法典》有关合同规定的保护，也需要遵守预约合同的有关规定，如《民法典》“合同编”第四百九十五条规定：“当事人约定在将来一定期限内订立合同的认购书、订购书、预订书等，构成预约合同。当事人一方不履行预约合同约定的订立合同义务的，对方可以请求其承担预约合同的违约责任。”

三是合同的生效条件不同。预重整合同最初发端于管理人公开发布的招募预重整意向投资人公告，该公告可以视为一种要约邀请，即邀请不特定的意向投资人参与预重整。当符合公告条件的意向投资人交纳报名保证金（如该案的200万元）后，管理人即开始审查意向

① 案例详情参见本书《破产管理人撤回预重整要约的效力分析》一文。

投资人之资质。在资质审查通过后，管理人一般会把审查结果通知意向投资人，并要求后者继续交纳重整保证金（如该案的1800万元）。如果意向投资人按管理人和招募要求缴交重整保证金，此时，双方之间的预重整合同即行成立并生效。而重整合同的生效则较为简单，即在确定了最终的重整投资人后并签订了重整合同时，一般情况下，合同成立和生效的时间是一致的，不存在特别的生效条件。

四是合同的终止条件不同。一旦破产管理人按照公示的招募程序和招募条件完成重整人的遴选，双方签订了正式的重整合同，则该预重整合同即行终止。重整程序也从此进入下一个阶段，即正式的重整阶段。可以看出，预重整合同是为了签订重整合同而订立的，因此，其终止条件便为重整合同的签订的完成。而重整合同并不存在特殊的终止条件，当双方当事人各自完成合同中约定的事务和义务后，一般来说即是在破产重整完成、款项支付后，合同终止。

那么，重整程序中到底存不存在上述预重整合同？这在学理与实务上都是一个全新的课题。

笔者认为，虽然《中华人民共和国企业破产法》和《民法典》对此均没有明确规定，但根据民法典原理以及破产法所规定的重整制度的内容，预重整合同无论在学理上，还是在司法实务中，都是存在的。理由如下。

第一，从行为的目的性看，预重整合同有明确的合同目的。意向重整人以获得参与重整的资格为目的，意图使自己参与破产重整程序；而管理人以招募适格的重整投资人为目的，意图通过预重整寻找合适的破产重整人。双方的目的性是一致的，具有互补性，可以认为是一种双向选择达成的合意。

第二，从行为的不可撤销性看，意向重整人缴交重整保证金后构成不可撤销的要约；而管理人收取保证金，且规定保证金功能与没收条件，即根据招募程序和招募条件，如果意向重整人缴交重整保证金后，中途不提交重整计划或撤回重整计划，其缴交的重整保证金将被没收，且无权要求返还。这个规定构成了管理人对意向重整人的承诺，即承诺完成招募程序。当然，意向重整人缴交重整保证金并不构成管理人对意向重整人参与重整的承诺，而仅构成管理人对意向重整人按招募说明和招募条件完成整个招募程序的承诺。如果管理人收取重整保证金后无故终止招募程序，则应该视为对承诺的撤销，就是对意向重整人的违约。

第三，从权利与义务的对等性看，既然招募说明和招募条件明确规定意向重整人缴交重整保证金后若中途不提交重整计划或撤回重整计划，其缴交的重整保证金将被没收且无权要求返还，那么，根据民法典原理，破产管理人也应当受该保证金条款的约束，对自己的违约行为担责。如果管理人可以随意、无故终止招募程序，即仅需要向意向重整人退还重整保证金而无须受罚，那么招募程序就可能沦为一场骗局、一个幌子。比如，如果有人在招募程序结束后以高于原意向重整人的出价表达重整意向，而管理人以“保护”债务人和债权人利益为由终止前一个招募程序而启动新的招募程序以实现利益最大化，这显然对前一个意向投资人不公平。

因此，无论从行为目的看，还是从行为后果、法益保护看，都应当承认预重整合同的存在，并将其纳入民法典的保护之中，使其能够受到法律有关合同规定的保护和制约，从而更好地保护合同当事人的利益，避免双方的权利义务处于一种悬而未决、可随便变动的境地，给此种权利义务关系加上一道法锁。

二、预重整合同的主要条款

既然承认预重整合同的存在，那么，作为一个独立的民事合同，它有着哪些合同之主要条款呢？笔者认为，预重整合同至少包括以下四个条款。

第一，合同主体。毫无疑问，预重整合同有明确的合同主体。其合同主体的一方是破产管理人，并且是签订的多份预重整合同的唯一甲方主体。因为招募公告、招募说明和招募条件都是管理人发布的，是管理人行使其职权、履行其职责的重要表现，与重整实体的债务人和债权人均无关，故管理人是合同的唯一甲方。而合同另一方则是意向重整人。意向重整人作为一方主体，具有较强的不确定性，并且可能存在多个潜在的主体。如果有很多意向重整人报名，则成立多个预重整合同；如果仅有一位意向重整人，则只有一个预重整合同。但多份预重整合同的生效与否仍然需要管理人依照相关规定进行审核和筛选，最终成立一个合同，使合同的相对方明确化。

第二，合同标的。双方的合同标的是确定破产实体的重整人资格。对管理人而言，其需要从保护债权人和债务人的角度出发，从诸多候选人中遴选出最优的意向重整人，使破产重整能够在最大程度上让破产人和债权人受益，从而达到破产重整的企业拯救目的。而对意向重整人而言，根据要求在缴交重整保证金后提交重整计划，就是为了获得重整资格。在经过审核和筛选之后，让最符合破产方和债权人利益的主体进入这一破产程序，可以最大限度地发挥破产重整和预重整的作用。这一合同标的是双方共同的意识表示，也是预重整带来的最大好处，即通过市场择优选择适合的意向重整人。

第三，合同内容。预重整合同有明确的合同内容。这个合同的内容是由破产管理人在招募公告、招募说明和招募条件里发出的要约邀请，即邀请适格的意向重整人参与破产实体的重整。其内容具有一定的单方性。但是，若干个破产重整人在合理竞争中提交的多份草案能够在一定程度上让意向重整人发挥自己的主观能动性，从而使自己在这一竞争上更具优势。意向重整人通过缴交重整保证金和重整计划草案，表明参与重整的意愿，并愿意接受管理人在招募公告、招募说明和招募条件里设定的各种条件与要求。因此，管理人在招募公告、招募说明里公示的内容就成为管理人的要约，且成为预重整合同的主要内容。这个合同内容显然是十分明确的。也就是说，破产管理人所发布的要约可以说是带有一定强制性的最低要求，也是破产管理人意图通过破产重整来达到的能够使破产方和债权人等均获取最大利益的界限请求。但这一界限，对于希望进入这一程序的意向重整人来说，却并非固定的，而是可以通过考虑自身的需求和条件来达到一定程度的拔高和调整的，这也是破产预重整所能带来的正外部效应。

第四，合同的违约责任。招募公告、招募说明往往明确规定意向重整人在缴交重整保证金后，若不提交重整计划或撤回重整计划，其缴交的重整保证金要被没收并无权要求返还。该规定构成预重整合同的违约责任条款。这一条款与《民法典》中合同的保证金条款类似，由此也可以看出预重整合同在实务和理论上是具有存在的可能性的。另外，这一违约条款以及作为强势方的破产管理人在破产预重整中所发布的带有一定偏向性的格式条款，需要受到法律的严格限制，这也就意味着当预重整合同进入真正的重整程序并且被提交到法院时需要经过更加严格的审核。这里便存在着一个准入门槛高低的问题：是预先设置较高门槛以在早先阶段便限制人员的进入，还是在事后的审核阶段提高审核标准？这都是需要在实务中进行试验，并且不断改正的。

对于破产管理人一方，管理人往往会在实务上刻意回避自己的合同义务，甚至会规定诸如“前述条件仅为本次预重整投资人遴选的最低限制性条件，并非管理人对符合该等条件的意向人必然参与重整的承诺”以保护自己免受“预重整合同”之约束。

不过，无论管理人如何规定自己一方的免责条款，都不能改变双方成立预重整合同之事实。因此，可以从民法典原理出发，从对等原则出发推定如果管理人违约，则管理人除了应当返还意向重整人的保证金外，还应当承担其他违约责任，包括赔偿损失。对于这点，除了民法典原理外，《破产法》第一百三十条也有规定：“管理人未依照本法规定勤勉尽责，忠实执行职务的，人民法院可以依法处以罚款；给债权人、债务人或者第三人造成损失的，依法承担赔偿责任。”

这里需要说明的是，预重整合同里的意向投资人不一定是最终选定的实际投资人（重整人）。因此，满足管理人在招募公告、招募说明里的条件，并不构成对意向重整人必然参与重整的承诺，这一点是确定无疑的。因此，最终管理人是否违约，并不是看意向重整人是否成为正式的重整人，而是看管理人是否履行了自己在招募公告、招募说明里设定的义务，其终止招募程序是否具有正当理由，等等。

三、预重整合同中违约责任的认定与处理

在司法实务中，预重整合同纠纷主要有两种：一种是意向重整人违约，即缴交重整保证金后不提交重整计划或撤回重整计划。如果没有证据证明存在重大误解或其他正当理由，意向重整人在合同履行过程中及一定合理期限内未提交重整计划或撤回重整计划，那么必然将导致其预交的重整保证金被没收的法律后果。针对这种纠纷的处理方法，目前是没有争议的。

在实务中发生争议的是第二种纠纷类型，即若破产管理人无正当理由终止招募程序，是否应当承担违约责任的问题。对此问题，存在两种观点。

一种是无责说。此观点认为，破产程序是一种特殊的法律程序，即使破产管理人在终止招募程序时有过错，也无须承担过错责任，仅需把重整保证金发还意向重整人即可。换句话说，破产管理人有权随时终止招募程序，且无须承担违约责任。可以看出，这一学说是荒诞不经的。现代民法最重要的共识就是平等、对等，双方具有合理的对等权利和义务。如果这种观点成立，那就意味着出现如前所述的情况时，意向重整人招募程序就可能沦为一场骗局、一场作秀。那么，广大意向重整人的权益将如何保障？同时，无责说也完全不符合诚实信用原则。因此，无责说是难以成立的。

另一种是有责说。此观点认为，既然意向重整人在违约时无权要求返还重整保证金，只能眼睁睁地看着保证金被没收，那么，作为合同另一方的破产管理人违约，同样应当承担违约责任，才能体现民法典的公平原则。这是一个合理的标准，是符合现代民法共识的。笔者同意有责说。

《民法典》第四条规定："民事主体在民事活动中的法律地位一律平等。"第六条规定："民事主体从事民事活动，应当遵循公平原则，合理确定各方的权利和义务。"可见，公平原则是民法典的基石。既然双方存在预重整合同，那么在处理此类纠纷时，就应当贯彻

民法典的公平原则。如果合同一方违约将面临巨额重整保证金被没收的后果，而另一方违约却可以毫发无损，这样的合同是显失公平的。

四、预重整合同的违约救济

既然预重整合同是合同的一种，那就应当适用合同法原理来确定违约方的违约责任。根据《民法典》第五百七十七条的规定："当事人一方不履行合同义务或者履行合同义务不符合约定的，应当承担继续履行、采取补救措施或者赔偿损失等违约责任。"可见，在预重整合同中，如果破产管理人违反合同义务，意向重整人有权要求破产管理人"继续履行、采取补救措施或者赔偿损失"等。具体的救济措施既可以在事先约定，也可以事后协商。这里需要注意的是，如果这一预重整合同的救济条款在事先就已经被破产管理人给明确化了，即意向重整人并不具备协商的可能或者说在这方面处于劣势地位，那么该类条款该如何处置呢？笔者仍然认为应当根据《民法典》对合同的相关规定入手。同时，合同双方应该是平等的个体，因而在面对相关缺少协商可能且对当事人的权利义务具有较大影响的格式条款时，应当予以其最大限度的否定及制约，从而保护在合同签订时较为弱势的一方，避免权力的压迫。

但在破产实务中，以 B 学校破产重整程序为例，管理人已经启动第二次招募，且另外遴选了其他意向投资人参与重整。故原意向重整人 C 公司要求继续履行意向已经不可能，只剩下采取补救措施、赔偿损失这两种救济方式了。因此，除了要求退还重整保证金，C 公司至少可以向破产管理人主张赔偿损失，其损失包括：重整保证金的利息损失、资料费、误工费、交通费等。这种通过二次招募使破产管理人具备随时违约可能的情况，正是由于破产管理人在这一事项上具有绝对优势地位的权力压迫，而非权利的合法行使。除了在救济上给予相对方以一定程度的保护和便利之外，在法律上也应该对此加以限制，避免二次招募之外的三次招募、四次招募等，从而避免市场进入一种无序的状态。

需要注意的是，虽然预重整合同规定意向重整人缴交重整保证金后中途若不提交重整计划或撤回重整计划，其缴交的重整保证金就会被没收，并且无权要求返还。但是，笔者认为，不能因为管理人有违约行为就要求管理人双倍返还重整保证金。因为保证金不等于定金，只能要求退还，而不适用双倍返还的违约罚责。

预重整制度的价值分析及其规范重构

高艳岚*

【摘要】 为降低重整成本、通过司法手段拯救困境企业，最高人民法院倡导构建预重整制度作为法庭外债务重组与法庭内重整的衔接机制。预重整不仅能够提高司法效率、避免“钳制”问题，还具有实现社会利益最大化、缓解当地政府维稳压力的社会价值。但通过我国司法实践发现，预重整制度的适用出现了缺乏法律依据、各主体职能模糊、信息披露不到位等亟待解决的问题。根据国内探索经验，在进行我国预重整制度的规范重构时，应当从制度层面对预重整制度予以立法确认，厘清法院、政府和管理人的角色定位，明晰信息披露的内容、范围，对征集投票程序进行规范。构建完善的预重整制度，既能给困境企业提供更公平的脱困机会，又能为破产法的修订和完善提供参考。

【关键词】 预重整；困境企业拯救；庭外预重整

随着我国市场经济体制的不断完善，企业申请破产重整将成为一种常态化退出机制。然而，单一的法庭内重整存在程序烦琐、成本较高等不足之处，已无法有效应对司法实践的需求。要克服传统重整制度的不足之处，需要构建一套将法庭外债务重组与法庭内重整相结合的困境企业拯救机制，我国学界将其称为“预重整”。虽然当前《中华人民共和国企业破产法》中未曾出现过预重整的概念表述，但许多司法政策都体现了鼓励探索预重整制度的政策取向。最高人民法院在2018年3月发布的《全国法院破产审判工作会议纪要》[①] 第22条

---

* 高艳岚，广东明思律师事务所律师。

① 《全国法院破产审判工作会议纪要》，自2018年3月4日起施行。

中提到“探索推行庭外重组与庭内重整制度的衔接”；2019年11月发布的《全国法院民商事审判工作会议纪要》[①]第115条中也提及“继续完善庭外重组与庭内重整的衔接机制”。这些司法解释虽然只突出了预重整的基本特征——将法庭外重组与法庭内重整相结合，但也为预重整相关问题的实践和制度探索预留了更多的空间。鉴于域外和国内司法实践中适用预重整制度的趋势愈发明显，有必要对预重整制度进行纵向分析和探索，以期提高企业破产重整效率、完善我国破产法律制度体系。

一、预重整的界定与制度优势分析

（一）预重整的概念与性质

预重整制度起源于美国，是在破产重整的司法实践中形成并被法院认可的一种制度模式，被学者称为“服务于破产法变化的副产品”[②]。作为庭外重组与庭内重整的衔接制度，预重整制度在国内也被越来越多的企业采用。预重整是指在申请重整之前，包括债务人以及债权人在内的当事人在法庭外，针对重整事项进行谈判并达成重整计划草案的一种新型企业脱困模式[③]。

预重整具有衔接性，体现在预重整能够将庭外重组中的债务重组向后延伸，同时与传统法庭上重整的重整计划制订等程序相对接；具体表现为，当正式进入法庭重整程序后，当事人可以向法院申请赋予此前达成的预重整计划以司法执行力。预重整还具有筛选性。许多上市公司早已经营困难、无法正常存续，为了保住特殊资质选择进行重整。因此，即使重整计划经利害关系人分组表决未通过，法院也只得

---

① 《全国法院民商事审判工作会议纪要》，自2019年11月8日起施行。

② ［美］大卫·G. 爱泼斯坦、［美］史蒂夫·H. 尼克勒斯、［美］詹姆斯·J. 怀特著，韩长印等译：《美国破产法》，中国政法大学出版社2003年版，第203页。

③ 参见浙江省杭州市余杭区人民法院课题组《房地产企业预重整的实务探索及建议》，载《人民司法》2016年第7期，第15－19页。

碍于政策规定，强制批准重整计划。而适用预重整制度能够有效避免这一现象，多方利益关系人无须担忧超过期间限制，因而能够在协商一致的情况下达成最佳重整方案。而无法达成预重整方案的企业，则不具备进入重整程序的机会，也就可以将“僵尸企业”筛选出局。因此，只有具备重整价值的企业才能起死回生，从而发挥重整制度的真正价值。

与传统重整制度相比，预重整是债务人的一种自我脱困模式。一方面，预重整并非由政府和法院强力介入引发，而是由债务人主动选择引发的程序，属于一种私力脱困[①]。预重整结合了法庭外债务重组和司法重整，使得预重整计划的协商和制订完全在当事人的主导之下，具有私力自治和公权干预的双重属性；相比之下，重整制度是一种纯粹的司法制度，该制度要求债权人、债务人等相关法律主体向法院进行申请，并在获得批准之后才能协商并制订重整计划。重整程序必须在法院监督下严格按照法定的程序运行，具有较强的公权属性。另一方面，预重整是一种混合型程序，在一定程度上具备私力自治和公力干预的双重优势。纯粹的私力自治会引发结果的不确定、不规范，甚至违法、违约等现象，纯粹的公力救济将判断权交给所谓的第三方专家系统，因此即使重整成功也可能会对重整企业的未来经营产生不良影响。可以预见，无论是纯粹的私力自治还是公力救济，都会使债务人或债权人的利益受到损伤。预重整因具备双重属性能够巧妙地避免这些缺点，即既结合了重整制度的优点，保障重整程序合法、有序地进行，又能在规范保障的基础上给予债务人和债权人更多的自由，为程序运行增加更多的灵活性。

（二）预重整的程序价值

预重整制度作为一种区别于传统重整制度的新型拯救机制，具有更深远的程序价值和意义。

---

① 参见曹文兵、朱程斌《预重整制度的再认识及其规范重构——从余杭预重整案谈起》，载《法律适用》2019 年第 2 期，第 34 – 45 页。

首先，预重整制度能够形成最优的重整方案。预重整制度起源于美国司法实践，强调重整程序是在当事人自治下进行的。债权人在预重整过程中，虽然不需要面对清算财产的现实压力，但是仍然要面对随时破产的经营困境。在这种具备压力和自由度的环境下，债务人将更有动力以及充足的时间与债权人等利益关系人进行多方博弈，并形成谈判—妥协—再谈判—再妥协的良性互动格局①。在这种良性互动条件下，债权人也能更有效地发挥积极作用，具有更高的参与度。针对困境企业是否具备重整的可能、如何解决企业债权危机、通过何种途径取得新融资等问题，各主体之间也能进行充分的协商，从而协商形成最合适的重整方案②。

其次，预重整制度的运行能够提高司法效率。传统的司法重整程序在进入正式重整阶段时，需要成立债权人会议，各流程需要股东和相关利害关系人的参与，不仅历时长、程序烦琐，且需要支付管理人费、律师费、审计费等。更有甚者，债务人还需要在重整程序中应对相关诉讼，自然也会经历更长的时间。而成功经历过预重整制度后再进入重整环节的案件，显然具有更高的司法效率。债务人适用预重整不仅能够在进入正式重整程序之前就完成预重整方案，而且能够有效避免相关诉讼、减少相应管理费用。根据布莱恩关于破产财务管理的实证研究可知，适用预重整制度的企业自向法院提起重整申请直到法院裁定批准仅耗时 2. 5 月，而传统司法重整程序往往需要 20 个月以上③。而我国破产法规定了自人民法院裁定债务人重整之日起至提交重整计划的时限为 9 个月，可见预重整能够避免烦琐的程序、节约大量的时间，从而提高司法效率。

---

① 参见曹文兵、朱程斌《预重整制度的再认识及其规范重构——从余杭预重整案谈起》，载《法律适用》2019 年第 2 期，第 35 – 45 页。

② 参见杜军、全先银《公司预重整制度的实践意义》，载《人民法院报》2017 年 9 月 13 日第 7 版。

③ ［加］布莱恩 · R. 柴芬斯：《公司法：理论、结构和运作》，林华伟、魏旻译，法律出版社 2001 年版，第 108 页。

最后，预重整的程序价值还表现为能有效避免“钳制”问题。法庭外债务重组的效力只能约束参与制定协议的债权人，且必须遵循“一致决”原则，即只有当参加债权人一致同意时，方能达成重组协议[①]。这极有可能造成“钳制”问题，导致法庭外债务重组无法继续进行。个别债权人为了获得自身利益的最大化，往往会利用“一致决”钳制债务人，从而达到随时获得债务清偿等目的。建立预重整制度则能够避免“钳制”问题的发生。因为预重整制度本身的双重属性能够有效结合司法干预，一旦法院认为预重整计划的执行有利于全体利益相关人的利益最大化，就能够确认此计划具有强制力，继而从根本上解决“钳制”问题。

（三）预重整的社会价值

预重整制度能够实现社会利益的最大化、缓解当地政府维稳压力。从法经济学角度分析，陷入经营困境状态的企业本应等待市场经济的自发资源配置，但也极有可能走向破产。预重整制度能够降低资源配置成本，减少债务人处理债权债务的时间成本和交易成本，并使得现有的资源在有限的条件下进行合理的分配，最终实现利益最大化。在实现社会利益最大化的同时，也将进一步产生缓解当地政府维稳压力的正向价值引导。因为司法实践中进入重整程序的案件大多数涉及众多员工利益，且涉案资金较大，一旦企业进入破产重整状态，会对公司员工、相应供应商家、当地市场经济等造成重大利益影响。这其中涉及众多债权人，存在各种不确定因素，因而此类破产重整案件对于当地政府的维稳能力提出了较高的要求。通过预重整制度不仅可以对企业剩余利益做出更好的分配，还能够缓解困境企业进入重整程序之前遇到的各种难题，有利于当地政府维持当地市场和公共秩序[②]。

---

① 参见张艳丽、陈俊清《预重整：法庭外重组与法庭内重整的衔接》，载《河北法学》2021 年第 2 期，第 43 – 58 页。

② 参见曹文兵、朱程斌《预重整制度的再认识及其规范重构——从余杭预重整案谈起》，载《法律适用》2019 年第 2 期，第 35 – 45 页。

预重整制度还能够避免困境企业丧失控制权，减少困境企业的负面社会影响。在传统司法重整程序中，困境企业的债权人、法院都会监督企业的经营状况以及债务人的财务状况，并由管理人接管企业进行经营。此时，不仅企业财产管理和处分的权利将受到管理人的控制，而且所有经营行为都在债权人委员会和法院的密切监督之下进行，因而企业债务人极有可能丧失对企业的控制权。而预重整制度能够尊重和保障企业债务人的经营自主权和控制权，法院在预重整阶段既不能干涉企业的任何重大或非重大的财产处分行为，也无权对企业的日常经营进行监督。这意味着适用预重整的企业债务人仍然掌握企业控制权，企业债务人能够拥有更多的自治空间。与此同时，预重整制度能够减少困境企业的负面社会影响。困境企业一旦进入重整程序，就会被要求公开重整计划，这将会对企业产生巨大的负面社会影响。不仅企业的债权人、原本产品供应商等会对债务人的偿债能力产生怀疑，而且潜在的、可能的商业机会也极有可能因此而丧失，继而导致资金链紧张—周转资金不足—大量案件应诉—资金链断裂的恶性循环，最终使得企业破产局面无法挽回。而预重整制度下的前期协商阶段，企业并不需要完全对外公开企业即将进入重整程序的信息，仅债权人等密切利益关系者才会参与协商，并不会产生很强的负面商业影响。这也将有利于困境企业打破资金链断裂的恶性循环，推动融资效率的提升。

二、我国预重整制度现状及其不足

（一）缺乏明确的法律依据

我国有关破产重整的相关制度主要规定于破产法之中，但是其并没有关于预重整制度的规定。事实上，近年来无论法院还是政府都对预重整制度的构建有强烈的呼声，最高人民法院与国家发展和改革委员会等也对此做出了一些回应。2019 年《全国法院民商事审判工作会议纪要》、2019 年《加快完善市场主体退出制度改革方案》[①]、2018年《全国法院破产审判工作会议纪要》都对预重整制度作了原则性的规定。虽然已经具备了非常重要的指导性规定，但是，我国仍然没有以立法形式确立预重整制度，也并未构建完整的预重整法律体系。然而预重整本身具备区别于传统重整制度的优势，且我国部分法院已经具有相关成功案例并形成了三种预重整模式。第一种是预登记模式。法院不参与正在开展的庭外谈判，由债务人、债权人等多方主体进行平等协商进而达成预重整计划，之后向法院申请登记备案。多方主体在预登记期间达成的承诺经法院确认，不可反悔。预登记期间达成的重整协议需要再次经过债务人会议确认，才能对投反对票的债权人发生效力。例如，“浙江怡丰成破产重整案”就是采用了预登记制度，由杭州市余杭区法院对怡丰成公司进行了预登记，在做出破产重整裁定之前，形成预重整方案，最终重整成功。第二种模式是破产清算阶段的预重整。在公司进入破产清算程序后，法院宣告企业破产之前，管理人需要完成预重整方案，待具备重整条件时向法院提出重整申请。此种模式只适用于企业的品牌、市场、资产价值依然存在，且仅因为资金链断裂导致经营不善的情形[②]。这明显对管理人和法院的要求更高，也要求重整人和法院之间能够进行充分的沟通协商。第三种模式是司法重整前置程序的预重整。此种模式下，法院会在收到重整申请后，组织召开听证会。经初步判断，认为该企业具备重整价值和重整条件，则可以先不裁定受理，并指定管理人。这种模式由法院主导整个过程，包括预重整期间开展第一次债权人会议等工作。与预登记模式相比，庭内预重整的法院介入程度更深，也具有更高程度的司法保障。

以上是各地法院在司法实践中形成的具有一定代表性的三种预重整模式，但这并不意味着现有的预重整相关法规、司法解释足以使制度的运行有法可依。尤其在最高立法上，预重整制度依然是一项空

① 《加快完善市场主体退出制度改革方案》，自2019年6月22日起施行。

② 参见李冠颖《清算式破产重整实务相关问题探析》，载《人民法院报》2018年5月16日第7版。

白。缺乏最高立法依据和规范的操作指引，各地法院在司法实践中只能基于对理论的认识进行预重整操作。因此，谈及预重整制度，首要亟待解决的问题就是通过最高立法确认预重整制度。

（二）预重整制度中各主体职能定位模糊

预重整制度是公力救济和私力救济相结合产生的创新性企业脱困制度。在预重整程序运行的过程中，需要法院、政府、管理人等多方角色的共同参与。然而，在各地司法实践过程中，各主体角色定位模糊、职能转换不到位等情况时有发生，直接导致了履职上的“缺位”“错位”或不完全到位。

首先，法院作为预重整程序的主导者，极有可能侵占债务人和债权人的意思自治空间。一方面，预重整制度的设计目的是为债务人、债权人等利益主体提供救济，而非为法院提供控权的机会，法院权力的过度干预并不符合预重整制度的设计初衷。在“深圳福昌公司预重整案”中，法院就担任了主导和控制的角色，事先进行了预立案、指定管理人等各个预重整程序。另一方面，预重整的前期主要由债务人、债权人等利益主体协商谈判指定预重整计划，若法院在此阶段就介入其中，显然会影响各利益主体的意思自治空间，使利益主体受制于法院的规定，无法充分地表达诉求，从而降低整个预重整制度的积极作用。

其次，政府过度干预预重整程序的进行。一般情况下，在预重整制度中，政府的助力对危机企业帮扶处置可以说是必不可少的。缺乏政府的牵头和参与，将难以有序推进预重整①。然而，在预重整案件中，政府的权力常常会过度干预程序的推进。例如，上市公司重整的申请需要政府批准，广州市中级人民法院《关于破产重整案件审理指引（试行）》② 第六条第十二款中提道：“上市公司申请重整的，

① 参见潘光林、方飞潮、叶飞《预重整制度的价值分析及温州实践——以温州吉尔达鞋业有限公司预重整案为视角》，载《法律适用》2019 年第 12 期，第 37 – 43 页。

② 广州市中级人民法院：《关于破产重整案件审理指引（试行）》，自 2020 年 5 月 28 日起施行。

还应当提交重整可行性分析报告、上市公司住所地省级人民政府向证券监督管理部门的通报情况材料以及证券监督管理部门的意见、上市公司住所地人民政府出具的维稳预案等材料。”此种情况等同于将预重整程序完全置于政府和法院的权力之下。预重整制度本质上是债务人在法庭外通过自身努力实现自我脱困，若由政府主导或政府过度干预程序的进行，就会偏离预重整程序的设计初衷和运行原理。

最后，管理人模式僵化，在预重整程序中体现为“管理人中心主义”。有学者提出，管理人制度只应当适用于重整程序，而并非适用于预重整程序①。之所以这么说，是因为管理人本应在法院受理重整申请时才会产生，如果管理人在企业的预重整中也承担主导作用，那么就与法院受理重整申请后、指定管理人的程序相矛盾。预重整最主要的特征就在于庭外协调工作，它要求主债务人自行管理。在预重整实际案例中，管理人参与预重整程序也容易引起是否存在“利害关系”等争议，甚至会增加不必要的破产费用。

（三）信息披露规则不健全

在预重整制度较为完备的域外国家，信息披露通常是预重整制度的核心制度之一。在我国，地方性司法文件对于信息披露程序的规定并不充足。就企业的资产、经营状况等信息而言，债权人相对于债务人而言显然处于更劣势的地位，债权人想要知悉债务人的最新资产状况等问题，一般只能依靠债务人自行披露。然而，在预重整制度的司法探索过程中，只有极少数案件是债权人基于对债务人的信任而达成预重整协议。由此可见，在司法实务中信息披露程序并没有得到足够的重视。大多数债权人是基于对政府和法院的信任，或是因为其他原因才会与债务人就重整协议达成一致。这些重整协议并不是债权人集合自身利益需要，并基于对债务人的经营状况以及资产、债权债务关

---

① 参见齐砺杰《破产重整制度的比较研究——英美视野与中国图景》，中国社会科学出版社 2016 年版，第 284 页。

系充分了解而达成的。

信息披露程序规定的缺失会导致预重整制度的不完善、缺乏对债权人利益的保护。一方面，债权人无法在谈判之前或谈判中获得对等的信息。这不仅会使债权人在预重整谈判中处于被动地位、影响债权人的积极主动性，还会影响预重整协议的质量。另一方面，债权人极有可能因无法获得最真实的债务人信息而难以准确判断决定的合理性和可行性，从而做出错误的判断或不恰当的评估。因此，信息披露要求的不明确对债权人而言是极不公平的，在信息披露不完全的情况下达成的预重整计划缺乏公平性，极有可能会让债务人达到逃避债务的非法目的。如果法院在信息披露不完整的情况下，仅根据自由裁量权作出是否通过预重整计划的裁定，势必会遭到质疑，损害司法公信力和权威性。

此外，征集投票环节对企业的信息披露具有很高的要求。在前期投票征集环节中，企业必须保证相关信息都公开，并承诺适用的披露声明遵循“非破产法律、法规或规章”。但当前法律法规、相关破产法规定中并没有关于征集投票环节的信息披露要求的规定，抑或是法律法规中对信息披露义务规定得过于模糊，缺乏操作的可信性。例如，广州市中级人民法院《关于破产重整案件审理指引（试行）》第三十六条规定：“预重整期间，负有信息披露义务的义务人应当履行信息披露义务。信息披露的原则和内容参照本指引五十三条、五十四条第二款规定处理。”对于开展披露程序的具体规则、如何确定披露对象等问题，均没有具体规定。在缺乏详细的信息披露规则的前提下，不论是法院还是债权人，都无法保证债权人能够在完全知情的前提下做出正确的预重整协商决定。故而构建合适的信息披露规则，对于保障债权人利益而言具有重要的意义。

三、预重整制度的具体规则设计

（一）通过立法确认预重整制度

近年来，破产法的理念出现了巨大的转变：从人权至上主义转变为兼顾债务人利益，再发展到社会利益平衡理念①。但由于预重整制度的最高立法仍然是一片空白，这种理念的转变缺乏立法支撑，各级法院只能在司法实践中不断摸索。然而，各地法院预重整的实践模式的差异、立法的缺失、理念的落后造成“同案不同判”的现象，意味着重整阶段之外的一系列预重整活动需要被立法认可②。“如果没有法律支撑，预重整效力将等同于纯私力救济的重组模式。”③ 而破产法的修改将改变我国预重整立法缺失的现状。近两年，多部司法性、政策性文件都本着开放的态度，对预重整制度作了原则性规定，这也预示着预重整即将入法。

要构建预重整制度，首先应当由最高人民法院通过司法解释对具体应用进行指导。最高人民法院结合域外成熟的预重整模式以及国内各地法院的审判实例，分析得出最适合我国经济和社会发展状况的预重整模式。通过司法解释和具体指引操作的规定，能够有效解决“同案不同判”的现象。其次，在经过司法解释等规定确立了预重整机制的框架之后，最高人民法院需要了解各地的试点情况、司法实践中存在的问题等，不断修改、填充预重整机制框架，使其不断适用国内市场经济秩序。最后，在各地法院试点达到一定阶段，预重整制度的框架也不断完善之后，立法机关应当修改现行的破产法；应当在立法中对预重整制度的法律地位进行确认，以确保破产重整和预重整的衔接性；尤其应当明确预重整的制度内涵，对预重整制度的启动程序、需重整企业的审核标准、信息披露、角色定位等核心要素进行明晰，通过立法形式增强预重整制度实施的正当性及功能性。此外，还应当在预重整制度设立时注重程序正当性，以当事人意愿以及市场环境作为立法的基本原则，构建适合我国经济发展需要的完备的预重整

---

① 参见韩长印《破产理念的立法演变与破产程序的驱动机制》，载《法律科学》2002 年第 4 期，第 49－59 页。

② 参见池伟宏《论重整计划的制定》，载《交大法学》2017 年第 3 期，第 122－136 页。

③ 龚家慧：《论我国关联企业实质合并预重整制度的构建》，载《当代法学》2020 年第 5 期，第 90－99 页。

法律制度体系。

有鉴于此，通过确立完善的预重整法律制度能够有效地使预重整制度的运行得到法律保障。想要进一步做好预重整和重整程序的衔接，最重要的是将预重整程序中的谈判成果在重整程序中进行固化。一方面，应当通过立法设定“禁反言”条款：在预重整程序中通过债务人会议作出的决议，均应当作为不可反悔的承诺；如果违反，应当赔偿其他人因毁约而遭受的损失。另一方面，应当立法规定，法院在重整程序中不准许当事人有反悔行为。该条款既能保障其他利害关系人的合法权益免受侵害，又能维护预重整程序的稳定性和严肃性。

（二）明确各方主体的职能和角色定位

预重整制度离不开法院、政府和管理人的积极参与，因此需要厘清各方主体的角色和职能定位。

首先，预重整制度中法院的角色应当区别于重整程序，不应主动介入法庭外谈判工作，也不需要参与具体烦琐的事务协调[①]。法院在预重整程序中应当承担三项职能。第一项职能是提供预重整平台。法院应当根据准入标准，严格把控债务人破产企业进入预重整程序的资格，对债务人进行预重整的登记和审查，为债务人提供自我脱困的机会。第二项职能是见证预重整的重要事项。法院不应当介入所有的预重整事务，而仅需要见证预重整中形成的计划草案、表决情况等重大事项，防止程序出现反复或争议情形[②]。第三项职能是维护预重整程序的稳定进行。法院应当在保持中立的前提下，利用司法权力防止预重整程序受到干扰，不违背谦抑性原则，重大事项均应由临时管理人组织各方庭外自主协商确定。其次，政府应当在预重整过程中适当行使职权，把握作用的“度”。尤其是对急于脱困的企业应当适度提供救助和建议，而不应当代替企业作出具体的抉择，也不应当强制要求

① 参见邹海林《供给侧结构性改革与破产重整制度的适用》，载《法律适用》2017年第3期，第57－66页。

② 参见龚家慧《论我国关联企业实质合并预重整制度的构建》，载《当代法学》2020年第5期，第90－99页。

各方利益主体作出利益上的让渡[1]。基于进入预重整程序中的企业常常会向政府寻求政策、税收方面的帮助，因此政府在预重整程序中应当充当两个角色。一是进入预重整程序企业的帮助者。政府应当遵循主动性原则，为困境企业提供法律和政策指引、根据企业情况提供税收帮助等。二是参与预重整企业的间接管理者。政府在帮助企业的时候应当依照间接性原则，不直接介入预重整企业协调利益的过程，在行使职权时，应当尊重各利益主体的意思自治。作为间接管理者，政府应当为企业的预重整提供有利的环境和条件，同时协调各方利益，保障社会公共利益、维护社会秩序的稳定。最后，预重整管理人应当承担“引路人”的角色，做到“有所为有所不为”。预重整程序与重整程序不同，预重整管理人的职责不应当完全等同于破产管理人的职责，而应当在破产管理人职责的基础上做相应的减法。预重整管理人介入预重整程序后，应当尽快进行企业财产调查，帮助企业厘清现有资产涉诉涉执情况和债权、债务关系；了解债务人以及债权人的基本诉求；帮助债务人寻找合适的融资关系人；监督债务人进行信息披露，防止债务人做出转移资产、不公平清偿债务等侵害各利益相关人权益的行为；组织债务人、债权人进行协商、谈判，促进各利益主体达成共识；向法院汇报预重整结果以及预重整协议。

（三）信息披露和征集投票

不管是在预重整程序中还是在破产重整程序中，信息披露制度都是破产法立法规制核心因素。尤其在预重整程序中，信息披露的充分程度与预重整草案的完成度有着紧密的联系。只有当债权人及利益相关者充分掌握困境企业的信息，其才能在谈判协商中作出正确的决定。由于我国破产法对于信息披露制度规定的过于笼统，因而有必要明确信息披露的范围和方式，对信息披露的具体内容加以规定。预重整制度中，信息披露通常有两种路径，分别是提交临时债权人会议审

① 参见万江《政府管制的私法效应：强制性规定司法认定的实证研究》，载《当代法学》2020 年第 2 期，第 96－107 页。

批披露和参见重整程序的信息披露。在预重整前期小范围的协商环节中，债务人应当向债权人、投资人以及政府机构进行信息披露。信息披露应当遵循以下三个原则。一是非公开性原则。债务人仅提供给债权人、投资人以及必须知情的政府机构对应的信息，而非向社会公众全部公开。其他当事人提供的信息若也属于非必要公开信息，则法院有权决定是否公开。二是充分性原则，即债务人所披露的信息应当满足“例举式加兜底条款”，包括引发预重整的时间、资金负债表、债权债务清单、企业风险评估、必要支出费用和开支等信息，并在合理可行的范围内提供充足的细节。这些信息必须足够让其他主体详细了解债务人的性质和经营状况，能够作出知情判断。三是必要性原则。立法应当明确规定相关主体的披露义务和对应的法律责任，对于应当披露的信息虚假隐瞒、不充分披露或是违反保密义务等，都需要承担相应的赔偿责任。此外，信息披露规则还应当明确法院所需承担的监督和帮助职责，如果债权人或其他主体未得到公平的信息披露，可以向法院请求信息披露。

征集投票也是衔接庭外重组与庭内重整的核心程序。在投票之前，主导人应当将债权申报时间、利害关系人的表决时间、投票方式等项目事先约定。对于不同案情特征的预重整，应当设计对应的投票权和投票形式。一般可将当事人划分为担保债权人组、优先债权人组、普通债权人组和出资人组四组，尽量减少庭内重整时需要谈判的当事人，对于不影响债务人利益的部分供应商债权人、股东等潜在债务人可以不必投票。表决标准应当按照“1/2 + 2/3”绝对多数决，在预重整期间参与投票的债权人在法庭内无须重复投票。但若是存在债务人未依法信息披露、欺诈或是重大情势变更等情况，债权人向法院提出撤销投票表决的申请时，法院应当予以支持。

四、结语

破产法发展至今，我国尝试了许多种拯救困境企业的方法，从最原始的政府主导的庭外重组，到如今的预重整制度。在司法实践中，预重整制度也备受重视和关注，各地法院对于该制度的创新规定层出不穷。预重整制度作为一种司法监督之下的协商重组制度，结合了庭外重组和庭内重整的优势，不仅克服了庭外重组耗时较长、经济成本较高的缺点，而且化解了庭外重组的“钳制”问题，提高了企业自我脱困的质量和效率。可见，预重整制度恰好与破产法拯救困境企业的本质要求相契合。然而，建立完善的中国语境下的预重整制度，尚需认真梳理各地法院探索的模式，借助破产法的修订确立预重整制度，形成预重整制度与重整制度的精彩联动，真正做到帮助企业解决危机。

预重整制度及预重整引导人制度的探索

庞晨光晓*

【摘要】预重整制度因其具备的多种制度优势而在全国多地的破产实践中被广泛启用，“中南红文化集团股份有限公司的破产重整案”更是引入了庭外预重整程序及预重整引导人的新概念，在提升破产重整程序效率的同时，更好地保留了重整企业的市场价值，更有利于破产重整计划的实施。

【关键词】预重整制度；庭外预重整程序；预重整引导人

一、预重整制度的历史发展

所谓预重整制度，是指在法院裁定受理破产申请前，面临债权危机的企业和各方债权人自主进行谈判磋商，就预重整方案先期达成一致意见并获多数表决通过，当正式进入重整程序后，提请法院赋予重整方案司法强制力，进而解决企业面临的破产危机。

（一）域外立法经验

美国对预重整制度的立法规范主要体现在《联邦破产法典》第11章第1102条、第1125条、第1126条等法条和《联邦破产程序规则》第3018条（b）款，内容包括承认或允许预先打包的重整方案、充分信息披露标准、预先重整方案的表决通过、债权人委员会地位等①。

---

* 庞晨光晓，广东明思律师事务所律师。

① 参见张艳丽、陈俊清《预重整：法庭外重组与法庭内重整的衔接》，载《河北法学》2021年第2期，第43－58页。

德国1999年的《支付不能法》吸收了美国《联邦破产法典》第11章的重整制度，规定了重整计划的制定程序。该章第218条规定，允许债务人提交申请破产前协商完毕的重整方案，并在破产程序开始后对此方案进行表决①。

韩国设立了专门的首尔重整法院，2005年实施并在2016年修订的《债务人重整及破产相关法律》第223条规定了预先提交重整计划草案制度，该制度允许债务人与多数债权人在申请破产重整前就重整计划达成一致，在重整程序开始后迅速将该计划交付表决，以节省重整程序时间消耗，并借助重整程序使重整计划产生约束全体债权人的法律效力②。

（二）我国司法现状

虽然现行的《中华人民共和国企业破产法》中并无条文涉及预重整的概念及制度，但预重整制度在近几年的法院实践中有重点发展的趋势。

2013年6月28日，浙江省高级人民法院颁布《浙江省高级人民法院关于企业破产案件简易审若干问题的纪要》，其第七条关于破产预登记的表述是我国法律法规为设置预重整制度的初次尝试。

2017年8月7日，最高人民法院颁布《关于为改善营商环境提供司法保障的若干意见》；2019年6月22日，最高人民法院、国家发改委及其他11个部委联合颁布《加快完善市场主体退出制度改革方案》，两者均强调了对预重整制度进行探索和研究的重要性。

2019年11月8日，最高人民法院颁布《全国法院民商事审判工作会议纪要》，其第一百一十五条③实质上是从法院层面出发，认可

---

① 参见张艳丽、陈俊清《预重整：法庭外重组与法庭内重整的衔接》，载《河北法学》2021年第2期，第43－58页。

② 参见张艳丽、陈俊清《预重整：法庭外重组与法庭内重整的衔接》，载《河北法学》2021年第2期，第43－58页。

③ 《全国法院民商事审判工作会议纪要》第一百一十五条："人民法院受理重整申请前，债务人和部分债权人已经达成的有关协议与重整程序中制作的重整计划草案内容一致的，有关债权人对该协议的同意视为对该重整计划草案表决的同意。"

了预重整有关工作成果的效力。

经过十余年司法实践经验的积累，我国已有多个区域法院开始建设区域内的预重整制度规范。截至2021年5月，已有包括广州市中级人民法院、南京市中级人民法院、厦门市中级人民法院、北京市破产法庭在内的25家区域法院针对预重整制度出台了相关区域规范和操作指引，具体如下表所示。

序号	发文地区	文件名称	条文	发文时间
1	浙江省	浙江省高级人民法院关于企业破产案件简易审若干问题的纪要	第7～10条	2013年6月
2	浙江省温州市	企业金融风险处置工作府院联席会议纪要	第2条	2018年12月
3	广东省深圳市	深圳审理企业重整案件的工作指引（试行）	第三章	2019年3月
4	江苏省苏州市吴中区	苏州市吴中区人民法院关于审理预重整案件的实施意见（试行）	全文	2019年6月
5	北京市	北京破产法庭破产重整案件办理规范（试行）	第三章	2019年12月
6	河南省郑州市	郑州市中级人民法院审理预重整案件工作规程（试行）	全文	2019年12月
7	江苏省南京市	南京市中级人民法院关于规范重整程序适用提升企业挽救效能的审判指引	第三章	2020年1月
8	江苏省苏州市吴江区	苏州市吴江区人民法院审理预重整案件的若干规定	全文	2020年2月
9	江苏省苏州工业园	苏州工业园区人民法院审理破产预重整案件的工作指引（试行）	全文	2020年4月

续表

序号	发文地区	文件名称	条文	发文时间
10	福建省厦门市	厦门市中级人民法院企业破产案件预重整案件的工作指引（试行）	全文	2020年5月
11	四川省天府新区成都片区、四川自由贸易试验区	四川省天府新区成都片区人民法院、四川自由贸易试验区人民法院预重整案件审理指引（试行）	全文	2020年5月
12	广东省广州市	广州市中级人民法院关于破产重整案件审理指引（试行）	第三章	2020年5月
13	山东省淄博市	淄博市中级人民法院关于审理预重整案件的规定（试行）	全文	2020年6月
14	河南省洛阳市	洛阳市中级人民法院关于审理预重整案件的规定（试行）	全文	2020年7月
15	江苏省宿迁市	宿迁市中级人民法院关于审理预重整案件的规定（试行）	全文	2020年7月
16	广西壮族自治区北海市	北海市法院破产重整案件审理操作指引（试行）	第三章	2020年7月
17	四川省成都市	成都市中级人民法院破产案件预重整操作指引（试行）	全文	2020年8月
18	四川省眉山市	眉山市中级人民法院破产案件预重整操作指引（试行）	全文	2020年9月

续表

序号	发文地区	文件名称	条文	发文时间
19	四川省攀枝花市	攀枝花市中级人民法院破产案件预重整操作指引（试行）	全文	2020年12月
20	陕西省	陕西省高级人民法院破产案件审理规程（试行）	第八章第二节	2020年12月
21	黑龙江省齐齐哈尔市	齐齐哈尔市中级人民法院审理预重整案件的若干规定	全文	2020年12月
22	云南省楚雄彝族自治州南华县	南华县人民法院审理破产预重整案件工作指引	全文	2020年12月
23	重庆市	重庆市第五中级人民法院预重整工作指引（试行）	全文	2021年1月
24	四川省遂宁市	遂宁市中级人民法院破产案件预重整审理指引	全文	2021年1月
25	山东省青岛市	青岛市中级人民法院破产案件预重整操作指引（试行）	全文	2021年3月

二、预重整制度的特点与类型区分

（一）预重整的特点

首先，预重整制度结合庭外重组与庭内重整的优势，既弥补了庭内重整的程序复杂、欠缺灵活性以及时间周期较长、一旦进入无法予以撤回的缺点，也弥补了庭外重组法律执行效力较低、容易违约等缺点。

庭内重整的法律根据是《中华人民共和国企业破产法》，即以法院为主导，由法院指定的管理人负责协助法院处理债务人的破产重整程序。而庭外重组则不以人民法院正式受理破产案件为前提，庭外重组方案或协议由债权人、债务人或投资人共同达成，是各方的自由意志体现，并无政府、法院参与或指导，方案或协议签署后由各方自行遵照履行。

不难看出，在纯粹的庭外重组中，参与者的意思自治过高，可能会导致部分参与表决的人为了个人的利益最大化而提出难以得到一致认可的条件[①]，最终导致方案因无法有效表决而终止。而在预重整时各方参与者形成的重组预案，在进入庭内重整后将再次以重整计划草案的形式在债权人会议上进行表决，最终的重整计划对全体债权人生效。故预重整的首个优势就在于能够减少纯粹庭外重组中可能会发生的因个人利益而对整个重整产生的干扰。

其次，预重整制度更能有效拯救困境企业。实践中，破产重整程序工作都涉及维稳的问题，各方利益冲突激烈，涉及的债权人人数庞大，因此政府的前期风险处置十分必要[②]。在预重整时提前处理和预备解决在正式进入破产重整程序后可能遇到的问题，有利于债务人未来顺利推进正式的破产重整，也有利于法院更高效地处理数量激增的和一些时间跨度长的破产重整案件。同时，预重整中各债权人及出资人的磋商和协商更能够从债务人企业的市场价值和前景角度出发，减少破产清算带来的压迫感，使各方能够初步达成一个互惠互利的重整预案。

最后，预重整制度能够有效保障权利人利益。预重整虽以拯救企业为目的，但其制度的实施同时兼顾债权人乃至投资人的合法权益，有助于实现利益保护的公平性。从权利人权利救济的动态变化角度看，企业的有效救治会产生正向激励权利人的功能，可以降低因企业危机的进一步加深而引发的资产贬损等风险。同时，预重整也有利于

① 参见王佐发《预重整制度的法律经济分析》，载《政法论坛》2009 年第 2 期，第 100－112 页。

② 参见浙江省杭州市余杭区人民法院课题组《房地产企业预重整的实务探索及建议》，载《人民司法》2016 年 7 期，第 15－19 页。

降低预重整企业的共益债务——预重整有利于债务人避免经历一个漫长而昂贵的复兴过程，让债务人企业在摆脱困境的同时降低救助的成本。

预重整程序对社会产生的积极意义，在于其能够更好地保全企业的商业价值。在预重整程序中，各债权人及出资人能更加充分地表达自己的意见、主张自己的权利，利用“府院联动”机制使各方能在相对自由、平等、客观的状态下对困境企业进行估值，并在正常的市场机制下确定合理偿债方案和企业定价，同时保护困境企业和债权人的权益，实现共赢的理想局面。

（二）预重整的类型化区分

预重整虽然在我国尚未形成共识，但实务中的预重整可以进行如下的类型化区分：破产申请前的预重整、破产申请审查阶段的预重整、破产程序进行中的预重整。

1. 破产申请前的预重整

破产申请前的预重整指的是破产申请前完全基于意思自治而进行的债务重组活动，不受法院的干预。破产申请前的预重整具有辅助法院受理针对债务人的重整申请的积极意义。此类预重整没有破产程序的限制，其以重整困境企业为目的，凡有利害关系且有参与拟议中的重整程序的利害关系人，如债务人的政府管理部门、债务人的债权人、债务人的出资人、有意向参与债务人重组的投资人等，均可在对债务人提出破产申请前进行债权债务的预先清理安排。但要注意的是，预重整并不涉及困境企业的债权债务关系的“实际”清理，因而不影响债权债务关系的既有状态，而只是对债权债务的重整程序清理或分配提出设想、措施或方案。这种类型的预重整是最具有生命力的预重整。

2. 破产申请审查阶段的预重整

在收到债务人企业的破产申请后，法院应当对企业进行审查。在该阶段的审查期间，破产程序效力尚未发生，所以应以债务人财产的管理、债权债务的清理尚未开始为前提，根据现有材料和现有情况，审查债务人是否具有重整的客观条件和主观意愿，并初步判断债务人重整后是否有社会价值。因此，破产申请审查阶段的预重整主要是为了克服法院受理重整申请的审查困难而实行的、具有一定约束力的临时程序措施。

3. 破产程序进行中的预重整

在破产程序开始后，债务人的财产和营业事务被管理人接管，债务人失去破产程序的当事人地位，但不妨碍债务人与相关的利害关系人就其财产或债务重组协商以形成方案，将之提交给管理人；若管理人认为债务人“私下”与利害关系人达成的财产和债务重组方案具有合理性，则可将之纳入拟定的重整计划草案，提交给债权人会议表决、“过会”。这样的做法符合重整事务的市场化目标以及重整程序的目的。这种类型的预重整最能反映重整事务执行的市场化水平。

三、预重整引导人制度

从目前正在实施的、各区域法院针对预重整制度制定的规范来看，预重整的实施主要采用了两种模式，即准庭内重整模式和庭外重组模式。

准庭内重整模式的司法介入比较强，享有庭内重整的利益，例如该案件会有法院的破产案号、存在临时管理人。但该模式不承担庭内重整的风险，例如不受制于破产法规定的庭内重整时间、预重整失败不会直接走向破产清算。该模式目前在司法实践中被普遍采用，但在学界产生了一定争议。学界有观点认为，《破产法》第七十九条之所以限制庭内重整的时间在6个月以内，是因为在企业重整期间担保物权暂停行使，如果没有时间限制，将损害债权人的利益。如果采用准庭内重整模式的预重整失败，企业不会直接转向破产清算，那么重整企业就会处于一个中间状态，即既不能直接破产也无法进行重整，且这个状态没有时间限制。对企业来说，采用这种模式进行预重整可以不用承担重整失败的后果，在一定程度上来说，这不符合利益平衡的原则。

另一种是庭外重组模式，即《全国法院民商事审判工作会议纪要》[①]（简称《九民纪要》）第一百一十五条所提倡的模式，具有衔接庭内重整的功能，更好地避免了因预重整失败而使企业处于一种悬空的中介状态的情况，更有效地权衡了企业和债权人的利益。

预重整的庭外重组模式与原有的庭外重组最大的不同在于预重整程序的协商成果能顺利延续到重整程序中。因此，在预重整阶段，由一个中立的、具有公信力以及极强的专业能力的主体来引导债务人、债权人、投资人进行三方协商就显得尤为重要，这能使各方对谈判效力有一定的期待，进而提高预重整的可行性及效率。在域外预重整模式中，也有设置处于法院与债务人企业之间、相对独立的第三方专业机构，例如英国所设的“英格兰银行”等。

引导人的专业协助可以较为快速地推进程序，实现减少时间和金钱成本的制度价值。能够节省重整时间成本是预重整程序在实践中备受青睐的原因，而引导人恰恰能够以其专业能力提高程序效率。在预重整程序中，对债权债务的清理需以对法律事实的准确判断、对法律关系的准确认定、对债权清偿顺位的准确把握为必要条件。而能够完整、准确地清理债权债务并对债务人企业的资产情况充分掌握，是重整计划的基础。同时，引导人的独立性使得整个预重整程序更具权威性和公信力。重整程序的意义不仅在于困境企业的拯救，更在于债务清偿与企业经营的利益权衡。在破产申请前的预重整程序中，法院的司法力量尚未介入，引导人此时作为专业的、独立的第三方介入，可以主导整个预重整程序的开展，并能够以较为公正的身份监督债务人企业，避免其虚假重整、虚构债权债务、擅自转移资产等；债权人也能够通过引导人的渠道了解债务人企业的真实情况，从而保障自身的知情权。

另外，设立引导人制度还能够降低破产从业人员的执业风险。在设计预重整制度时建立引导人制度，以立法的方式确定引导人的法律地位、明确引导人的职责，有利于引导破产执业人员在职责范围内履

① 《全国法院民商事审判工作会议纪要》，于2019年11月8日印发。

职，降低因怠于履职或超越职权而为自身带来的风险。

值得注意的是，在设置预重整引导人时应当明确预重整引导人报酬的性质及获得报酬的方式。虽然引导人是为维护债权人共同利益而介入预重整程序，将其工作中产生的费用和报酬列为破产费用无可厚非，但是，根据我国破产法的规定，破产费用的产生以破产程序开始为条件。因此，预重整程序作为重整程序的前置程序，实践中将引导人的报酬认定为破产费用显然不符合现行法的规定。若将其认定为破产债权，则其不仅受到清偿比例的限制，还会导致较长时间的延迟支付。引导人在前期需自行垫付大量费用，这会影响破产执业人员参与预重整程序的积极性。因此，从立法上明确引导人报酬的性质并为其建立报酬偿付是预重整程序不可忽视的配套制度①。

四、预重整引导人制度的司法实践

2020 年，我国无锡市中级人民法院（简称“无锡中院”）首次在“中南红文化集团股份有限公司破产重整案”中积极实践了预重整引导人制度，下文就以该案为例，进一步从实践中探索预重整引导人制度。

（一）案件概述

中南红文化集团股份有限公司（简称“中南文化”）成立于 2003 年 5 月 28 日，注册资本为人民币 9200 万元，主营业务为文化传媒和金属制造，重整前公司经营状况良好，股价一度达到 58.8 元的峰值。2018 年始，中南文化触发严重的债务危机，公司因违规对外担保、大量债务逾期等原因导致公司银行账户被冻结，公司生产经营陷于停滞。

2020 年 5 月 25 日，无锡市中级人民法院立案审查中南文化因长

① 刘晓菲、杨雪琴：《论我国预重整程序中引导人制度的构建》，载“破产重组法务”微信公众号（https://mp.weixin.qq.com/s/3iSGEZ7S6AXKljjaZmjAYw）。

期亏损且扭亏困难、明显缺乏清偿能力而提出的破产重整申请。无锡市中级人民法院在初步审查该案后，考虑到其上市公司的属性，建议中南文化采用庭外预重整程序，并指导中南文化聘请专业的法律顾问担任预重整引导人，旨在更完善地衔接庭内重整程序。同年 9 月 10 日、11 日，中南文化与债权人、投资人分别召开了预重整债权人会议、出资人会议，并以高比例通过了重整预案。

2020 年 11 月 24 日，经中国证监会、最高人民法院批准，无锡市中级人民法院作出裁定，正式受理中南文化破产重整一案，并于同日指定其破产管理人。于次日批准中南文化不由管理人接管所有经营事物，而是在管理人的监督下，仍然由中南文化自行管理企业财产和日常经营事务，并要求管理人以重整预案为基础制作重整计划草案。

2020 年 12 月 25 日，中南文化的第一次债权人会议暨出资人会议在无锡市中级人民法院大法庭如期召开，会议高票通过了重整计划。预重整时，债务人及其引导人估算企业破产清算状态下的普通债权受偿率为 22.59%，而最终通过的重整计划中的普通债权受偿率提升至 50%。同日，无锡市中级人民法院作出民事裁定书，裁定批准中南文化的重整计划，并宣布终止中南文化重整程序。

该案自法院裁定受理重整至通过重整计划，仅用了 31 天，是江苏省首例、全国第二例上市公司预重整案，也是全国首例采用预重整引导人制度的司法案例。作为上市公司重整案件，该案审理时间短、效率高，对我国预重整制度的司法实践具有重大意义。

（二）预重整方案内容

该案预重整采用的是庭外重组的模式。该模式需要在实践中更加关注庭外重组如何解决与庭内重整的顺利衔接问题。为解决该问题，该案中法院采取了如下工作。

第一，法院指导重整企业仍然向法院提出进行庭内重整的申请，并同时告知其正在进行属于庭外重组的预重整程序，如果庭外重组成功，庭内重整申请就即刻生效；如果庭外重组不成功，则法院视作重整企业从未提出过该申请。该类“破申”字号案件的申请，类似于庭内重整六个月审限的限制，如果六个月内该企业未告知法院其是否庭外预重组成功，即视为该企业撤回申请。预重整程序给了重整企业一定的自主选择权，且没有司法强制力的介入。如在此期间，有其他债权人申请该企业破产重整，则法院也会一并同步审查，并同样立“破申”字号案件。

在这六个月的时间，法院给予重整企业一定的时间和自主权，让其自行聘请中介机构进行庭外重组，引导债权人进行债权申报，并由该中介机构进行审查，作出评估报告结论、审计结论（类似于管理人对债务人财产的调查报告）。虽然该类报告结论不是在法院裁定的重整之日作出的，但不影响其之后作为进行庭内重整的依据。

第二，在整个庭外重组过程中，预重整引导人的角色显得尤其重要，其需要具备一定的公信力和专业能力，能够出具各种重整预案的工作成果和专业结论。当然，该企业在进入庭内重整程序后，法院和其指定的管理人也会对在庭外重整阶段做出的工作成果进行合法性审查。

第三，在庭外重组阶段中，引导人不仅要注重对事实的审议和判断，还要求中介机构出具的工作成果必须取得各个债权人的认可，如果债权人对工作成果有异议，则引导人可先行起诉，解决争议。其目的是在预重整阶段提前暴露争议和分歧，并及时在庭外进行解决，使得进入重整程序后能够更快地达成一致并通过重整计划。

为提高预重整程序的效率，各债权人须遵循“禁止反言原则”，即要求将债权人在预重整程序中作出认可的效力延续到庭内重整程序当中，对其作出的认可进一步作出承诺。该承诺不限于通过债权人会议的平台作出，也可以通过网络会议、一对一的信函等方式作出。如此，预重整程序中得到的成果就能成为管理人制作债权表的依据、审计报告的依据等。该原则是对预重整优势的进一步强化与明确，一方面，加强了预重整的司法保障力度；另一方面，对不再进行重整计划表决的情况进行明确，有利于进一步节约破产重整时间。

第四，法院指导债权人、债务人进行未来事务的决策工作，包括在预重整程序中协商作出重整预案或重整计划、重整投资协议等。此时作出的重整投资协议是附生效条件的，只有当进入重整程序并被法院裁定通过后才生效。破产重整程序的核心在于谈判，谈判的中间人就是管理人，管理人分别面对债权人、重整投资人、债务人股东，就如何清偿债务和如何股权让渡进行双重谈判。

在庭内重整程序中，为使得债权人利益最大化，通常要通过招投标方式寻找投资人，以激发最大的重整价值。只有通过招投标的方式，才能确定这个企业的市场价值。

同样的，在预重整程序中，也需要先找投资人，再做重整预案。而在这个阶段，不仅可以通过协商或招投标的方式来招募投资者，也可以由债务人自己聘请中介机构做方案，或由债务人自己去寻找合适的重整投资人，只要能够说服债权人即可，甚至还可以由破产企业的原股东给企业增加投资，包括股权性或债权性投资。

（三）庭内重整程序中对预重整工作成果的运用

首先，庭内重整在预重整程序之后，此时不应当再由预重整中的引导人作为管理人。因为引导人是债务人在预重整程序中自行聘请的中介机构，其立场不够中立。为保证司法介入的衡平性，需要由法院指定管理人，如此，法院才能对预重整的工作成果作出中立、客观的认定。

但这一点在我国其他地区法院的工作模式中存在相反的规定。例如，深圳市中级人民法院的预重整工作模式就明确了管理人延续机制，规定受理重整申请后，应当指定预重整管理人为债务人管理人。该理念强调了管理人的专业性和管理人延续对工作效率的提升。

其次，进入庭内重整程序后，管理人可以再行与全体债权人协商，债权人在预重整阶段作出的不参加会议讨论的态度也可以延续到庭内重整中。当然，延续的前提是债权人的承诺，且该承诺不存在无效（恶意串通，如债权人与投资人勾结损害其他债权人利益）或可撤销（信息披露不完整，如管理人进场后发现前期偿债模拟结论出现错误）的情形。

法院应尽量指导引导人要求债权人在整个重整程序结束之前不转

让债权，或者即使转让，受让人也应当延续债权人意见。如果转让债权时原债权人未作出特别说明，受让后的新债权人则有再次反对重整计划的权利；如影响到重整计划的通过而使债权人受到相关损失的，则可以向作出过承诺的原债权人追偿损失。

此处需要注意的是，上述延续的内容是债权人的表决票而不是决议。在重整计划通过前，上市公司新加入的股东可以重新投票。严格来说，预重整程序并没有形成有效的决议，而只是形成一个获得表决票的重整计划预案。通过重整计划决议的前提是，该决议是由全体债权人或者全体出资人通过的。而在预重整阶段，由于没有司法认可的债权申报公告程序，中介机构难以找到全部债权人，无法固定债权人总数、无法计算通过决议的表决比例，故此时形成的预案没有法律效果。

庭内重整程序最终通过的重整计划，不能对预重整计划作出实质性调整，比如偿债率显著降低等，否则就会失去预重整的意义。

在庭内重整程序中的债权人会议、出资人权益调整会议上，只有偿债方案、出资人权益调整方案是需要被审查的，债权人和出资人可以对其进行实质性的调整。因为市场主体有自治性，新投资人进场后，其有自主性经营的权利，后续的经营方案不需要与债权人、原出资人沟通或取得其同意，只需要就债务清偿的部分与债权人达成一致，即就出资人权益调整的部分与股民、投资人达成一致。其他事务原则上采取债务人自营模式。

（四）中南文化破产重整案成功的借鉴价值

第一，该案展现了庭外预重整程序的试错功能，使上市公司能够更加顺利地进行庭内重整。上市公司重整案件的社会影响力广泛，一旦处理不当，将对公众产生巨大影响，甚至会影响经济市场的稳定。然而，庭内重整只给上市公司有且仅有一次不可逆的重整机会。于是，为了能够使上市公司的庭内重整一次性顺利且成功地推进，无锡中院将未来可能在庭内重整中出现的困难和阻碍，前置到庭外预重整程序中进行分析，帮助法院准确作出决定受理中南文化重整案的司法判断；并尽可能地解决能够预见到的问题，使得重整方案的通过率大大提升，从而大幅度降低上市公司破产重整所消耗的时间成本和社会成本。

第二，该案在全国范围内首创预重整引导人制度，为庭外预重整和庭内重整的衔接提供了强大的专业支持。在无锡中院法官的指导和帮助下，中南文化自主招募、选聘中介机构作为整个庭外预重整阶段的预重整引导人，通过其专业素养和综合协调能力，在庭外预重整阶段使债权人对中南文化的重整预案尽可能达成一致，并说服其出具延伸意见的承诺，以保证未来的庭内重整程序能够更加稳定有序地推进，大大提升了后续庭内重整程序的效率。引导人的专业支持也是本案重整计划得以迅速推进的中坚力量。

第三，该案还体现了庭外预重整程序的市场性价值。庭外预重整过程中，在法院和引导人的共同协助和指引下，中南文化完成了债权申报、债权核查、资产调查、起草重整预案等工作，且与各债权人进行了充分的沟通、协商，将庭内重整的大量工作前置。如此一来，庭内重整程序得以快速推进，大大节约了司法资源。在目前破产案件迅速增长的司法环境下，庭外预重整程序带来的市场性价值显得尤为重要。

五、结语

目前，我国的预重整制度仍处于上位法缺位的状态，但多地法院正在积极探索，已有大量成功预重整案例，并形成了多种预重整工作模式。希望未来的破产法修订能够对预重整制度作出框架性的规定，这样既能够从原则上统一预重整制度的工作目标和工作要求，又能给予地区法院多种预重整制度模式的发展机会，求同存异，共同探索预重整制度的未来发展。

论我国上市公司破产重整制度

姜子婧*

【摘要】在市场经济中，总有企业因经营不善等各种原因而破产。在目前的上市公司破产案例中，常见的三种破产方式为破产清算、破产重整、破产和解。其中，破产清算是最先运用于公司破产的一种形式，但是一旦公司进入破产清算的程序，就意味着走向灭亡。为了能够更好地维护各方利益，破产重整的形式自2007年进入《中华人民共和国企业破产法》，至今已有很多上市公司通过破产重整制度重获新生。但不可忽视的是，我国的上市公司破产重整制度发展时间较短，尚存在理论上和实践上的不足。本文将从破产重整对上市公司的意义入手，对比不同国家的破产重整制度的不同之处，分析我国破产重整制度现存的问题，并对完善我国破产重整制度提出几点建议。

【关键词】上市公司；破产重整；制度完善

一、导论

（一）研究背景

在市场经济中，企业之间必然会出现相互竞争的情形，在相互较量的过程中，总有一方会败下阵来，那么竞争失败的企业就面临着退出市场的后果，破产就是企业退出市场的一种常见的方式。1986年，

* 姜子婧，广东明思律师事务所律师。

随着我国市场经济的快速发展，《中华人民共和国企业破产法（试行）》[①] 应运而生，弥补了法律上的空白。一方面，破产法的产生使得在竞争中被淘汰的企业与其债权人双方的合法权益能够实现；另一方面，破产法能够在一定程度上给予市场上的“僵尸企业”压力，促使企业有效地改善经营状况，合理分配市场资源。

由于当时只有破产清算一种形式，因此企业一旦进入破产清算的法律程序，就意味着该企业最终走向灭亡，以致大多数企业都不愿意破产。在这种情境下，怎么能够使这些面临破产的企业继续活下去，就成了一个值得研究的问题。

“破产重整”的概念最早出现在《英国公司法》中，我国在2007年引入了破产重整制度。破产重整制度的诞生给了即将破产的企业能够浴火重生的希望，也确确实实让很多企业重新充满活力。经过十几年的发展，截至2021年，我国已经有85家上市公司完成了破产重整的法律程序[②]。目前我国破产重整的简要步骤为：申请重整（债务人、债权人出资额占债务人注资十分之一以上的出资人提出申请）——法院受理，裁定准许重整（如不准许则进入破产清算）——按期提交重整计划（如未提交，则进入破产清算）——债权人会议表决（召开会议，协商至会议通过则进入下一程序）——法院裁定批准重整计划——按期执行重整计划（否则进入破产清算）——法院裁定重整执行完毕。

但是，我们在处理破产重整案件的过程中，也遇到了各式各样的问题，需要我们去探讨、去寻求解决方案。

（二）研究内容及意义

本文从上市公司的破产问题入手，以上市公司破产重整制度为研究对象，通过对以前学者对相关问题的研究，以及上市公司破产重整

① 《中华人民共和国企业破产法（试行）》，1986年12月2日发布，2007年6月1日废止。

② 参见昝秀丽《最高法：自破产法实施以来人民法院共受理85件上市公司破产重整案件》，载《中国证券报》2021年9月23日。

的案例的分析，提出目前破产重整制度存在的问题，并给予完善意见。

王欣新教授在一次访谈中提到，重整作为积极挽救企业的再建型债务解决制度，给债权人提供了非常有效的帮助，是得到大众认可的使企业避免破产的制度。重整制度将债务清偿与企业拯救两个目标紧密结合，通过调整债务人和债权人之间的债务关系，化解债务人与债权人之间的矛盾，寻求解决问题的新办法，从而使企业免于破产清算。在企业重获新生后，债权人可从新生企业中实现自己的权益。这样不仅可以让企业本身仍然存在的价值得以继续体现，而且能够更好地满足各方相关利益人的权益。因此，破产重整制度不仅可以帮助企业渡过难关，解决债务人、债权人和出资人之间的权益问题，还能够更好地保留企业原本的社会资源，避免工人因企业破产而失业，降低社会的不稳定因素。这些对我国更好地发展市场经济、对建立和谐美好的社会有着重要意义①。

（三）文章结构安排

本文的结构安排如下：

第一部分论述了破产法产生的背景，以及破产重整制度产生的意义，同时指出了本文的结构安排。

第二部分简单论述了美国、部分欧洲国家、日本破产重整制度，总结各国的制度的不同之处，以及有哪些值得借鉴的地方。

第三部分主要分析了我国上市公司破产重整制度的现状与以往上市公司破产重整案例中存在的问题。

第四部分针对提出的问题，结合国内的相关研究给出适当的建议。

最后一部分为结语。

① 参见艾文、耿振善《破产重整制度的发展与完善——专访中国人民大学破产法研究中心主任、教授王欣新》，载《人民法治》2017 年 11 期，第 48 - 52 页。

二、国外的破产重整制度

（一）美国

在当今世界上，美国破产法经历了充分的发展与完善，其中，美国的上市公司重整制度具有非常大的影响力。

美国是一个民主化程度较高的国家，坚持私权至上的原则，破产重整制度也不例外。在美国重整制度中，会设置债权人委员会（简称“债委会”），一般由7个人组成。债委会在重整程序中拥有巨大的调查权力。为了保证债务人申请破产保护的目的不是欺诈性破产，债委会有权对债务人经营过程中的商务活动、财产情况以及债务人自身的背景进行全面调查，从而进一步保护债权人的利益。其具体职权包括：债委会可与债务人或托管人进行磋商案件如何管理；调查债务人的营业和财务状况；参与制订重整方案；就任何方案建议向其选民提出意见；请求任命监察员或托管人及其他职能。债委会还可以就任何破产问题申请召开并出席听证会。法典还授权债委会聘请会计师、律师和其他代理人以代表该债委会并帮助其履行相应的职责。

在整个的重整计划方案的批准过程中，法院是独立的，起到监督和主导的作用。法院在审查重整计划时要依据四个原则：一是最大利益原则，即保护各方权益人的最大利益；二是公平和公正原则；三是绝对优先原则；四是可行性原则。同时，美国通过重整计划披露的听证会来实现信息的公开化和透明化。

总的来说，美国破产重整制度有五大特点：①尽管美国没有强调申请破产重整的条件，但在实践中其强调对处于财务困境中而在经济上可以存活的企业的拯救；②经管债务人的经理人通常在重整过程中扮演重要角色；③在整个重整计划中，谈判具有重要意义；④该制度下，虽然需要考量的方面很多，但是债权人的权益是放在第一位的；

⑤法官的裁量权较少[①]。

笔者认为，首先，我国在保护债权人利益的同时，也应当注重维持债权人和债务人之间的利益平衡；其次，需要限制行政对重整计划的过分干预；最后，需要加强相关配套制度的建设[②]。

（二）欧洲国家

英国的破产重整制度以破产职业者为核心[③]。在破产重整的过程中，债务人有相当大的自主权，能够自行处理破产重组中的事务，法院不会做出太多的干预。重整方案的制定由公司在破产职业者的指导下完成，之后将破产方案提交给债权人和法院。在公司自主安排的程序中，只要公司向法院登记启动重整方案的备案后，就可以开始公司的重整计划了。英国的公司自主安排程序有三个特点：第一，程序由公司主导，重整计划由公司完成；第二，程序启动方便快捷；第三，程序很少有法院的参与，债务人可以自行掌控程序，但当债权人的利益有所受损时，法院就会介入。

德国在重整制度中明显更加强调债权人的自由意志，侧重于保护债权人的利益。德国比较有名的是其支付不能法[④]，而最后由于该法直接嫁接美国法的原因而水土不服，不了了之。现在最常采用的是资产出售式的重整方式。

法国的重整制度不同于德国，在法律上，债权人的权力是受到限制的，债权人只能以监督员的身份参与重整来实施监督权，并不具有决定权；而法院在法国法中拥有直接干预权。法国出台的困境企业司法重整及清算法[⑤]的法律制度比较出名，这项法律把破产重整中拯救

① 参见李辉志《美国破产重整制度的几个特点》，载《晟典律师评论》2005 年第 1 期，第 257 – 266 页。

② 参见彭小霞《试论美国破产重整制度及其启示》，载《盐城师范学院学报（人文社会科学版）》2012 年第 3 期，第 39 – 43 页。

③ 参见张海征《英国破产重整制度及其借鉴》，载《政治与法律》2010 年第 9 期，第 41 – 51 页。

④ 即《德国支付不能法》，1999 年发布。

⑤ 即《法国困境企业司法重整及清算法》，1985 年发布。

企业和维持继续就业的问题当作工作的重点，偿还债务只是其次，这是该法律最值得关注的地方。

结合我国的实际情况，笔者认为，我国可以通过限制法官的自由裁量权以避免企业因迟延受理而丧失重整的有利时机。

（三）日本

日本破产重整计划在制定主体的部分做了一些相对应的规定，扩大了制定者的范围：破产公司管理者、再生债权人也拥有破产重整计划制定和修改的权利。这项规定在一定程度上协调了破产各方主体的权利和义务，实现了债权人和债务人的利益平衡。在日本的破产重整程序中，更生计划是公司重整过程中的重要内容。更生计划的制定由管财人完成。更生计划案是否通过由更生债权人、更生担保权人和股东等分组表决。在更生计划案得到法院的认可后，管财人即成为更生计划的执行主体。

另外，日本虽然创造性地制定了独具特色的双轨制模式[①]，但是法律也同时规定了管理人必须要向法院提交重整计划，而公司（即债权人、股东）也可以提交重整计划，但不做强制要求。从这个层面上看，日本的这个双轨制其实是有所偏重的，而并非真正的双轨制。

笔者认为，日本增加破产重整计划的执行主体[②]、赋予管理人执行重整计划的权利等做法可以借鉴。因为管理人的专业能力有助于更好地执行重整计划，大大增加了重整成功的可能性。

（四）文献评述

综上所述，从美国、部分欧洲国家和日本的破产重整制度来看，美国在破产重整的立法上具有领先地位，其他地区都借鉴了其相关的法律。在对这些国家进行研究后，笔者认为，每个国家的实际国情不

① 参见杨唐易《上市公司重整法律制度的完善研究》（学位论文），南昌大学2019年。

② 参见张琳《中日破产重整制度比较研究》（学位论文），东北师范大学2014年。

同，不能直接照搬其他国家的相关制度，只有借鉴其优势，并结合自身情况加以改良，才能真正找到适合自己的制度。

三、我国上市公司破产重整制度存在的问题

（一）出资人权益调整及表决权问题

在上市公司破产重整的过程中，债权人和债务人是最核心的两类主体[①]。债权人作为重整计划的主体，通过破产重整程序制定公平公正的破产重整方案，进而使债务人的公司能够有重整旗鼓的可能，也使得债权人能够通过企业的重新经营获取高于破产清算的收益。而债务人作为被调整的对象，在破产重整的过程中，通过破产重整计划的实施实现自身的债务重组，同时也能保留企业的社会资源，让债务人有了通过重新经营企业而东山再起的机会。虽然法院不能以破产法直接调整重整程序中各方博弈、谈判、协商的结果，但是也应以独立的第三方参与此过程，本着公平公正的原则指导各方制定一套能够均衡各方利益的方案。然而，在目前的破产重整计划形成机制下，债务人、出资人在制订重整计划的过程中，在因引入新的投资人和补偿债权人利益而需要对自己权益做出一定调整的时候，基本无法提出自己的问题和建议，他们在这个过程中通常只是被动地接受，而无法主动发挥自身的作用。在实务中，出资人权益调整的方式主要有以下两种。

第一，转让自身股权，具体又分为两种方式。一种是原股东将其全部或部分股权转让给投资人，这种方式较为普遍；另一种是“债转股”，是指原出资人将全部或部分股权转让给债权人，使债权人成为债务人新的股东。例如，在“重庆巨航实业有限公司破产重整案”

① 参见陈景善、李魏《上市公司破产重整中出资人权益调整机制之完善》，载《上海政法学院学报》2021 年第 4 期，第 27－39 页。

中，原股东就将全部股权按比例转让给所有选择转股的债权人[1]。

第二，增加或减少注册资本。常见的方式是上市公司在重整中将资本公积金转增股本。例如，在“力帆实业（集团）股份有限公司重整案”中，债务人以现有流通股为基数，按每10股转增25股的比例实施资本公积金转增股本，共计转增约32万股，转增的股票不向原股东分配，而分别用于引入财务投资人、产业投资人，以及清偿债权[2]。

在出资人表决权方面，由于出资人权益调整的相关规则的缺乏，在是否赋予出资人表决权这一项上一直存在着较大争议。对于出资人中的哪一部分人员有权参加出资人组表决，实践中有以下三种观点。

第一，在上市公司资不抵债时，股东对上市公司已经不再享有任何权益，其股权价值已经归零，因此不应再行使表决权。

第二，只有出资人权益调整方案涉及的股东才可出席出资人组会议并行使表决权。例如，在“沧州化学工业股份有限公司重整案”中，因重整计划草案仅涉及持股10万股以上的股东让渡股权，所以其出资人组由持股10万股以上的股东组成。

第三，全体股东均有权参加出资人组会议并行使表决权，无论其权益是否受出资人权益调整方案调整。

在实践当中，由于立法并未明确规定出资人有制订重整计划的参与权，出资人往往处在极为被动的状态。

（二）信息披露不充分

在上市公司破产重整的过程中，有很大一部分债权人并没有参与企业的经营，因此信息的获取只能通过企业自己披露。但是，我国在

---

① 参见重庆法院民营经济司法保护典型案例（第三批），见重庆市高级人民法院公众号。

② 参见《力帆实业（集团）股份有限公司关于重整计划资本公积金转增股本事项实施的公告》，见上海证券交易所官网（https://finance. sina. com. cn/roll/2020 - 12 - 16/doc - iiznezxs7126080. shtml）。

信息披露上的规定并不明确，而且在一些方面存在缺失，故而在破产重整的过程中，法院在企业信息披露的执行上存在着不小的困难。这不仅会影响重整计划的审批，还会对相关利益人的权益造成损害。我国在信息披露上主要存在以下两个问题。

1. 信息披露范围小，时间滞后

《中华人民共和国企业破产法》第十一条规定了债务人应当在法院裁定受理后向人民法院提交财产状况说明等相关资料。但以上规定存在不完善之处：其一，没有规定向除法院外的债权人等其他人公开相关信息，因此在重整程序启动前，债权人等利害关系人难以获得必要的信息资料，不利于债权人对重整可行性发表意见；其二，从程序上来看，在法院受理破产重整申请时重整程序就已经启动，意味着法院在债务人尚未提供任何信息资料时就可以决定进入重整程序，此时债务人向法院提交经营信息已经不具有时间价值[①]。

2. 信息披露形式不明确

对于重整信息披露的内容，《破产法》第八十四条第三款规定："债务人或管理人应当向债权人会议就重整计划作出说明，并回答询问。"而问题就在于条例里面并没有明确说明义务的方式，也没有规定说明的内容。这就给了债务人或管理人很大的操作空间，进而使得债权人或其他利益相关方并不能够清楚其中利害关系，无法做出正确的抉择[②]。

（三）法院强制批准有时不能兼顾各方利益

破产重整计划强制批准权是指由于债权人意见不统一、重整计划经多次表决后未能通过，在符合某些特定条件下，由相关利害关系人申请，法院可以对该计划进行强制批准的权利。但在现实中，对重整计划的强制批准还是会出现各种各样的问题。

---

① 参见陈蓉、唐彩霞《论企业破产重整信息披露时间节点的规范与细化》，载《行政与法》2021年第2期，第121－129页。

② 参见陈英《破产重整中的信息披露问题研究》，载《广西大学学报（哲学社会科学版）》2009年第5期，第108－111页。

例如，ST广夏在2001年被曝出业绩造假后，该公司就陷入了财务状况持续恶化的困境。2010年1月28日，ST广夏的债权人北京九知行管理咨询有限公司向银川市中级人民法院（以下简称“法院”）提交了破产重整的申请，法院在对其进行必要的审查后，于同年9月16号受理了此案。在后续的重整程序中，ST广夏的原清算组被指定为重整计划的管理人（包括宁夏国资委、华安证券、北京市金杜律师事务所、北京中图智业信息咨询公司等相关人员），负责重整计划的制定和执行。2011年7月，管理人将制定好的重整计划先后两次交予出资人组和债权人组表决，两次均未通过。但管理人在没有与利益相关各方作进一步沟通的情况下，将重整计划提交给了法院，并申请强制批准。同年12月9日，法院作出了强制批准的决定。但是由于这份重整计划并没有获得表决组通过，因此重整计划的执行遇到了诸多挫折，中小股东维权不断①。

在ST广夏的案件中，我们可以看出，法院在裁定重整计划时，既要维护各方利益，又要让整个破产重整计划能够顺利地进行下去。但债务人、债权人这些利益相关个体的诉求是不同的，法院很难在各方的利益纠葛中寻找到一个均衡点，这就需要法院在重整计划无法顺利通过表决的情况下强制批准以便让重整计划继续进行下去。但在接下来重整计划的执行过程中，势必会受到不满重整计划一方的阻挠。在ST广夏的案件中，我们也看出，管理人在重整计划没有通过表决的情况下跳过表决组直接向法院申请强制批准，而反对者的声音却不能及时、准确地传到法庭之上，这也是我国制度上法院反馈制度的不足之处。

---

① 参见王佐发《上市公司重整中公司治理的基本问题——以ST广夏重整风波为背景》，载《理论探讨》2013年第1期，第110－113页。

四、关于完善我国上市公司破产重整制度的建议

（一）保护出资人权益，赋予中小投资者表决权

我国破产法的立法态度偏向于保护债权利益。债权优先的态度固然有其一定的合理性，但针对上市公司重整，《破产法》第十五条第一款规定：债务人的出资人代表可以列席讨论重整计划草案的债权人会议。但是，其并没有规定出资人代表如何选出，也没有明确出资人代表所享有的权益。所以破产法应当规定以合理的方式选出出资人代表，以及出席债权人会议所享有的权益。出资人的积极参与对上市公司重整的成功具有重要作用，而对出资人权益的保护是激发出资人积极参与重整过程的信心保障，因此对出资人权益调整的保护存在法理和实践上的合理性和必要性。

此外，《关于审理上市公司破产重整案件工作座谈会纪要》[①]（简称《座谈会纪要》）第七条指出，出资人组不适用双重标准的表决规则，只需要经三分之二以上参与表决的出资人通过，重整计划草案被视为通过。然而，如同《中华人民共和国公司法》[②]（简称《公司法》），上述资本多数决定原则在重整实践中同样面临中小股东的合法权益难以得到保护等问题。在重整出资人内部权益中，中小股东的权益被无情挤压。因此，在现有的法律框架下，可以参照证券监管规则的做法，在出资人组分设小额出资人组或采用出资人组和中小投资者双通过模式，最大限度地保护中小出资人的合法权益。另外，《座谈会纪要》明确上市公司应当提供网络表决的方式，为出资人尤其是中小出资人行使表决权提供便利。出资人可通过网络平台投票的新途径参与表决，以降低投资人参会的成本，提高中小投资人的参会率，进而保障中小投资人表决权的行使。除了网络投票的方式，还可

---

① 《关于审理上市公司破产重整案件工作座谈会纪要》（法〔2012〕261 号），2012 年 10 月 29 日发布。

② 《中华人民共和国公司法》，1993 年 12 月 29 日发布。

以通过征集投票代理权的方法促进中小投资者行使表决权。中小投资者也可以将自己的投票权委托给其他人，无须亲自到现场投票。

（二）完善信息披露主体和内容

在完善信息披露上，首先，要明确信息披露的主体。在破产重整的过程中，信息披露的主体由两部分组成，一个是债务人及其相关人员，另外一个则是破产管理人[①]。债务人是破产重整企业的管理者，负责企业的日常运作，他们对公司的情况最为了解，也最有义务向利益相关各方披露公司的情况。

其次，应该对信息披露的内容和时间作出相关规定。信息披露应当覆盖破产重整的全过程，包括重整程序的启动阶段、重整计划的起草阶段、重整计划的执行阶段。我国在信息披露内容上的规定应当达到全面、真实和充足的标准[②]。例如，在重整程序启动之前，有关人员应该对企业的背景信息、经营状况、财务状况和价值作相关的说明，并对企业破产清算和破产重整做相应的对比分析，以便利益相关者作出抉择。在破产重整计划的制订中，管理人需要对重整计划涉及的各个方面作出详尽的解释和说明，并且回答相关人员提出的问题，以免相关人员对重整计划产生误解，避免后续重整计划的执行遇到不可预见的麻烦。在重整计划执行的过程中，管理人需要对重整计划执行的情况、完成进度和预期的差异程度进行信息披露。至于信息披露时间，除了针对重要事件做相关信息披露外，需要进行定期的信息披露，例如季度报告、半年度报告和年度报告。

（三）完善法院强制批准制度

《破产法》第八十七条规定了部分表决组未通过重整计划草案的可以协商再次表决，若都不通过，在符合一定条件的情形下，管理人

---

① 参见乐斌旺《破产重整中的信息披露制度研究》，载《法制与经济》（下旬）2012年第3期，第71－72页。

② 参见高丝敏《论破产重整中信息披露制度的建构》，载《山西大学学报（哲学社会科学版）》2021年第3期，第102－112页。

或债务人可以申请法院强制批准。《全国法院破产审判工作会议纪要》[1] 第18条规定："重整计划草案强制批准的条件。人民法院应当审慎适用企业破产法第八十七条第二款，不得滥用强制批准权。确需强制批准重整计划草案的，重整计划草案除应当符合企业破产法第八十七条第二款规定外，如债权人分多组的，还应当至少有一组已经通过重整计划草案，且各表决组中反对者能够获得的清偿利益不低于依照破产清算程序所能获得的利益。"但该规定中"至少有一组"表决组通过并不能很好地证明当前重整计划能够满足各方利益。例如，如果表决组有六组，那么，通过一组则说明重整计划不符合绝大部分人的利益诉求，此时法院强制批准势必会有争议。故笔者建议将其改为二分之一或者三分之二的表决组通过。

除此之外，法院在强制批准重整计划时，应当以第三方的中立身份自居。在重整计划中，由于涉及的各方较多，重整计划需要兼顾各方利益。法院应当在批准重整计划前听取各方当事人的诉求，收取足够多的有效信息，更好地了解重整计划对各方的影响，以便作出科学的决策。例如，法院可以设置上诉制度，将反对重整计划的诉求方的声音传到法官的耳朵里。除此之外，还可以设置听证会制度[2]，在出现不同声音的时候，各方能够就自己的立场进行举证，从而使法院能够作出更加客观的决策。

五、结语

在上市公司破产重整制度的发展和完善上，我国还有很长的路要走。本文仅分析了出资人权益维护、信息披露和法院强制批准三个方面的问题所在，破产重整制度在其他方面可能还存在着或大或小的一些不足。但随着越来越多的上市公司完成破产重整，我国的上市公司

① 《全国法院破产审判工作会议纪要》（法〔2018〕53号），2018年3月4日发布。

② 参见张海征、王欣新《论法院强制批准重整计划制度之完善》，载《首都师范大学学报（社会科学版）》2014年第4期，第66－73页。

破产重整制度也会越来越完善。

在市场经济的不断发展下，破产重整制度作为建立在优胜劣汰基础上的困境企业拯救制度，它的实践和运用对完善社会主义市场经济意义重大。以破产重整制度为重要内容的破产制度的发展和完善，将为我国加快完善现代市场体系、建立公平开放透明的市场规则、实现中国经济振兴发挥重要作用。

破产重整中出资人权益调整问题研究

王 晶*

【摘要】对债务人企业进行破产重整是为了拯救具有经营能力和再生价值的企业，助力企业渡过债务危机，重新激发企业活力。重整计划是整个破产程序当中最重要的法律文件之一，其内容往往是对重整中的各方主体相关权益，尤其是出资人权益进行调整。《中华人民共和国企业破产法》中仅有两条针对出资人权益调整的规定。随着我国破产重整案件越来越复杂多变，在出资人权益调整方面出现的问题也越来越多。目前，我国现行法律规定还不能满足破产重整实践中的法律需求。本文拟以我国现有出资人权益调整法律规定及法律理论为基础，立足于已有的司法实践，并结合他国相关立法规定和成功案例，为完善破产重整中出资人权益调整问题提出建议。

【关键词】破产重整；出资人权益；制度完善

一、出资人权益调整的内涵及原因

在对出资人权益调整问题进行分析之前，首先要明确出资人权益的内涵。相较于相对详尽的债权人团体的身份确认和议事规则等有关规章，《中华人民共和国企业破产法》没有规定出资人的定义及范畴，出资人权益调整制度也不例外。根据《中华人民共和国公司法》的相关规定，可以看出出资人是指公司的股东，出资人权益调整即对股东权益进行调整。即在破产程序中，对企业原有的股权结构，如持

* 王晶，广东明思律师事务所律师。

股人、持股份额、持股比例等进行调整，将原股东的股权出让给新的股东，或者增加总股本，调整企业股权结构，促使公司进行重整的一种方式。

总体而言，与重整计划其他部分相同，出资人权益方案的内容、构成与具体调整安排是重整计划起草方根据各种信息条件（如公司资产状况、运营状况、行业发展前景、外部投资人意愿、债权人意愿，审计、评估、证券咨询机构出具的专业报告等）制作的，调整出资人权益也被视为债务人、出资人为实现重整计划而支付的必要成本。破产法并未限定出资人权益调整的具体方式与目的，而只是为这一制度提供了合法性，并建立基本的运行模式。从目前上市公司重整计划的调整出资人权益方案来看，被调整后的权益主要被用于偿付债务并提升债务清偿比例、吸引战略投资人（让渡股份作为战略投资人投资对价或缩小股本降低战略投资人参与难度）。这两大目标也基本符合出资人权益调整方案在重整计划文件体系中的地位，但在个别案件中，出资人权益调整被异化为解决非经营性资金占用、违规担保等涉及上市公司历史遗留问题的工具[①]。

那么，在企业破产重整程序中为什么要对出资人权益进行调整呢？在公司正常经营状态下，出资者权益即公司股东享有法律规定的相关权利，如股东获得股息分红的权利、表决权、监察权、知情权、优先受让权等。但是公司进入破产程序后，出资人权益与正常情形下的股东权益存在差别。例如，进入破产重整的企业均存在资不抵债的现象，所有者权益通常为负，此种情形下，股东当然已经没有剩余财产分配权利。此外，股东的表决权、知情权等权益也受到限制，因为企业进入破产程序后，债务人股东无法实际控制公司的重大决策及经营情况。各债权人实际上是债务人公司重大事项的决策者，债权人基于法律授权与企业现实情况在破产状态下取得债务人的企业剩余索取权和控制权。从实证上来看，一方面，债权人团体通过债权人会议等

① 参见陈景善、李魏《上市公司破产重整中出资人权益调整机制之完善》，载《上海政法学院学报》2021年第1期，第27－39页。

机制在重整期间实现对债务人企业资产的控制；另一方面，债权人团体有权借由破产程序受偿，取代非破产状况下的出资人成为企业剩余价值的索取者。

二、破产重整程序中出资人权益调整方式

破产法及相关规定并没有要求重整计划中必须包含出资人权益调整，但是在目前破产重整结束的上市公司中，只有 7 家受理时间在 2010 年前的上市公司没有在重整计划中设计安排出资人权益调整方案。可以看出，在债权人表决的重整计划中包含着出资人权益调整方案几乎已经成为重整案件的“标配”。部分地区地方法院的破产审判指导文件要求普通债权在不能得到全额清偿的情况下，必须制定出资人权益调整方案，区别仅在于调整方式与调整力度。一般而言，主要的出资人权益调整方式包括向其他主体让渡股权、利用债务人资本公积金转增股本、缩减股本等，在具体执行的方案设计过程中，可能会同时采用一种或多种形式以满足案件中各利益相关方的实践需求。

（一）股权让渡

股份让渡，即保持公司整体的总股本不变，对全部或者部分出资人的股权份额进行削减，并将出资人削减的股权份额分配给对公司重整有意的投资人或者有意愿为公司增加投资的出资人。股份让渡也是目前公司重整中运用得最为广泛的一种出资人权益调整方式。因为出资人让渡的股份不仅可以用来大幅度地提高清偿率，也可以用此种方式来吸引投资方进行重整。

股权让渡方式的运用过程中，被调整的主体显然主要是债务人企业的出资人，根据上市公司的股权结构与有关协议的设计与安排，一般都存在法律上的控股股东与非控股股东的划分、事实上的大股东与中小股东的划分，以及实际控制人与非实际控制人的划分。从实践状况来看，多数方案只调整控股股东（第一大股东）所持有的上市公

司股份，少部分则选择调整全体股东股份。故而可以看到，在适用让渡股权这一方式调整股东权益时，控股股东（或第一大股东）的权益在重整计划中都得到调整，中小股东的权益在大多数情况下也受到一定程度的影响①。

股权让渡是目前公司重整案件中使用频率相对较高的出资人权益调整方式。但结合重整案件实践发展趋势来看，近年来的重整案件已经越来越少采用单一的让渡股权存量方式作为出资人权益调整的手段，而更多倾向采取让渡全部或部分存量股东股权结合使用公司资本公积转增股本来完成出资人权益调整。

（二）资本公积金转增股本

资本公积金转增股本的调整方式适用于股权结构较为分散的公司，如上市公司。对上市公司而言，采用股份让渡的方式可能导致出资人权益调整方案无法获得出资人组表决通过，所以大多会选择使用资本公积金转增股本与股份让渡并行的方式。

相对于直接让渡股权，资本公积金转增股本利用债务人企业资本公积金转增形成新的股本后，再让渡给债权人及战略投资人，是较为间接的原出资人权益调整方式。采取这种方式尽管会出现由于股本扩大而出现证券交易所规则上的除权问题，并较大可能造成二级市场交易价格降低，但不会剥夺原出资人的股份权益。在不采取让渡或采取较少程度让渡原出资人股权的方式后，将有可能不改变公司原有股权和控制权结构，从而满足部分上市公司出资人特别是控股股东、大股东、实际控制人维持在重整程序前后对公司全部事务控制权的需要。而证券法对利用资本公积金转增股本并让渡给债权人和/或重整投资人的行为尚未形成统一的监管框架，且证券监管机构、交易所等证券部门持相对支持的态度，也成为上市公司重整过程中重整计划起草主体青睐使用资本公积金转增股本的重要原因。

---

① 参见刘宁、贾洪香《论破产重整程序中出资人权益的调整》，载《中国律师》2008年第10期，第66－68页。

（三）债转股

现今破产重整背景下的债转股指债权人将其对破产企业享有的债权转化为股权的行为，即债权人的债权转化为出资而成为企业股东。在《公司法》修订之前，债权能否作为出资类型这个问题曾在学界产生过热烈讨论，国外对此的规定也不尽相同。但新《公司法》的第二十七条和第八十三条已经明确债权可以作为一种合法的出资类型，为债转股提供了立法依据。债转股可以简化重整程序，减少债务人和投资方的资金成本，是一种新型且效果良好的调整方式。

（四）缩减股本

缩减股本指按比例缩小公司的总股本份额。在某些大型公司的重整过程中，因为公司本身的总股本规模较大，导致公司重整的成本较高，同时又存在较大的风险，所以很难吸引到有重整意愿和重整实力的投资人。为了保证公司重整成功，可能会要求全体出资人进行同比例缩减股本。

三、破产重整程序中出资人权益调整存在的问题

（一）出资人权益调整规则缺失

1. 出资人权益调整的适用情形不明

我国破产法对重整计划的通过采取分组表决制度。根据《破产法》第八十二条规定，我国按债权类型将债权人组分为担保债权组、职工债权组、税收债权组、普通债权组。《破产法》第八十五条规定，重整计划草案涉及出资人权益调整事项时，应当设出资人债权组，对出资人权益调整的事项进行表决。但是，我国破产法并未规定重整计划草案必须包含出资人权益调整方案，也没有对出资人权益调整方案的表决流程作出明确规定。

2. 出资人权益调整方案制定程序的缺失

根据《破产法》第八十条的相关规定，重整程序中管理财产和营业事务的实际负责人为重整计划草案的制作主体。在实践中，重整计划草案的制度主体一般为债务人、管理人或者其他托管方。但破产法仅对重整计划草案制作的主体、内容提出要求，并未对重整计划草案的制作程序进行规制①。在重整程序中，债权人可以随时向管理人问询，提出自己的主张意见，并且有债权人会议这一组织作为其维权的途径。但对出资人而言，其并不知晓自己何时可以参与重整程序、通过何种方式可以了解重整方案的具体内容，可以说，重整程序对债权人权益的保障程度明显高于对出资人权益的保护程度，现有破产法实际上难以保证重整计划草案的制作主体不损害出资人的合法权益。

3. 出资人权益保障制度的缺失

关于出资人组的表决，破产法仅仅规定应当设出资人组进行表决，但对于出资人权益调整方案的信息披露、表决标准和投票方式等都没有具体规定，这造成了重整实践中因没有统一的规则而引起适用混乱的现象②。另外，在大中型企业的重整过程中，特别是股份公司或者上市公司，中小股东由于对企业的了解程度较低，重整中的企业信息量大且变数多，缺乏重整信息披露程序这一问题日趋明显，这种信息不对称使得中小股东难以及时有效地维护自身权益。而对于应当作为出资人组成员并享有表决权的参与主体，法律也并未明确规定其范围和相应的知情权。除此之外，破产法也并未指明出资人组会议是否应当与债权人会议一同召开。出资人并非债权人，债权人会议应当提前十五日通知相关债权人会议的时间、地点及召开方式等，那出资人组应当如何通知？另外，随着现代科技和互联网技术的发展，债权人会议的召开方式已经从单一的租用场地现场投票表决逐渐转变为网络债权人会议网上投票表决，那么，出资人组是否也可以采用这种

① 参见朱睿妮《商业银行实施债转股的法律困境与出路——以破产重整程序为中心》，载《南方金融》2020年第6期，第56－65页。

② 参见彭可《人民法院批准企业破产重整计划的法律规制研究》（学位论文），西南大学2019年。

方式？

（二）出资人权益调整方案的批准与执行问题

1. 出资人权益强制调整的批准问题

破产法规定重整计划草案可以对出资人权益进行调整，在债权人会议决议表决重整计划草案后，由人民法院对其一并审查。一般而言，法院应当从草案内容、表决程序是否符合法律规定、草案是否具有可行性、是否存在经营计划、是否符合债权人利益最大化原则等方面进行重点审查。根据法律规定以及重整实践，重整计划的批准分为正常批准和强制批准。正常批准是指重整计划草案按照法律规定，经由债权人会议和出资人组表决通过，法院对表决通过的草案进行审查并裁定批准。在这种出资人组自行表决通过的情况下，实践中一般认为法院无须对这种“自行达成的商业安排”进行经济审查，只要调整方案符合法律规定，就应当裁定批准。

但是，法院拥有强制批准的权利，即债权人会议或者出资人未通过重整计划草案，法院仍可在债务人或管理人的申请下，在符合其他条件的情形下经审查后强制批准。法院强制批准时，破产法对出资人组的要求仅为“出资人权益的调整公平、公正”，相对于担保债权、职工债权、税收债权全额清偿以及普通债权不低于破产清算清偿比例这类明确且具体的条件而言，此种模糊不定、缺少明确的衡量标准的表述，使法院在审查出资人权益调整方案时无法作出准确判断。

2. 出资人权益调整方案的执行问题

作为重整计划的一部分，出资人权益调整方案依托重整计划的执行而实现。《破产法》第八十九条规定了重整计划的执行主体；第九十三条明确规定了不执行的法律后果。出资人权益调整的最后一步，就是通过实施股权转让将原股东股份转给投资人或者重组方（新股东）。通过上文我们可以得知，股权让渡是最常规、主要的出资人权益调整方式，但是此种调整方式在实践中存在着很多操作性的难题。例如，需要让渡的股份可能已经被质押或被查封冻结，重整计划很可能遭受中小股东的强烈抵制而使重整搁浅。解决上述问题，关键在于出资人权益调整方案如何才能具有强制力和执行力。在司法实践中，不少管理人向受理法院提出由法院协助执行的申请，即以司法机关的名义强制完成股份划转，这种通过公权力介入股东与投资人之间的利益冲突的方式超越了人民法院作为司法机关应当具有的中立性质的定位。协助执行通知书作为法院在落实执行的辅助材料，通知书中列出的事项必须以生效判决和裁定为依据[①]。破产法并未规定债务人为执行主体，也未规定法院可以协助执行重整计划事项，如若公权力随意介入，那么破产重整的效果将大打折扣，而僭越法院自由裁量权的边界，则有可能导致不公平的重整后果的发生。

四、关于破产重整程序中出资人权益调整的完善建议

（一）完善出资人权益调整的程序规则

重整出资人权益调整涉及债务人企业、债权人、重整投资人等多方主体利益，在对出资人权益调整的方案进行设计时，应当注意平衡各方权益，对调整的程序和具体内容进行规制和约束，以促使各方达成一致意见，最终推进企业完成重整，涅槃重生。

1. 明确出资人权益进行调整的适用情形

破产法并未规定重整程序中出资人权益调整的具体适用情形，也未规定重整出资人权益调整是重整草案不可缺少的部分，因此，在进行重整相关实践中各地区均存在差异。但在具体判断是否有必要对出资人权益进行调整时，应当考虑到重整企业的实际经营状态、重整投资人要求、各方对重整方案的意见，而不能仅仅因为某一标准就决定出资人权益调整的适用及内容。世界上很多国家和地区都对出资人权益调整问题作了明确规定。例如，韩国关于重整的法律规定，当公司

① 徐颖：《债务人的股东在公司破产重整制度中的权利》，载《第一届破产法论坛论文集》。

资不抵债时，股东的一半股份将被强制注销。日本的《公司更生法》规定更生计划事项分为两种：一是必要记载事项，二是一般记载事项。其中，必要记载事项就包含更生债权人和股东权利变更条款是更生计划的核心内容，该条款同时也规定股东是最后顺位的权利人。我国台湾地区的“公司法”第三百零二条则限制了股东的表决权。美国的《破产法典》将重整草案的内容分为强制性规定和任意性规定，其中强制性规定是指重整草案中必须包含的部分，包含重整出资人的权益调整内容①。实际上，我国破产法正缺少此类规定，因此可以考虑根据重整实践的具体情况对上述问题进行明确，尤其应当确定重整草案中是否应当包含出资人权益调整这部分，以切实维护多方利益平衡，从而使重整草案快速通过。

2. 完善出资人权益调整方案的制定程序

出资人权益调整方案的制定过程及制作主体问题是制订重整计划草案应当考虑的重要问题。一般而言，重整计划草案可以由债务人企业制定或管理人制定。我国破产法虽然并未直接规定出资人权益调整方案的制定主体，但实际上规定了重整计划草案的制作主体，即管理人或者债务人。需要明确的是，制定主体一定要对重整企业具有一定程度的了解，清晰知晓企业的实际经营状况和问题所在，从而确保出资人权益调整方案的科学性、合理性。

3. 制定出资人权益保障措施

我国破产法设置出资人组进行表决的程序的目的是让股权被削减的股东充分了解方案并表达意愿。因此，在出资人组召开会议进行表决之前，应当充分保证股东基本的知情权。重整计划草案的制作主体应当向全体股东披露债务人企业的相关信息数据、出资人权益调整方案的内容、重组方基本情况以及重整经营方案，通过充分披露以保证各方在信息对称的情况下进行谈判和博弈。并且，应参照公司法关于召开股东大会的规定进行通知程序，告知时间、地点和表决事项，而

① 参见叶甲生《重整计划制度比较研究》，载《合肥学院学报（社会科学版）》2007年第3期，第99－103页。

对于上市公司这种存在大量分散型小股东的破产企业，还应该通过公告、登报等方式发布召开会议的通知。

此外，完善股东权利中最核心的部分即是推进表决权的行使。公司法理论自建立以来，创立了累积投票制度、代理表决权制度、无表决权优先股等一系列以促进公司良性发展的表决制度。重整程序中股东的表决权应当是公司正常经营状态下表决权的延伸。对于完善表决方式，实践中一般采取现场开会表决的方式，但是非上市公司也可效仿最高法在《关于审理上市公司破产重整案件工作座谈会纪要》中明确约定的，在表决出资人权益调整方案时提供网络投票的方式，以及考虑到债权人地理位置等因素可以以书面形式进行表决，且随着现在债权人会议通过互联网召开的方式愈加普遍，网络投票这种方式也应当被认可[①]。另外，虽然上市公司重整中提供网络投票的方式，但依然存在部分股东消极行使权利的可能，因此笔者建议立法应当赋予管理人在其管理模式之下享有向股东征集投票权的权利，这样能够更大范围地保证表决结果的公平和客观。最后，也是最关键的，要对表决程序的内容即表决标准进行明确。

（二）完善出资人权益调整方案的批准与执行

1. 适当扩大重整计划效力范围

我国现行的破产法明确规定了债权人会议决议和重整计划的效力。但对于重整计划草案而言，其作为债权人会议的一项“特殊决议”，法律不曾将其效力范围扩至出资人。对于债权人会议和出资人组均表决通过的重整计划，我们尚可以认为是私法领域意思自治原则的体现，出资人自愿接受与其相关的权益调整内容的约束。但是，未经表决通过或者仅未经出资人表决通过的重整计划必然不能直接造成强制调整出资人权益的结果。重整计划必须对除债权人、债务人之外的利益相关人（如股东、战略投资人等）进行权益调整，而在重整

① 参见唐旭超《论上市公司重整中的股东权益》，载《政治与法律》2014 年第 6 期，第 98 – 107 页。

计划效力并不及于这部分相关人的情况下，为了消解这种悖论，必须通过扩大重整计划效力范围的方式来为调整出资人权益提供法律依据。

规定重整计划效力及于涉及的各方主体在一定程度上比扩大债权人会议决议效力范围更为合理，毕竟债权人会议决议并非只针对重整计划草案，由其表决的多数事项仍然只与债权人利益相关。另外，对于如何完善与出资人权益调整有关的法律依据，笔者认为还可从公司法中关于公司章程规定的角度进行完善。这是因为公司章程是公司股东集体签署的契约，对股东具有约束力，除此之外，公司章程对公司、董监高等人员也具有约束力。若在公司章程中增加关于出资人权益调整的相关规则，将公司法和破产法进行良好的衔接，不仅可以减少修改法律完成强制调整所需的时间成本，还可以有效保障股东合法权益，赋予股东充分的异议救济权利。

2. 完善出资人权益调整的批准程序

无论债权人会议和出资人组表决通过与否，法院都应当履行作为中立的司法机关应当履行的审查义务。在表决无法通过但重整确实必要且急迫的情况下，法院的强制批准作为社会利益优先原则的最后保障，必须在意思自治原则失灵的情况下审慎使用，应通过法院强制批准、司法权力强力介入进行适度干预，对各方利益主体进行强制平衡，提高重整效率，确保重整程序顺利推进。在强制批准时，法院必须对重整计划草案的实体和程序进行全面审查，保障重整计划草案涉及的各方主体利益不受不公平对待。《全国法院破产审判工作会议纪要》要求人民法院即使在正常批准情况下，也应当严格审查重整计划草案是否满足合法性条件和可行性条件。但是，其仍然未对出资人组的权益设定最低保护标准。笔者认为，法院不论是否需要强制批准，都应当对重整计划草案从程序、实体等多方面进行严格审查。

（1）程序合法原则

人民法院应当审查重整计划草案的表决过程是否符合破产法的程序要求，例如，是否按照法律要求进行分组，表决前是否履行信息披露义务，对重整计划草案的说明是否充分，表决过程是否公开、公正。若是由法院审查强制批准，还应当审查重整计划草案未经债权人会议和出资人组第一次表决通过后，是否与不同意的组别进行协商和二次表决。特别是出资人组权益调整方案，即使债权人所有组别已经通过草案，法院也不可在未经二次表决的情况下立即强制批准；以及提交二次表决的重整计划草案，是否已经经过部分修改。对于如何明确信息披露主体范围，如何规定通知、公告、听证会等披露方式，如何确定信息披露期限和程度，可以参照《中华人民共和国证券法》[①] 关于“真实、准确、充分、完整”的要求。同时，应明确违反信息披露义务的法律责任，使信息披露制度成为实现破产重整程序“公平、公正”要求的有力保障。另外，在强制批准的情况下，还应当对“二次表决”予以重新定位，并要求申请法院强制批准之前必须进行协商和二次表决，且要求提交二次表决的重整计划草案应当根据第一次表决情况进行修改。

（2）内容合法原则

人民法院审查重整计划草案的内容应包括是否符合法律规定，是否包含《破产法》第八十一条规定的内容，各类债权清偿方案是否合法、公平，是否存在违反国家法律有关禁止性规定的内容，是否符合产业政策和企业经营准则，等等。笔者认为，即使表决组按照绝对多数原则和双重标准原则通过重整计划草案，法院也应对反对者的理由予以审查，从而保证反对者的法定清偿利益并不因重整中的少数服从多数的表决原则而受到损害。这种情况在出资人组中尤为容易出现。若大股东以其占股优势操控表决结果，法院应当对中小股东的诉求予以重视。如果各表决组通过了重整计划草案，但草案内容不符合法律规定或者损害反对者利益，法院也不应批准该重整计划。

3. 完善出资人权益调整方案的执行程序

在进行重整程序时，股权让渡是最直接简易的、与其他措施配合

---

① 《中华人民共和国证券法》，自 1999 年 7 月 1 日起施行。

最为频繁的出资人权益调整的类型。但在司法实践中，进入重整程序的企业常常存在经营困难、资不抵债、公司股权因对外进行质押担保而被查封冻结的情形。虽然根据破产法的规定，管理人有权解除对债务人财产的保全措施。但是，重整企业股权并不属于债务人的财产，而是属于具体股东的财产。因此，如果需要转让的股份已经被采取查封、冻结等措施，如何在此种情形下进行股权让渡？

首先，根据公司法的规定，股东享有分红权、表决权、知情权等多项权利，其中最为核心的应当是表决权，因为公司在比较重大的事项上一般都需要进行股东表决，拥有多数表决权的股东实际上相当于公司的实际控制人。在企业重整过程中，已经被查封、冻结的股份并不会影响出资人对表决权、分红权、知情权等实际权益的享有。其次，应当着重考虑的是在进行股权让渡时，如何解封已经查封、冻结的股票份额。虽然对股份采取司法强制措施并不会影响权利人的实际权益，但是重整投资人始终会担心其购买后的股份会被强制执行、司法拍卖等。因此，应当在对公司债权人进行清偿时，尤其对公司股份存在质权的人，考虑与其就清偿方案达成一致意见，但前提条件是其同意对股份进行解封。

如果要从本质上快速解决股权被质押冻结的问题，则应当考虑在破产法中赋予法院一定的强制执行权利。因此，我国破产法规定法院受理破产案件后，与债务人相关的民事案件应当由受理破产的法院管辖。那么，在进行股权解封时，我们也可以参考将解封的权利转移至受理破产的法院，让其既能快速裁定重整草案的通过，又能快速帮助重整草案的执行。

五、结语

出资人权益调整在公司破产重整中的重要性和必要性毋庸置疑，但是我国目前缺少对出资人权益调整的规制及保障。因此，我们应当正视破产重整过程中出资人权益调整的困境，通过完善我国法律中关于重整出资人的相关规定，切实保障重整出资人的相关权利，以确定适合的出资人权益调整对象，形成可接受的、公平的出资人权益调整方案，促进重整计划顺利通过、执行。只有多管齐下，才能使出资人权益在重整计划中得到公平、公正的调整，从而推动我国资本市场和经济的持续健康发展。

营业让与型重整思路可行性分析

——以奥奇丽公司破产重整方案为例

廖彦麾*

【摘要】“奥奇丽公司破产重整案”因其旗下“田七”日化系列品牌的全线重整而备受关注，而该案中涉及的营业让与型重整思路更是对我国破产重整固有思路的拓展与创新。其有别于传统“存续式重整”模式的特点使得重整后的新企业拥有了更强的原产业经营能力，更有利于发挥重整资产的隐形价值。同时，奥奇丽公司破产重整过程中引入的合适托管人的措施也为我国破产实践提供了优秀的示范标准。

【关键词】营业让与型重整；传统存续式重整模式；美国破产法

一、案例简介

奥奇丽公司成立于1996年12月24日，主营各种日化类用品的生产，其中，公司创立的最为著名的品牌、后续重整方案中的核心资产即“田七”系列日化产品。

2019年7月15日，因奥奇丽公司经营陷入困境，已经不能清偿到期债务，广西壮族自治区梧州市中级人民法院（简称“梧州中院”）作出民事裁定书①，裁定受理债权人对奥奇丽公司提出的破产申请。因奥奇丽公司具有良好的重整基础和条件，梧州中院于2020

---

* 廖彦麾，广东明思律师事务所律师。

① （2019）桂04破申6号。

年3月2日作出民事裁定书[①]，裁定自2020年3月2日起对奥奇丽公司进行重整。2020年3月13日，管理人发布广西奥奇丽股份有限公司破产投资人招募公告，公开招募奥奇丽公司重整的意向投资人。而后，在梧州市政府及梧州中院的积极推动下，确定引入广西梧州中恒集团股份有限公司作为重整投资人。

因奥奇丽公司历史遗留问题多，银行信用恢复困难，隐性债务具有不确定性，故以奥奇丽公司这个“壳公司”作为重整对象推进重整工作的方案不具备可行性。而“田七”日化系列在市场上享有良好商誉，品牌商业价值高，产品生产线保存完整，即使先前因奥奇丽公司无法清偿员工工资而停止生产，但仍然具有极高的潜在价值。正因如此，奥奇丽公司的重整方案最终确定通过将“田七”系列日化产品生产线及其他优质财产注入由管理人成立且实际监控的新公司（即现在的广西田七化妆品有限公司，以下简称“田七公司”），由重整投资人出资受让该新公司全部资产后，以出资款清偿奥奇丽公司重整方案确定的公司债务，最终实现了对民族品牌“田七”系列日化产品的“救赎”。

总的来说，奥奇丽公司一案所涉及的破产重整模式是通过债务人转让部分主营的优质资产以获得清偿破产债权的资金流，从而实现了破产债权人呆账得以部分清偿、破产债务人成功走出资不抵债的泥潭，以及重整投资人获取优质资产的“三赢”局面。在破产法理论领域，一般将该种重整模式称为营业让与型重整模式。

二、营业让与型重整的定义

（一）营业概念的界定

我国法律未对于“营业”一词进行界定，仅有部分学者在引进域外法律概念时主张“营业”的含义可从客观和主观两个层面进行

① （2019）桂04破2号之二。

界定。前者为营业财产，是开展营业活动的物质基础，又称为组织上的营业；后者是指为了一定的营利目的而进行的连续性的营业活动。其中，营业财产是在营业活动中所用的、有组织的财产，以及在活动中所产生的具有各种社会性价值的事实关系总体[①]。

具体来说，营业财产具有两个显著特征。其一是整体性，主要强调的是事物的组合价值。对此，有学者总结认为，营业财产区别于一般财产，营业财产是有组织并有综合效益机能的财产[②]。其二是价值浮动。营业财产除了静态的物质资产之外，还包括由信息差带来的“商业机遇”、员工的主观能动性设想并构建出的“经营蓝图”等方面的动态的资产。由于动态资产带来的价值具有极强的时效性，故其所带来的价值可能在前一秒巨大无比，但也有可能在下一秒因受商业信息的普遍传播、政策的改变等的影响而荡然无存。因此，动态资产的不稳定性造成了整体资产的价值浮动。

（二）营业让与型重整模式的内涵

破产重整指的是在企业无力偿债但有复苏希望的情况下，依照法律规定的程序，保护企业继续经营，实现债务调整和企业整理，使之摆脱困境，走向复兴的再建型债务清理制度[③]。前述奥奇丽公司破产重整方案中涉及的营业让与型重整模式是破产重整路径中的一种，其主要运作方式是将债务人具有活力的营业事业的全部或主要部分出售给他人，使之在新的企业中得以继续经营存续，而以转让所得对价即继续企业价值，以及企业未转让遗留财产（如有）的清算所得即清算价值清偿债权人[④]。

营业让与型重整模式与传统意义上的破产重整路径相比，最为显

① 参见谢怀栻《外国民商法精要》（增补版），法律出版社 2006 年版，第 257 页。

② 参见王保树《商事通则：超越民商合一与民商分定》，载《法学研究》2005 年第 1 期，第 32 – 41 页。

③ 参见王卫国《论重整制度》，载《法学研究》1996 年第 1 期，第 81 – 100 页。

④ 参见王欣新《重整制度理论与实务新论》，载《法律适用》2012 年第 11 期，第 10 – 19 页。

著的差异是放弃原债务人的“壳资源”，使得部分重整资产得以保持系统性完整，以确保相应资产在让与完成后能更快地恢复正常经营。正因为这一差异，营业让与型重整模式常常被误解为破产清算程序的变形运用，理由是二者带来的最终结果均是原企业的消亡。实际上，前述误解产生于人们对传统的破产法律关系类比总结出的思想误区：站在破产重整程序设立的出发点考量，其注重的是保护企业在正常运转的情况下所创造出的社会价值，而非仅仅流于破产企业“表面”——企业对社会作出的贡献在于其通过大体量组织形式聚集而成的社会影响力，通过缴纳税款、生产货品、提供就业机会等方式回馈社会。因此，对于破产重整制度而言，其自设立之初就从未将“壳资源”作为其运行的动力，而在于企业深层次的、多方面、实质的社会影响力。类比众多成功的企业合并中被合并的企业可知，运营价值并不必然需要借助原企业的“壳资源”才能得以实现，优势力量的整合更能发挥优质资产的全部价值。

（三）我国营业让与型重整概念的由来

总体上，我国企业破产重整的新思路源自美国破产法的实践经验。美国破产法实践中营业让与型重整模式的标志性条款是《美国破产法》第四章第三百六十三条，该条款先后通过克莱斯勒公司和通用汽车公司的破产重组案例确认了营业让与型重整模式的合法性和可行性。前述两案的经办法官主要适用了该法第三百六十三条的规定，认可了公司管理人在重整方案确定前可以对债务人财产采取使用、出售或出租以维持企业资产的运营的重整路径。

如在克莱斯勒公司的破产重整方案中，美国财政部通过不良资产救助计划与加拿大出口发展公司共同新设一壳公司，用以承接克莱斯勒公司转出的包括工厂、商标、某些零售商营销网络等在内的所有营运资产[①]。虽然该重整方案因未完全保障担保债权人的绝对优先权而

① 参见张钦昱《论破产财产出售的程序规制——以克莱斯勒破产案为例》，载《法存杂志》2013 年第 2 期，第 132 – 140 页。

备受争议，但该案之后越来越多通过营业让与型重整模式实现“新生”的公司以实践证明了克莱斯勒破产重整方案的现实意义。破产重整法实践者哈维·米勒在回顾破产重整五十年的历史时指出，适用《美国破产法》第三百六十三条（即出售财产）趋势的增加是1980年以来破产法实践的重大变革之一。他同时指出，运用第三百六十三条有以下四个好处：①使担保债权人尽快弥补损失；②使购买破产企业产品的消费者免受破产企业的诉讼所累；③产生禁令保护的作用；④迅速产生实质性的终局效果①。

在享受破产重整方案顺利实施的喜悦之余，美国法院也开始反思营业让与型重整模式中最为关键的问题——破产财产估值。传统的司法估值法和市场检验法均有一定的局限性：前者受限于破产重整计划执行时长较长且评估成本巨大的劣势，后者则存在超出担保物价值的担保债权转为普通债权的流程无标准可依的窘境。对此，特拉华州法院通过对露华浓股份公司诉麦克安卓和福毕控股公司案（Revlon, Inc. v. Mac Andrews & Forbes Holdings, Inc.）等一系列判例，确定了程序性规则以保障破产财产估值的准确与公平。在露华浓公司一案中，法院强调当公司进入破产重整程序且不可避免要出售部分资产或整个公司时，董事会的职责就由保护公司不被恶意收购转变为如何使公司的资产出售获益最大化——总的来说，就是公司董事会就出售公司资产作出的董事会决议应当满足美国公司法下董监高（上市公司董事、监事、高级管理人员的简称）应当履行的注意义务和忠实义务，即由正直、专业的业务管理层把控公司资产变现并保证变现价值的合理性。

从效果层面来说，美国破产法体系下的营业让与型重整模式确实发挥了其特有的制度优越性，相关制度经验具有值得借鉴的闪光点。

---

① 参见［美］哈维·米勒《破产重整五十年（1960—2010）回溯》，张钦昱译，见李曙光、郑志斌主编《公司重整法律评论（第1卷）》，法律出版社2011年版，第409－411页。

（四）我国营业让与型重整模式的现状与面临的困境

1. 现状

《中华人民共和国企业破产法》仅在第二十五条载明的管理人职责中赋予管理人“管理和处分债务人的财产”的权利，但这样的权利当然受到债权人委员会和人民法院的制衡、约束，即管理人在处理《破产法》第六十九条列明的公司资产时，应当及时向债权人委员会或人民法院报告。《最高人民法院关于适用〈中华人民共和国企业破产法〉若干问题的规定（三）》[①] 对管理人的报告义务予以明确，并形成了一套双层的审核模式监管管理人的处分行为。但是，框架性的操作模式过于笼统，显然无法全面起到指导实践中的具体操作的作用，因而我国立法层面并未给予营业让与型重整模式明确指引。

2. 困境

（1）现行法律冲突——担保债权人优先受偿权丧失的风险

破产程序是少数人权利与多数人权利激烈交锋的舞台，法院通过发挥“居中裁判”的司法制度优势缓和破产关联方之间的利益冲突。就营业让与型重整模式而言，如何能够在复杂的利益冲突中突破“重围”——实现营业财产的独立转让并将可能存在的债务问题剔除，以“干净”的资产状态赢得重整投资人的青睐——成为营业让与型重整模式最大的难题。其中，矛盾最为尖锐的问题是如何处理担保债权人对营业让与标的资产享有的优先受偿权。

在破产法学理论中，担保债权不属于破产债权这一概念的范畴，因为担保债权在一般情况下不需要参与破产清算方案的表决，其债权在普通债权进入清偿程序之前就已基本实现。倘若破产企业因重整需要就某些担保债权对应的抵押物进行了营业让与，则势必影响相应担保债权人债权的实现，而实践中也未留有法定的救济途径供他们进行

① 《最高人民法院关于适用〈中华人民共和国企业破产法〉若干问题的规定（三）》，自2019年3月28日起施行。

申诉和维权，这部分担保债权人必然尽其主观能动性阻碍标的物的转让，从而造成营业让与型重整的计划无法顺利落地的后果。

（2）制度短板无法规避——破产欺诈风险

破产欺诈是行为人通过破产程序违反破产法的规定，在破产程序开始前或破产程序开始之后，通过欺诈性手段或方式，对其财产进行不当处分或交易，妨害公平受偿、损害债权人利益的行为①。在营业让与型重整模式下，债务人可能通过隐匿财产、不对称交易等具体方式减损用于清偿破产债权的“资金池”。所谓隐匿财产，是指重整企业在破产重整程序伊始、统计企业资产数据时，不披露或藏匿有关破产企业的财务信息。至于不对称交易，其实质是公司原管理人员利用不对等的信息差，将重整企业的核心事业资产以非正常低价转让到新的企业中，并通过与资产承接方恶意串通的方式赚取交易差价。

破产欺诈风险是所有破产程序都无法避免的制度弊端，其起因是破产债务企业资产信息来源过于单一，即信息仅来源于债务公司的董事、监事及其他高级管理人员。实践中，破产企业管理人一般鲜有线索证明企业高级管理人员的欺诈行为，这直接导致了损失价值的追诉不能。在强调资产整体性的营业让与型重整模式中，通过破产欺诈形式破坏让与标的物的完整性，在造成标的物减值的同时，更有可能造成无法恢复营业的困境，使得整个破产方案失去意义。

三、营业让与型重整模式的特点

（一）与破产清算制度的区别

营业让与型重整模式涉及优质资产的转让买卖，因而在资产处置层面存在与破产清算程序类似的流程。基于此，我国破产法在理论层面上也出现了主张营业让与应当属于破产清算而非破产重整的观点。该观点认为，在债务人的营业资产全部转让给他人后，受让人若马上

① 参见李雪田《我国反破产欺诈法律制度研究》（学位论文），吉林大学2010年。

停止这方面的营业，或者改变受让财产的用途，将其原来的价值仅仅作为附庸甚至完全抛弃，必将违背重整制度挽救债务人事业的初衷和目的①。显然，前述观点确实反映了营业让与型重整模式无法避免的失败风险，但是这并不足以否定重整方案的全部结果：债权人获得了制度下的公平受偿，债务人的出资人得以摆脱诉累，停滞的企业静态资产最终也得以流通。

事实上，两种程序之间之所以存在差异的根本原因是制度的出发点不同：破产清算程序旨在实现债务人资产的快速变现，寻求短时间内增强企业偿债能力的解决办法，因而一般情况下需要通过将资产按类分拆的形式批量出售，容易陷入“买方市场”的不利局面，企业资产的变现仅能实现其清算价值。而营业让与型重整模式则是债务人寻求“新生”的机会，因而其对重整计划的执行也更为主动。通过组合型优质资产整体打包出让的方式，可为组合资产带来功能变化、性能增强等增值因素。可想而知，一套完善的生产线的所承载的价值将远高于将其拆分为单个机械工具转卖带来的对价。同时，在基础设施未曾发生变动而仅是支持资金来源更换的实际情况中，组合型资产的整体转让更有利于实现营业资质的转让或者再申请。正如田七公司的“涅槃”，奥奇丽公司对于化妆品生产线特别是“田七”牙膏生产线的整体出让，使得“田七”日化品牌得以延续，重整投资人除了受让“田七”品牌旗下产品的知识产权外，还得以继承“田七”品牌带来的优良商誉等无形资产。这样的利好局面也将有利于形成“卖家市场”，出让标的的价格也势必“水涨船高”，而这对于急需资金清偿债务的重整债务人来说是梦寐以求的机遇。

（二）较于传统存续式重整模式的优势

与传统的存续式重整模式相比较，营业让与型重整模式有以下两个主要优势。

① 参见贺小电《破产法原理与适用》，人民法院出版社2012年版，第601页。

1. 阻断多重风险——优质资产脱离债务人主体，有利于规避行业风险，同时阻断潜在债务风险

传统存续式重整模式常常出现在重整计划执行完毕后，“壳企业”也因行业下行的缘故而只有“回光返照”的效果，主要的原因在于破产重整方案仅仅帮助“壳企业”剔除了部分债务并带来了短期内的流动资金，但并未在实质上改变造成企业经营困难的主要原因。而营业让与型重整模式舍弃债务人原有的“壳资源”，通过类似于公司合并的模式实现了与破产投资人优势资源的整合，使得标的资产在经营方向上有了新的选择，从而在某些条件下能够规避先前行业不景气的情况。

另外，将优质资产剥离“壳资源”更有利于避开隐形的债务风险。鉴于破产债权主要是通过债权人自行申报的形式进行的统计，因而在实践中，经常出现债权人未在法律规定的范围内申报债权的情况。曾有某房地产企业的重整计划在获批之际，突然出现数名民间借贷债权人。这些债权人的出现源于企业为避免金融机构抽贷带来的资金链断裂风险，在先前流动资金短缺时选择通过民间借贷的方式缓解财务紧张。因为民间借贷债权人的奔走上访、静坐示威，该企业的重整计划被迫终止①。若当时采取营业让与型重整模式，该企业则有机会获得远高于优质资产分拆变现的经济收益，企业的偿债能力也将大幅度提升。同时，在重整计划实施完毕后，债务人“壳公司”得以注销，前述隐形债务人届时也将因此无法继续向债务人主张债权，隐形债务风险之阻断得以实现。

2. 提高重整效率——优质财产处置时间短，重整方案确定及执行速度更快

破产重整是一个耗时较长的过程，特别是在传统的存续式重整模式下，重整计划的制订与表决是债权人与债务人、债权人之间乃至债权人、债务人与当地行政部门之间的博弈，制衡众口难调的局面显然

① 参见刘佳、刘原《出售式破产重整与不良资产处置创新》，载《上海金融》2018年第1期，第55－59页。

极为耗时。此外，重整计划能否顺利地执行也是一个问题。本文先前列举的债务人上访、静坐阻碍执行的情况在实践中常能遇见，诸如隐性债务、政策条款、行业风险等众多不确定因素往往导致重整计划推进缓慢。随着时间的延长，债务人资产可能因长时间维持在边际效益水平而缩水、贬值，最终越来越难以吸引意向投资人。

与传统的存续型重整不同，营业让与型重整模式将优质营业资产转让后，一方面，所得对价直接用于债务清偿，耗时短、效率高，恰好弥补了存续型重整模式效率低下的缺陷；另一方面，实现了优质资产重启正常经营，更有利于资产的保值增值，如美国通用汽车公司破产重整案所达到的效果一样，该重整企业在一年半的时间内迅速恢复造血能力并一跃成为上市公司。

四、营业让与型重整模式适用条件

明确营业让与型重整模式的适用条件，是在把控破产重整路径选择方向的同时，从制度适用层面上将其与破产清算程序区分开。因此，营业让与型重整模式在符合破产重整程序准入条件的同时，还需要满足一些更为严苛的条件。

除去前文已经阐述详尽的营业让与型重整模式适用的积极条件，即债务人选择出让的资产必须具有整体性且优质的特点外，债务人可能面临的消极因素，更值得管理人及法院慎重考量。

（一）失去企业原股东带来的优势的风险

若破产重整企业主要依赖于公司股东带来的技术方案、销售链条等关键营业支持，那么营业让与型重整模式很可能会使该企业丧失来自原股东的优势资源，融资人受让部分也将因失去核心产能而失去应有的价值。对于这种情况，能否争取到原股东继续参与受让主体的后续经营显得尤为关键。

（二）原有资质、行政许可等事项转移不能的风险

绝大部分市场准入的资格条件无法直接受让主体。以行政许可为例，《中华人民共和国行政许可法》[①] 第九条确立了“行政许可禁止转让”的基本原则，即除去特定的自然资源类行政许可可以依法转让外，绝大部分行政许可因其“属人性”的特点被禁止转让。但是，伴随着我国市场经济的向前发展，行政法学界也逐渐出现呼吁放开行政许可参与民商事转让的声音。他们大多从资源配置理论的角度出发，认为行政许可因为其所具有的稀缺性而获得了巨大的经济价值，从而变相地成为一种“财产”[②]。奥奇丽公司破产重整案恰恰涉及了对行政许可转让的探索。

在奥奇丽公司的重整方案中，公司管理人为了保证主要优质资产“田七”品牌旗下产品的正常生产，实现“田七”品牌保值增值以吸引潜在投资者，在资产对接的空闲期间内将“田七”品牌委托予第三方经营，总体上继续使用“田七”品牌产品先前停产的生产流水线，并聘用先前的技术人员、车间工人等公司员工辅助生产。而整个流程得以成功托管的关键是田七公司名下化妆品生产许可证的临时转让，使得托管第三方取得了生产“田七”品牌旗下产品的资质并最终实现了“田七”品牌的出售。

笔者认为，成就“田七”品牌的托管并实现行政许可合法转让的主要原因，就是营业让与型重整模式中的营业关联资产整体性转让的特点，使得行政许可强调的“属人性”条件得以满足：对于取得生产类行政许可的公司而言，其“属人性”的实体表现是合格的产品生产链，而对生产链的整体性转让使得后续生产的产品质量得到了技术层面的保证，再加上对生产线操作原班人马的再聘用，整个产品

① 《中华人民共和国行政许可法》，自2004年7月1日起施行。

② 参见高富平《浅议行政许可的财产属性》，载《法学》2000年第8期，第23－24、29页。

生产链实际上维持着技术上的“封闭性”，唯一的不同仅是生产资金的提供方的更替。

虽然实践中已经存在类似奥奇丽公司重整方案涉及的行政许可或其他营业资质转让的案例，但个案的经验从来都不是通过简单的复制粘贴就能适用于所有情况。奥奇丽公司重整方案是当地政府及法院发挥主观能动性的一次大胆尝试，能否得到普遍的适用还有待立法层面的确认，其他希望通过营业让与型重整模式实现经营资质转让的方案仍然需要面对无法兑现的风险。

五、营业让与型重整模式具体路径的探索

营业让与型重整模式具有较强时效性的特点，所以在制订重整方案时需要考虑如何保持资产的优质性。现有司法实践给出了许多值得借鉴的经验，提供了能使重整方案更贴合实际、更高效的先例。

（一）在重整方案制订期间内，寻找托管机构或直接引入投资者代为经营待转让优质资产

奥奇丽公司管理人将“田七”品牌托管的成功实践经验证明，通过临时托管的方式吸引有生产经验的第三方延续待转让优质资产的经营，有利于实现相关资产的保值增值，保持其竞争市场机遇的主动性，积极实现相关资产的无形价值。可以看到，优质资产托管不仅有利于清偿该部分资产对应破产债务的清偿，更有利于对职工债权的再调整，为原来的职工提供再就业机会。如此可实现“生产不停、队伍不散、市场不丢”的共赢效果，奠定了重整方案中后续债务清偿的基础。

（二）实施重整方案期间寻求政策扶持，在政府公信力的保障下提升资源转换效率

除了奥奇丽公司破产重整一案，众多破产重整案例中重整方案的顺利实施都离不开企业住所地的政策支持。当地政府的公信力不仅更

能周全地调解与制衡各方权益，还可以安抚债权债务关系之间的利益矛盾。各政府机关权能不仅可以提升行政手续的办理效率，还能发挥政府机构平台大、视野高的特点，更广泛地招商引资。在部分案例中，因当地政府出具支持企业重整的文件，企业资产产权变更手续办理流程得以加快，企业因长时间经营不利而欠缴的税款也因而得以减免或延期。

（三）通过金融不良债权立体承接的方式，处理抵押物转让与担保债权实现之间的关系

金融不良债权的处置在近些年来逐渐成为热点话题。在处理重整债务人的财产时，同样可以尝试新兴的债务转移方式。例如，在淄博钜创纺织品有限公司（以下简称“钜创公司”）破产重整案件中，公司面临五家银行债权人所持有的担保债权额远超抵押资产评估值的融资困境——在无法恢复银行征信的情况下，设置了抵押权的资产难以流通，企业缺乏融资途径。在这种情况下，管理人设计出“金融不良债权立体承接”的路径：第一步，由银行向战略投资人发放贷款并以此贷款偿还钜创公司的银行债务，以此实现钜创公司担保物的解押；第二步，钜创公司将解押后的资产转移给战略投资人，战略投资人再以受让的解押资产重新向银行提供担保，获得银行第二轮融资；第三步，投资人以前述银行贷款结合自有资金溢价收购重整方案内钜创公司剩余的未抵押资产，使得钜创公司在偿清银行抵押贷款的同时还能100%清偿职工债权与税务债权以及部分普通债权①。

六、总结

奥奇丽公司破产重整方案是我国破产法对营业让与型重整模式的一次成功的探索。从结果上来看，公司职工债权、社保债权、税款债

① 参见赵玉忠、张德忠《关于企业重整过程中几个问题的思考与应对——以淄博钜创纺织品有限公司重整案为视角》，载《山东审判》2015年第3期，第22－26页。

权、破产费用和共益债务获得100%的清偿，抵押债权获得清算价约90%的清偿，低于5万元的普通债权获得100%清偿。在重整方案制定及实施期间，当地法院及管理人通过聘任托管人、协助转让化妆品生产许可证等创新操作成功实现了“田七”品牌的保值增值，使区域性品牌再度成为全国性品牌，为地方经济加快发展做出积极贡献。

但是，鉴于我国实体法上对营业让与型重整模式缺乏具体的实操性指引，个案的成功仅能为后案提供借鉴。这就要求经办法院和公司管理人发挥主观能动性，在平衡各方利益的同时，将对现行法律的边界探索经验运用至极致。希望随着处理破产案件的经验的累积、破产法的局限性逐渐被打破，更多的域外经验能被成功引入，共同构建属于我国特有的、全面的破产法律体系。

专题四

债权的保护与清偿顺位

破产程序中的职工债权保障问题研究

张灵聪[*]

【摘要】自2020年新型冠状病毒肺炎疫情暴发以来，许多企业在疫情影响下面临进入破产程序的困境，或进行破产清算，或进行破产重整。由于企业破产必然对企业职工产生各方面的影响，处理不当则容易引发社会问题。因此，本文对破产程序中职工享有的合法权益、职工债权保护的现状及问题进行了总结，并从多个角度进行深入分析。最后，本文对如何在破产程序中更好地保障职工债权的实现提出建议。

【关键词】破产法；职工债权；保障措施

一、职工债权概述

（一）职工的概念

职工是一个含义非常广泛的概念，在我国相关法律规定中，“职工”一词与“劳动者”的含义基本相同。一般而言，要成为一家企业的职工必须满足两个要素，一是通过劳动获得报酬，二是与企业存在真实的劳动关系。因此，企业的职工包括以各种形式在本企业就业的劳动者。例如：已与本企业签订劳动合同的劳动者，其工作时间连续、相对稳定、劳动关系固定；以受托完成特定工作为目标的劳动关系下的劳动者，在相应工作完成时，其劳动关系即解除，这类是与企业形成了事实劳动关系的临时工；等等。

* 张灵聪，广东明思律师事务所律师。

（二）职工债权的概念

职工债权也被称为劳动债权，并不是《中华人民共和国企业破产法》及相关解释规定的法律概念，这两个概念在破产程序中并无区别。劳动债权这一概念的首次提出是在2004年全国人大常委会上，提出者认为劳动债权即企业未支付给职工的工资和社会保险费用，以及法律、行政法规规定的应当支付给职工的补偿金等其他费用。在最高人民法院出台的《全国法院破产审判工作会议纪要》中，“职工债权”这一概念被高频使用，实际上其也符合破产法中破产债权的含义。《破产法》第一百一十三条在规定破产债权的清偿顺位时，通过列举的方式实际上明确了职工债权的概念，即破产人所欠职工的工资和医疗、伤残补助、抚恤费用，所欠的应当划入职工个人账户的基本养老保险、基本医疗保险费用，以及法律、行政法规规定应当支付给职工的补偿金。

（三）职工债权的特点

职工债权实质上是一种合同之债，是劳动者基于劳动合同或者事实劳动关系对企业享有的债的请求权。但是，劳动关系的特殊性决定了劳动债权与一般债权相比具有其独特的性质。

1. 人身性

职工债权具有人身性。一般而言，职工履行劳动合同的义务是受用人单位指示的。用人单位通过劳动合同将职工纳入其事业组织之中，并决定职工履行劳动义务的时间、地点和内容等。易言之，劳动者要遵照用人单位的要求为其劳动，服从用人单位的管理与安排。从劳动合同的签订主体上来看，是用人单位与职工签订劳动合同，且职工应亲自履行合同义务，不得将劳动事项委托给他人，其具有明显的人身从属性特点。

2. 弱势性

职工债权具有弱势性。职工债权的弱势性集中体现在劳动者的弱势性、劳动者与用人单位的隶属关系。工资作为劳动债权最主要的组成部分，是劳动者主要的甚至是唯一的生活来源，是其安家立命之本。劳动者为获得工资而出卖自身劳动力，必须服从企业的安排，因此企业在管理的过程中，实际上在一定程度上取得了对职工的人身支配权，这种人身从属性决定了劳动者天然处于弱势地位。

3. 公法性

劳动债权本质上虽是一种合同之债，但具有一定的公法性质。针对劳动关系，我国专门制定了劳动法、劳动合同法等相关法律法规，一方面是因为劳动债权本身具备人身性和弱势性的特点，应当予以特别保护；另一方面是因为劳动权是宪法规定的公民基本权利之一，具有社会普遍性。如果用人单位大面积拖欠劳动债权，则侵害的是群体性劳动者的权益，容易引起群体性讨薪、上访等事件，极易激发社会矛盾从而大大增加社会的不稳定性。与一般债权相比，职工债权更注重保护劳动者的生存权益、维护社会的公共利益，因而劳动债权兼具一定的公法性质。

（四）职工在破产程序中享有的合法权益

一般而言，劳动者的权益包括获得劳动报酬的权利、休息休假的权利、获得劳动安全卫生保护的权利、接受职业技能培训的权利、享受社会保险的权利等。但企业在进入破产程序后，劳动者作为债权人，还享有其他特殊的合法权益，如债权请求权、知情权、参与表决权和监督权等。

1. 债权请求权

债权请求权是指职工有权向破产企业索赔其欠付的相关费用，这是职工在破产程序中享有的最基础的权益，主要包括职工的工资、医疗、伤残补助费和养老费用，基本养老保险、基本医疗保险费用，以及法律、行政法规规定的应当支付给职工的赔偿金。债权请求权的主体仅限于企业破产前与企业建立了合法劳动关系的劳动者，事关企业职工最基本的生存权和发展权。一般而言，债权请求权通常发生在劳动合同履行阶段，是企业因未按合同约定按时支付工资、社会保险等费用而产生的债务。债权请求权与普通债权请求权存在较大区别，其不需要由职工主动申报，而是由破产管理人进行实际调查后将债务列明并公布，职工如对列明的职工债权有异议，可以要求管理人更正。至于在企业破产程序期间，劳动者与企业继续履行劳动合同产生的债权请求权应当属于破产法规定的共同债务，在进行破产财产分配前便可随时清偿。

2. 参与表决权

职工债权人参与企业重组过程的权利主要体现在两个方面。一是参加债权人会议的权利。债权人会议是企业破产、重组、清算期间重大事项的最高决策机构。《破产法》第五十九条规定“债权人会议应当有债务人的职工和工会的代表参加，对有关事项发表意见”，明确了职工参加债权人会议是参与破产程序的重要渠道之一。二是职工可以对企业破产程序中的重大事项进行表决。根据《破产法》第六十一条的规定，债权人会议可以行使批准重整计划等职权。《破产法》第八十二条规定，重整计划草案在表决时应当按债权分类，并按照分类分组表决。在所列分组中，第二类便是职工债权组。这是因为在企业清算或重整过程中，企业经营方向、重大决策和组织结构的变化，都可能涉及职工的切身利益。例如：破产清算中，企业仍然可以正常经营，但企业对职工的待遇是否会调整？在破产重整中，企业的重整草案是否会对企业的经营方向、策略等进行调整，是否会对职工降薪、解聘，等等。

3. 监督权

通过研究破产相关法法律规定，我们可以获知，职工在破产程序中的监督权并不能够直接行使，而是通过参与债权人会议、参加债权人委员会、向法院提起诉讼以及向破产管理人申请异议等方式间接行使的。因此，破产企业职工可以通过债权人会议等方式了解破产动态、视察破产工作进度、监督破产管理人对破产财产的清算分配的工作，使其公平公正地清偿债权人。依据我国《破产法》第六十一条的规定，破产法实际上赋予了债权人会议监督破产管理人的权利。具体的监督事项包括：查阅破产管理人整合破产企业的财产清单、破产企业面向众多债权人的资产分配方案、监督破产管理人日常打理企业的有关事项等。不仅如此，依据《破产法》第六十八条的规定可以知道，法律也赋予了债权人委员会监督破产管理人以及企业债务人的权利。具体事项包括但不限于：监督破产管理人对债务人的财产进行的委托评估、拍卖以及其他变现工作；监督破产管理人回收破产企业财产，向破产企业的债务人、财产持有人依法行使财产权利的工作；监督由破产管理人决定的企业日常开支和其他必要开支的事项和企业资产分配预案等事项。法律赋予职工债权人监督权利，不仅有利于保护劳动者的财产权益及其他相关权益的实现，还有利于破产企业劳动者监视和督促破产管理人和其他企业管理人员，保障企业破产工作顺利进行。

二、破产程序中职工债权保护的现状及存在的问题

（一）我国职工债权保护的现状

1. 破产程序申请和受理阶段

在破产程序申请和受理阶段，根据《破产法》第八条的规定，债务人在向法院提交破产申请时除了应当提交破产申请书和有关证据外，还应当向人民法院提交财产状况说明、债务清册、债权清册、有关财务会计报告、职工安置预案，以及职工工资的支付和社会保险费用的缴纳情况。起初，《破产法》第八条的规定仅用于被国家列入政策性破产名单的国有企业，后来，最高法院以司法解释的形式将范围扩大到所有的破产企业，现行破产法通过立法将这一司法解释确定的规则确定下来。职工安置预案会因企业性质的不同而存在以公有制为主导或者以私有制为主导的差别。公有制主导的企业因编制等原因，职工安置预案的内容侧重于职工就业、安置费用等方面。在非公有制主导的企业中，职工安置预案内容侧重于支付欠付的职工工资、社保费用和经济补偿金等。因此，在现今的破产程序中，应当在破产程序启动时就注意到企业性质的区别，从而根据企业性质制订符合实际情

况、更为合理的职工安置预案，这既有利于保护职工债权的清偿，也有利于为破产程序启动后保护职工债权奠定基础。

2. 债权申报阶段

根据《破产法》第四十八条规定，职工债权不必申报，由管理人调查后列出清单并予以公示，职工对清单记载有异议的，可以要求管理人更正。破产法规定职工债权不必申报的原因主要有以下三点。其一，在司法实践中，较多进入破产程序的企业已经长期停工停产，多数职工为了生存早已离开了企业另行寻找工作机会。而一般职工获取司法信息的渠道较少，并不知晓法院已经受理该企业破产，无法及时申报债权，此时如果像普通债权一样设置申报期限，则可能导致大面积职工逾期申报，引发社会稳定问题。其二，一般管理人会接管破产企业的财务资料，而财务资料中会详细记载对职工工资的发放及欠付情况，方便管理人计算出可能存在的职工债权人数及债权数额。这样既降低了职工申报债权的难度，也有利于提高管理人工作效率，避免资源浪费。其三，职工有权核对破产管理人列出的清单，这意味着职工债权人可以对管理人制作的债权进行校正。并且，破产法允许职工对清单提出异议，职工可以通过要求破产管理人更正及向法院诉讼两种途径维护个人合法的权益。

3. 债权人会议阶段

从前文可知，破产法规定了企业职工和工会代表有参与债权人会议并发表意见的权利，这有利于保障职工在破产程序中的知情权，能够让他们了解破产企业财产状况、分配方案等情况。但是破产法的规定过于原则和概括，没有对参加债权人会议的职工代表人数作出清晰的规定，也没有明确职工代表在参会程序中的实际表决效力、异议效力问题。在实际的企业破产案件中，职工参与债权人会议的方式及实际权利通常视破产企业的实际情况、职工债权人是否提出要求等而定。

4. 破产财产分配阶段

我国《破产法》第一百一十三条明确了职工债权的清偿顺位，即除了破产费用与共益债务随时清偿外，职工债权被列为破产清偿的第一顺位，优先于税收债权与普通债权。同时，《破产法》第一百三十二条采用了劳动债权与担保债权的清偿顺位以新旧划断的形式进行了规定，其以《破产法》颁布之日（2006年8月27日）为分界点，颁布之前的职工债权优先于担保债权清偿，颁布之后的职工债权与担保债权清偿顺位问题则需要分情况看待。现行破产法的原则便是担保债权就抵押物的价值优先受偿，因此，如果抵押物不足以全额清偿担保债权，则未清偿部分应当作为普通债权进行申报，不能先于职工债权优先受偿。

（二）我国职工债权保护存在的问题

1. 职工债权得不到及时清偿

从破产法相关规定及司法实践情况可知，我国早已注意到职工债权的特殊性，且注重保护职工债权人的相关权益。但是，我国现行法律规定也有一定的局限性，存在对职工债权人相关权益保护不够完善等问题。根据《破产法》第一百零九、一百一十条规定，对破产人的特定财产享有担保权的权利人，对该特定财产享有优先受偿的权利，在其行使优先受偿权利未能完全受偿的情形下，未优先受偿部分才作为普通债权处置①。根据《破产法》第一百一十三条规定，破产财产在优先清偿破产费用和共益债务后，第一清偿顺位才为职工债权。由此可知，职工债权既无法优先于破产费用与共益费用优先受偿，也不能先于担保债权优先受偿。在司法实践中，上述条款存在的局限性将导致职工债权得不到清偿，继而可能引发较为严重的社会稳定问题。在很多破产案件中，由于银行等金融机构对贷款的把控相当严格，企业为了融资，大多会通过对企业财产设定担保从银行获取贷款，因此我们可以看到，很多破产企业的财产均设置了抵押等担保。况且在实践中，某些担保债权很难获得足额清偿，担保债权之外的债权情况就更为堪忧了。

① 参见邹永迪《浅谈破产企业职工合法权益的保障》，载《职工法律天地》2019年第12期，第177－178页。

上文已经提及，由于职工债权的特性，企业支付给劳动者的工资多是劳动者唯一的收入来源，而整个破产程序一般需要比较长的时间才能终结，且只有破产程序进入财产分配阶段，职工债权人才能够得到清偿。一般情况下，这个时期的职工已经处于失业状态，在职工失业至破产企业进入财产分配这一段时间内，职工的生活将得不到有效保障，这也会使得职工家庭的生活水平及社会的稳定性大受影响。

2. 职工债权人参与破产程序的保护不完善

我国破产法在破产程序的启动上采用的是依申请模式，即法院只能依据当事人的申请才能启动企业破产程序。但是，根据《破产法》第七条与第十条的规定，享有提出破产申请权利主体有债务人与债权人。职工债权人作为破产企业债权人之一，无疑应当享有破产申请权，但是我国破产法对此并没有明确规定，这导致在司法实践中职工债权人可能难以申请企业破产。

此外，我国破产法并未明确职工债权表决权的实际参与方式。我国破产法仅规定债权人会议应当有债务人的职工与工会代表参加，但是对于职工如何参加债权人会议、参与债权人会议后如何进行表决等均没有作出细致的规定，这也就导致了在司法实践中职工的参与程度很低，其拥有的决策权也非常少。根据《破产法》第五十九条规定，债权人会议的成员由依法申报债权的债权人组成，并享有表决权。但是，劳动债权作为免于申报的债权，是否属于债权人会议的成员以及是否享有表决权，这一点破产法也未明确规定。甚至在相关司法案例中，人民法院更倾向于职工不作为债权人会议的成员，亦不享有表决权。总之，根据司法实践及相关案例，大部分的职工均难以真正参与到债权人会议当中，难以行使债权人相关权利，以致大部分职工的诉求难以得到表达，长此以往，将容易激化破产企业、管理人等与职工之间的矛盾，影响社会稳定。

3. 职工债权的范围不明确

现行破产法虽然规定了职工债权的优先清偿地位，但是并未明确职工债权中具体职工对用人单位债权的种类、产生的具体时间、合理数额作出一定范围的界定。例如，破产企业在破产前分配给董事、监事和高级管理人员高额工资、奖金等是否合理？一般情况下，企业高管的薪资是远超出普通工人的工资的，在司法实践中，为了限制企业高管利用职工债权的优先清偿顺位，从破产财产中获取超额经济利益，应将其工资按照职工的平均额计算，超出数额则无优先受偿的权利。同时，为了确保职工债权优先受偿落到实处，对职工债权优先受偿的数额及产生的时间必须加以明确和限制，法律不能只通过对其他破产债权作出限制，而对劳动债权一概而论地进行庇护，这种立法既无法均衡企业破产清偿中各方债权的利益，也不利于社会公正的实现。此外，除了破产法明确列举的工资、医疗养老社会保险费用、补偿金外，仍存在着几种基于劳动关系用人单位应当向职工支付的债权，其是否应当归入劳动债权优先保护的范畴，在实践案件的认定中有所差别，这需要在立法中进行进一步的确定和明晰。

4. 职工债权的救济机制不完善

破产法对职工债权的保护实际上属于事后救济措施，若仅采取这类事后救济手段则难以有效地保障职工的合法权益，更何况这种事后救济手段本身也存在诸多问题，如职工债权很难达到百分百的清偿率。因此，我们还需要考虑设置事前保障机制对职工债权人提前进行庇护。虽然我国部分地区已经进行了欠薪保障基金制度的实践，但从立法到制度具体落实的过程均存在诸多问题。首先，目前试行的各个地区之间对于欠薪保障基金制度的立法形式存在差别，缺乏统一的立法标准，导致各地区之间标准不一，职工跨区域进行维权困难重重。例如，山东省采取地方性规章的立法形式，深圳市采取颁行相关地方性法规的形式，还有部分地区则是以条例和暂行办法等规范性文件形式实施。其次，欠薪保障基金资金的来源不同，且管理水平低下。不同地区的资金来源不一、制度各异、管理人员怠于行使职权等，导致出现基金资金被挪用、出现坏账、资金不能及时拨付等困难。例如，在我国香港特别行政区，基金的资金来源由两部分组成，包括企业在正常经营过程中按月交付、企业在破产程序中政府财政拨款；而上海市的欠薪保障基金资金则主要来源于国家的财政拨款及雇主缴纳。最后，欠薪保障基金覆盖率低，虽然我国已经进行了设立保障基金的相关实践，但是覆盖率低，大多数地区既未设立相关基金，也未成立实业救助组织等，这些都容易导致职工债权难以得到真正保障。综上所述，我国现行破产法对职工债权的保护措施仍然有所欠缺，在实践中往往难以完全及时清偿职工债权。

三、关于完善我国破产企业中职工权益保护制度的对策及建议

（一）明确规定职工债权优先清偿的时间及数额

通过上文不难看出，破产法及相关规定已经对职工债权进行了优先保护，但不足之处在于其并未规定职工债权优先清偿的时间及数额，以及能否在特殊情况下，优先对其进行分配等。破产法中规定了撤销权，在对职工债权进行审查时可以参照撤销权的相关规定，如对破产受理前 6 个月的职工工资进行严格审查并及时清偿。一般而言，进入破产程序中的企业连保证基本经营都很困难，就更难以保证企业职工获得劳动报酬了。因此，可以考虑在对破产财产进行分配时先支付企业职工一部分未付工资，以保证其在失业后能获得最基本的生活保障。但是，这不仅需要通过立法加以完善，还应在实践中设立相关基金予以保障。另外，为防止破产企业的部分高管工资过高影响其他职工债权的清偿，应当对其历年工资情况进行严格审查并在优先分配基本生活保障金时与普通职工一致。否则极有可能会过度损害其他债权人的合法权益，也不符合破产法公平清理破产企业债权债务的基本原则。

（二）完善职工债权人的破产参与权利

我国破产法规定了职工参与破产程序的相关权益，但是其关于职工或者工会代表在破产程序中参与权的规定过于笼统，并没有规定职工或者工会代表参与破产程序具体的方式、人数以及表决权问题等。因此，要切实保障职工债权人参与破产程序的权利，则需明确职工债

权人参与债权人会议的知情权、表决权等。

1. 保障职工债权人在企业破产程序中的知情权

职工债权人能充分获知破产企业财产状况等信息是其能参与债权人会议、合理作出表决的前提条件。因此，为切实保障职工债权人的知情权，应当建立破产企业信息公示制度，定期向职工债权人公布破产企业的具体情况。首先，应当明确信息公示的主体是法院还是破产管理人，公示的对象是包括职工债权人在内的债权人群体。此外，信息公示的内容在企业破产程序的各个阶段应该有其侧重点。例如，在法院受理破产案件时，公示信息的侧重点在于申请人向法院申请破产的相关信息，法院指定的管理人信息，等等。在法院指定管理人后、裁定确认债权前，管理人应当公示债权申报情况、债权审核情况等信息。在法院裁定确认后、破产财产分配前，则应当侧重于公示法院确认债权的情况、破财财产的具体信息及评估结果等。

2. 保障职工债权人在企业破产程序中的监督权

从立法上来看，由于破产法并未直接规定职工债权人相关的监督权，所以职工债权人并不能直接行使监督权。债权人一般通过参与债权人会议、向管理人提出质询或异议、向法院提出债权人意见等方式间接行使监督权。因此，职工债权人也可以通过职工代表参加债权人会议的方式间接行使监督权。但是，由于法律仅规定职工代表，而并未规定职工债权人参与债权人会议的权利，故司法实践中职工债权人实际上难以行使监督权。因此，在实践中需要破产法明确细化职工债权人的监督权利，加强对破产管理人进行破产企业财产分配工作的监督，以便其能公正平等地清偿债权。此外，还可以通过设置职工债权人团体加强对职工代表的监督，通常情况下，职工代表能体现大多数职工债权人的利益。

（三）建立职工债权基金、保险制度

近年来，域外多数国家和地区逐渐采取欠薪保障制度来保障职工债权的有效清偿。欠薪保障制度始于 1966 年的巴西。20 世纪 80 年代，我国香港特别行政区也颁布了新的破产欠薪保障条例，以立法的

形式优先保障职工的债权。欠薪保障基金制度的功能在于当企业处于经营困境不能支付职工工资时，能够从保障基金中限额垫付职工的部分工资，解决职工离职的困境。很多企业在进入破产程序后，企业大部分职工均被迫离职，其生活基本需要可能难以保障，而通过基金可以使得职工度过最困难的时期，缓解职工压力。

目前，我国已有部分地区通过各种形式建立了欠薪保障基金制度，但是其制度都比较基础，而且存在很多问题，各地采取的标准及形式也都不一致。首先，关于资金来源。目前，有较多国家对保障基金的资金来源进行了规定，如西班牙的工资保障专项基金是由雇主缴费、英国的国民保险基金是由雇主和雇员缴费、丹麦的雇员工资保障基金是由雇主缴费、意大利的终止工资保障专项基金是由企业主缴费。即大部分国家都是由企业缴费，我国可参考多数国家的规定，要求企业需要缴纳欠薪基金费用方可注册登记。除此之外，基于社会公平和维护稳定的需要，可以考虑由政府通过财政拨款来缴纳部分欠薪基金的费用。针对设立的欠薪基金，应当制定完善的规章制度，做好监督措施，防止基金被挪用或者滥用。例如，设置基金管理人由政府、企业、职工等不同的群体组成以相互制约监督，保证基金更好地运行，并定期向社会进行公开。

其次，建立职工债权保险制度，在企业陷入经营困难时职工可以通过领取相应的费用保障基本的生活。即规定用人单位在正常运营期间，采用类似我国现行的医疗、养老保险制度，以企业自有资金与劳动者一定比例的工资进行投保。但需要明确的是，劳动者对于此类保险的费用的缴纳不应当是无限的，而是应当通过与保险公司合作，指定合适的缴纳期限及保险期间。

四、结论

我国现行的破产法及相关规定已经对职工债权进行了一定程度的保护，确立了比普通债权、税收债权等更高级别的优先清偿顺位，这对企业员工的工资报酬等职工债权安全受偿起到积极作用。但是，基于我国人口众多，劳动者数量巨大等实际国情，加之司法实践中对职工债权的保护程度直接关系到广大劳动者的生存状况，一旦劳动者获取报酬的相关权益受到影响且难以修复，劳动者本人及其所供养家庭的生存权将会受到威胁，同时也可能会影响到社会稳定、社会发展等。因此，笔者在分析了我国职工债权保护过程中实际存在的相关问题后，建议对职工债权的数额及时间进行明确规定，加强职工债权人的参与程度，建立并完善我国职工债权保障基金，从事前预防、事后保障的角度切实促进我国职工债权的清偿，逐渐探索出符合我国国情的职工债权保护制度，以便更好地维护劳动者权益，维护社会稳定，促进社会发展。

破产程序中保证债权计息问题研究

庞晨光晓*

【摘要】 最高人民法院颁布的《最高人民法院关于适用〈中华人民共和国民法典〉有关担保制度的解释》第二十二条规定，担保人主张担保债务自企业破产之日起停止计息的法院应予支持。在该解释颁布之前，针对破产程序中担保债权是否应停止计息问题在理论界与司法实践中均存在争议，尤其是在司法实践中存在对立的两种观点。此前，针对该问题分析研究的依据为《中华人民共和国企业破产法》第四十六条的规定与《最高人民法院关于适用〈中华人民共和国企业破产法〉若干问题的规定（三）》中对保证人进入破产程序的相关规定，但上述规定仅针对普通债权计息问题作出规定或是仅对保证人进入破产程序作出规定，并未对担保债权是否计息问题给予明确解释。由于此前法律规定的不确定性，关于担保债权在破产程序中是否应停止计息这一问题，在理论与实践中存在两种截然不同的观点。认为破产程序中担保债权应停止计息的观点主要基于担保的从属性；持相反观点的则认为，担保人与债权人之间属债权担保法律关系而非债权债务关系，因此破产法关于停止计息的规定并不适用于担保债权。笔者将结合司法判例与法律规定，从成文法、法理与司法实践等角度对上述两种截然不同的观点进行分析研究，以探究该制度制定背后的法理逻辑。

【关键词】 企业破产；担保债权；保证人；停止计息

---

* 庞晨光晓，广东明思律师事务所律师。

一、关于担保债权计息问题的两种观点

在《最高人民法院关于适用〈中华人民共和国民法典〉有关担保制度的解释》[①]（以下简称《担保解释》）颁布之前，针对该问题分析研究的主要依据为《中华人民共和国企业破产法》第四十六条的规定与《最高人民法院关于适用〈中华人民共和国企业破产法〉若干问题的规定（三）》[②] 中（简称《破产法司法解释（三）》）对保证人进入破产程序的相关规定。《破产法》第四十六条针对未到期债权作出规定，即未到期的债权在破产申请受理时视为到期。附利息的债权自破产申请受理时停止计息。根据法条内容可知，债权人对债务人享有的利息自债务人进入破产程序之后不再进行计息。至于担保债权是否同样适用该规定，条文并未明确。不仅如此，相关司法解释中亦未就此作出详细规定。而《破产法司法解释（三）》对保证人进入破产程序的规定，并未对担保债权是否计息问题给予明确解释。当时的法律对于企业破产后担保债权是否应停止计息的规定出现了空白，从而导致学界产生的不同观点，且在司法实践中该问题也屡见不鲜。

（一）肯定说：企业破产后担保债权应停止计息

有观点认为，企业破产后担保债权应随之停止计息，基于保证的从属性，保证人无须承担因破产债权未能得到清偿而产生的利息，且保证人可引用债务人抗辩事由进行抗辩。具体而言，基于担保的从属性，保证人所应承担的债务范围应从属于主债务，即保证人承担的责任应在主债务人承担责任的范围内，可小于或等于主债务人责任，但绝不可能大于主债务人责任。因此，由于《破产法》第四十六条规定债权利息应于破产受理之日时停止计息，故担保债权亦应于此时停

---

① 《最高人民法院关于适用〈中华人民共和国民法典〉有关担保制度的解释》（法释〔2020〕28 号），自 2021 年 1 月 1 日起施行。

② 《最高人民法院关于适用〈中华人民共和国企业破产法〉若干问题的规定（三）》，自 2019 年 3 月 28 日起施行。

止计息。该观点不仅在学界得到普遍认可，且在司法实践中得到较多法院的支持。

在“中财招商投资集团有限公司、浙江金盾风机股份有限公司民间借贷纠纷案”[①] 中，一审法院根据《破产法》第四十六条认定主债务人及保证人的破产债权利息计至破产受理之日[②]。在“中国光大银行股份有限公司嘉兴分行与上海华辰能源有限公司保证合同纠纷案”[③] 中，最高人民法院的裁判观点认为担保债权应停止计息，因为担保人的担保责任应限于主债务范围内，且保证人的义务为代偿性义务。基于此，法院认为，如企业破产后继续对担保债权进行计息但主债权反而停止计息，对保证人极为不公。在“吉林粮食集团米业有限公司与海南屯昌颐和酒店投资有限公司金融借款合同纠纷案”[④] 中，最高人民法院认为，《破产法》第四十六条规定了债权自企业破产之日起停止计息的规则，那么担保债权基于其从属性亦应停止计息。在“宁夏荣恒房地产有限责任公司诉中国信达资产管理股份有限公司宁夏回族自治区分公司保证合同纠纷案”[⑤] 中，最高人民法院根据《破产法》第四十六条的规定作出了企业破产后担保债权应随之停止计息的判决[⑥]。在“浙商金汇信托股份有限公司与浙江三联集团有限公司、三联控股集团有限公司、马某生、楼某珍、金华市华源置业有限公司金融借款合同纠纷再审案”[⑦] 中最高人民法院也作出相

① 一审：(2018) 浙01民初4553号；二审：(2020) 浙民终145号。

② (2018) 浙01民初4553号：“根据《中华人民共和国企业破产法》第四十六条的规定，附利息的债权自破产申请受理时起停止计息。由于各破产企业已合并重整，破产管理人已确定受理破产日统一为2018年4月12日，故主债务人金盾压力公司以及保证人蓝能公司、金盾消防公司、泰富公司的破产债权中利息损失应计算至2018年4月11日。”

③ (2019) 最高法民申6453号。

④ (2018) 最高法民终673号。

⑤ (2013) 民二终字第117号。

⑥ 最高人民法院认为：“根据《中华人民共和国企业破产法》第四十六条规定，附利息的债权自破产申请受理时停止计息。担保债务具有从属性，应当同样停止计息。”

⑦ (2018) 最高法民再19号。

同认定[①]。

（二）否定说：企业破产后担保债权不应停止计息

在《担保解释》颁布适用前，最高人民法院在审判工作中形成的与之相反的裁判观点亦不在少数。持反对观点者认为，从债权性质上来看，担保债权与破产债权存在本质上的区别，即担保债权是实体债权，主债权是破产债权即程序债权，前者受实体法规制，后者则受到破产法的规制。由此可见，破产债权与担保债权是分属于不同法律体系制度的独立合同。因此，企业破产之后担保债权不应停止计息，即保证人需要为破产债权未受清偿而产生的利息承担清偿责任。破产债权在无担保情况下于破产受理之日停止计息的目的是便于破产清算，而担保合同存在的目的是保证主债权的实现，且担保人与债权人之间属债权担保法律关系而非债权债务关系。因此，破产法关于停止计息的规定并不适用于担保债权。此外，从目的解释角度来看，担保制度的初衷即在于保证主债权的实现。《破产法》第四十六条规定的债权停止计息规则主要是为了固定债权与尽可能公平地保护债权人财产。如追根溯源，从制度的设计初衷考量，该制度对于保证破产程序顺利推进的效率也起到一定的作用。试想，如果管理人因为债权继续计息而无法固定，此时债权人的表决份额将迟迟无法确定，如此一来，破产分配进程的效率将在一定程度上受到影响。如继续计息，那么有息债权将得到比无息债权更多的清偿，在同样经历破产程序复杂、烦琐且耗时的过程之后，无息债权人得到的清偿却比有息债权人少得多，同为破产债权人得到的清偿却相差如此之大，这实难保障债权人平等受偿。基于此，主债权于企业破产时停止计息的规则应时而生。但是，担保债权与破产债权有所不同，这是因为保证人在为债务

---

① 最高人民法院认为，保证人基于保证债务的从属性，其所承担的债务范围不应大于主债务人。原审判决判令保证人在破产申请受理后继续向债权人支付利息至实际清偿之日止，明显缺乏法律依据，亦严重损害了保证人的合法权益。

人提供担保时就应预见到风险，所以，要求保证人承担包括利息在内的债务责任并未额外加重其负担。

在中国外贸金融租赁公司与乐山电力股份有限公司保证合同纠纷一案[①]中，法院认为，担保债权违约金的计息规则应与普通债权的计息规则予以区分。也就是说，即便普通债权自破产申请受理之日起停止计息，担保债权也并非理所当然地停止计息。因为法律以及相关司法解释并未就该内容进行详尽的规定。在江西天人生态股份有限公司与江西天祥通用航空股份有限公司金融借款合同纠纷一案[②]中，最高人民法院认为《破产法》第四十六条立法目的并非免除保证人的保证债务，换言之，破产既非主债务人债权消灭的原因，也当然不能成为保证债务消灭的原因。在"深圳品牌实业集团有限公司与中信银行股份有限公司哈尔滨分行金融借款合同纠纷案"[③] 中，最高人民法院认为《破产法》第四十六条的规定并未涉及担保人，因此，主债务停止计息的效力及于保证人这一说法缺乏事实和法律依据。

二、企业破产后担保债权停止计息的合法性辨析

（一）担保债权停止计息的成文法依据

担保债权具有从属性，该从属性不仅体现在担保债权责任的范围应小于或等于主债权范围，还体现在灭失的从属性，即担保债权随着主债权的全部或部分消灭而灭失。具体到破产债权层面而言，当企业进入破产程序时，主债权因此而停止计息，若此时担保债权继续计息，会使得保证人的责任大于主债务人。如此一来，担保债权的从属性这一基本属性将被突破。因此，只要没有法律的明确规定，即便破产法作出规定，民事法律关系的基本规定不应被轻易突破。因此，担保债权停止计息规则在成文法上既有直接依据也有间接依据。

---

① （2015）一中民（商）初字第2629号。
② （2020）最高法民申1054号。
③ （2019）最高法民终1710号。

此外，破产法并未对担保债权的计息问题作出明确规定，故在破产法无明确规定之时理应适用民法典的规定。《中华人民共和国民法典》第六百九十一条规定了保证的具体范围，即保证人的责任限于主债务人应承担的全部债权范围之内。根据法律规定，主债务人应承担的债务包括主债务、利息、违约金、损害赔偿金等。根据破产法之规定，主债务人债务止息于破产受理之日。基于此规定，破产申请受理之后的利息已不属于主债务人应承担的债务范围，因此保证债权也应止息于主债务人破产受理之日。

（二）担保债权停止计息的理论依据

司法实践中，担保债权是否停止计息的主要矛盾是：保证合同的成立基于主债权合同，如主债权于企业破产之时停止计息，那么担保债权基于担保合同的从属性应否免除其相应利息部分的保证责任？《担保解释》对担保制度从属性作出规定，但考虑到民法典已经对担保作出了原则性的基本性规定，即担保在变更与消灭上的从属性，《担保解释》亦就担保在效力上与范围上的从属性作出规定。具体而言，可从以下两点围绕担保制度从属性进行辨析。

其一，担保债权属于债权的一种，不可将其脱离债权进行单独定性。有观点认为，《破产法》第四十六条关于破产止息的规则并不适用于担保债权，理由是《破产法》第四十四条的规定，该条规定了人民法院受理破产申请时对债务人享有债权的债权人，依照本法规定的程序行使权力。该条规定在持反对观点者的眼中成为担保债权不停止计息的依据，他们认为《破产法》第四十六条的规定仅仅适用于对主债务人享有的债权，而作为从债权的担保债权不受此限制。在笔者看来，该条规定并未排除对担保债权的适用。法律往往未能穷尽所有事项，无法对可能存在的情形事无巨细作出规定，此时，需要从法理角度对规则进行分析解释。担保债权是有担保的债权，亦属于债权的一种，且担保债权效力上的从属性是担保制度的最基本属性。根据最高人民法院发布的《担保解释》及相关规定，排除担保债权的从属性的约定是无效的，即担保合同的效力仍应根据主合同效力确定。

因此，断然不能将其脱离债权进行单独定性，更加不能因为法律规定的模糊性而随意排除其对相关规则的适用。

其二，主债权停止计息实质是免除保证人针对该部分债务的担保责任。根据最高院发布的《担保法解释》及相关规定，担保债权中担保范围亦应具从属性。在担保人所承担的责任中，保证责任大于主债务人应承担的范围，或者约定了专门的违约责任，保证人如承担了超出主债权范围的责任将无法向主债权人追偿。《担保解释》明确规定，担保责任超出主债务范围的，担保人对超出部分不承担责任。此外，《最高人民法院关于审理经济合同纠纷案件有关保证的若干问题的规定》[①] 第十六条还规定了保证人可就被免除的债务免予担保责任。再者，根据《破产法》第四十六条的规定可知，如针对担保债权停止计息则代表免除保证人针对该部分债务的保证责任，对免除利息之债的范围不再承担保证责任，其实质与免息并无二致。

三、停止计息规则的局限性与完善建议

（一）停止计息规则的局限性

当企业因运营不善、资不抵债等因素而面临破产时，破产清算并非其唯一出路，尚具拯救可能性的企业或将面临重整与和解程序。若企业重整成功且恢复正常运营，但在破产期间申请受理的债务却未能计息，毫无疑问，停止计息会损害债权人利益，如此对债权人而言实在有失公允。

《破产法》第八十七条规定了债务人重整破产的情形下担保债权的优先受偿权。其中，“因其延期清偿所受的损失”就包含受理破产后所停止计算的利息。在保证人对债权进行担保的情形下，若保证人承担了清偿责任，便可就该部分利息向债务人追偿，尽管该保证存在

① 《最高人民法院关于审理经济合同纠纷案件有关保证的若干问题的规定》（法发〔1994〕8 号，已失效）。

风险。法律保护担保债权，但对无担保债权人利益的保护却存在缺失。[①]同时，法律对于保证人的这种保护并没有明确且仍存在风险。实践中，若保证人为债务人提供担保且承担了包含利息在内的清偿责任，由于《破产法》第四十六条规定的模糊性，这部分利息究竟能否向债务人进行追偿仍有待明确且存在保证风险。

（二）停止计息规则的完善建议

债权清偿是破产程序中的核心内容，利息清偿亦成为破产环节中的重要环节。为避免债务相关人的利益失衡，停止计息的规则亦应灵活且有限度地适用，而非笼统适用于重整、和解与清算三种程序。具体而言，与破产程序的初衷有所不同的是，重整与和解的初衷在于致力挽救债务人，通过恢复经营帮助其得以重生，而该部分利息很有可能在其得以继续经营之后继续清偿。因此，在重整与和解程序中，应当允许破产后计息规则的存在，但应将该部分利息置于最后顺位，即将利息债权置于普通债权之后进行清偿。

概言之，破产的停止计息规则不应仅考虑破产程序效率而简单粗暴地“一刀切”，还应致力于关注债务人利益相关者的利益诉求。例如，各债权人与债务人之间约定的利率不尽相同，为尽可能平衡各债权人之间的利益，可在破产程序开始后尽可能将其利率统一。再如，在债权人针对事项进行表决时，需要根据债权人的债权多少确定其表决权，而利息的额度往往也会对债权人的债权数额产生较大的影响。加之在破产程序中，最终清偿债务的时间不确定而导致利息数额无法确定，债权人的债权数额亦难以最终确定，进而影响到债权人表决权的确定。在这种情形下，若认定利息不享有表决权，则可以解决因利息不确定而影响破产程序高效推进的难题。

---

① 参见马馨睿《破产程序中停止计息规则是否及于保证债权》，载《中国商论》2020年第13期，第46－47页。

四、结语

保证的从属性乃保证制度赖以生存的基础法律属性，除非法律有特别规定，否则不应被突破。在企业破产的司法实践中，担保债权亦应从属于主债权，担保债权不应完全区分或独立于主债权，否则不仅对担保制度造成极大破坏，同时也不利于维护法律的权威与稳定。即破产程序中的保证债权随主债权停止计息而止息既符合担保制度的基本属性，也有利于各法律之间的融合与稳定。在实践适用中，尽管停止计息规则的设立初衷为平等保护债权、债务人双方之利益，但介于其局限性，若“一刀切”地适用，将在一定程度上有损债权人利益。尽管法律与司法解释均未对担保债权应否计息问题作出明确规定，但只要充分结合实践中的不同情形，兼顾利益相关主体之诉求，有选择性地灵活适用方能取长补短，就能助力破产程序高效、顺利推进。

论债权破产止息规则的适用与完善

张灵聪*

【摘要】 根据实践经验以及公平公正的原则，破产止息规则实际上已然存在类似劣后债权的处理方式，即破产止息规则本身在中国至少正向着仅仅只针对破产债权本身适用这一方向转变。而在破产债权之外，仍然存在着实体债权，应根据相应的法律法规对其进行规范和处置。故而，立法上的相应进程方向也已明确，只是对其的改革并不急于一时。而担保债权的利息在破产程序中的计算显然可归属于合同的约定事项。在具备可操作空间的情况下，对于利息是否停止这个问题，法律虽并未明确，实则已经包含在法律的逻辑里。

【关键词】 破产程序；破产止息；劣后债权；保证责任；担保法

《中华人民共和国企业破产法》第四十六条明确规定："未到期的债权，在破产申请受理时视为到期。附利息的债权自破产申请受理时起停止计息。"该规定适用于破产法中的各类程序，包括重整、和解和清算，企业进入破产程序后，对其之后债务产生的利息不再担负清偿责任，是为破产止息规则。破产止息规则在法律上的规定并不难理解，但其在实践和理论延伸上的理解和适用却具有较大的冲突和矛盾，时至今日仍未有一致的意见。

* 张灵聪，广东明思律师事务所律师。

一、破产止息规则在实践中的矛盾

（一）单独适用破产止息规则的争议

法院在实践中采用破产止息规则时，对于债务人的主债务，一般按照法律规定直接适用，如最高人民法院认为："2015 年 11 月 17 日，江西省新余市中级人民法院裁定江西赛维进入破产重整程序。《中华人民共和国企业破产法》第四十六条第二款规定：'附利息的债权自破产申请受理时起停止计息。'据此规定，该加倍部分的迟延履行期间的利息应当自 2015 年 11 月 17 日停止计算。"① 即单纯地适用这一规则对于法院来说并不具有过多的争议。

但在中国现有的实践中，有少数案件存在因机械适用破产止息规则导致的不合理之处。例如，实现 100% 清偿率的"北亚破产重组案"②，其 100% 清偿率所清偿的债权便没有包括重整程序启动后的债权利息。重整后的北亚重获新生，股价大幅上涨，但普通债权人却没有在公司重整中获利，反而由于公司进入重整程序，未到期的债权被视为已经到期，债权因停止计息而遭受损失。

（二）与保证责任从属性适配上的冲突

破产止息规则在实践的适用上，更大的争议在于这一规则与保证责任从属性的适配存在冲突，即对于保证人而言，是否同样适用破产止息规则；同时，在企业进入破产程序后，保证人能否同债务人一样，免于承担之后原债务产生的利息。

对于这一问题，不同的审判人员会有不同的审判结果。如最高人民法院认为："本案中金汇信托公司的债权范围因主债务人三联集团公司进入破产重整程序而确定为 254, 867, 898. 2 元。马文生、楼娟珍

---

① （2018）最高法民再 25 号。

② （2018）哈破字第 3－6 号民事裁定书（相关内容详见 2008 年 4 月 26 日《中国证券报》《上海证券报》《证券时报》及上海证券交易所网站公告）。

作为保证人，基于保证债务的从属性，其所承担的债务范围不应大于主债务人。”[①] 而上海市第一中级人民法院则认为：“《破产法》关于停止计息的规定，属于强制性豁免债务履行义务的特别规定，该规定不属于债权人同意豁免，仅适用于主债务人，并不能影响到保证人固有责任的承担，故保证人仍应按约定的担保范围承担保证责任。”[②]

对于实践中法院的各种判决，大致可以分为两类。一类是肯定保证从属性的[③]。他们从保证责任的从属性出发，认为保证人的责任应从属于主债务人的责任，既然破产程序启动后主债务人的责任范围不包括启动后产生的利息，那么保证人也不应当承担这一部分责任，否则是对保证人的不公平，也加重了保证人的责任。另一类是否定保证从属性的[④]。主要有以下几种论证思路（包括但不限于以下四种）。①破产止息规则是《破产法》的特别规定，其主要规制的是破产企业与债权人之间的关系，即并没有对保证人的保证责任进行限缩或调整，保证人一直都有着全面履行偿还债务的承诺，“债务人破产本身就是担保人所要承担的担保风险”[⑤]。②《中华人民共和国担保法》[⑥]（简称《担保法》）第一条规定：“为促进资金融通和商品流通，保障债权的实现，发展社会主义市场经济，制定本法。”即担保法的主要立法目的是保障债权的实现。而破产法本身的目的则是在主债务人破产后，保障债权人地位的平等，并且能够公平高效地进行债权债务清理。破产受理后的债权利息作为债本身并没有消失，而仅仅是被《破产法》第四十二条这一特殊规定排除在外，破产企业在破产程序的责任范围内无须承担，但这一免责并不及于破产程序所不及的保证

① （2018）最高法民再19号。

② （2016）沪01民初98号。

③ 参见沈伟、吕启民《破产止息规则下保证责任从属性之惑及疑解——兼议独立保证入典》，载《上海财经大学学报》2020年第1期，第123－136页。

④ 参见沈伟、吕启民《破产止息规则下保证责任从属性之惑及疑解——兼议独立保证入典》，载《上海财经大学学报》2020年第1期，第123－136页。

⑤ 《广东省高级人民法院执行局关于执行程序法律适用若干问题的参考意见》（2018年7月发布并施行）。

⑥ 《中华人民共和国担保法》，自1995年10月1日起施行，2021年1月1日废止。

人。③主债务人止息并未损害保证人原有权益或加重其债务，保证人的保证责任相对独立，保证人应该继续按照担保合同的约定承担相应的责任。④就法律关系而言，债权人与债务人之间形成的是普通债权债务法律关系，合同相对主体是债权人与债务人；而债权人与保证人之间形成的是担保法律关系，合同相对主体是债权人与保证人。二者法律关系相对独立。

二、破产止息规则的改良方向

（一）破产止息规则的历史进程

在早先的年代，西方各国、日本等国家均采用的是与《破产法》第四十二条类似的“破产止息”这一规定，但随着破产立法价值取向的变化，不同国家都采取了相应的对策，不再强调破产时破产债权的止息，而是大多采用了承认利息但劣后的做法[①]。每个国家具体的规定各有不同，但大致的意思基本一致，这些国家都否定了破产止息，规定进入破产后依旧计算债权利息，但是利息的清偿只能在优先债权和普通债权清偿完毕后仍旧有剩余财产的情况下才进行，并且一般不区分优先债权和普通债权所产生利息的先后清偿顺序[②]。

从历史角度来看，破产止息规则产生于较为简单的经济环境下，那时候的破产程序仅存在清算这一途径。因为彼时的理念认为，破产意味着债务人资产不足以清偿全部债权人的债权[③]，在此情况下，破产企业已丧失了继续经营的必要性和意义，破产程序的意义便在于终结企业，确保参与破产程序的各债权人地位平等，对债权人进行公平

① 参见贺丹《企业拯救导向下债权破产止息规则的检讨》，载《法学》2017 年第 5 期，第 88 – 96 页。

② 参见贺丹《企业拯救导向下债权破产止息规则的检讨》，载《法学》2017 年第 5 期，第 88 – 96 页。

③ 参见贺丹《企业拯救导向下债权破产止息规则的检讨》，载《法学》2017 年第 5 期，第 88 – 96 页。

清偿。而在此背景下，既然债权人的本金都不能全部清偿，那么基于债权人之间的公平以及确保债权债务的及时清算的目的，法律便规定了破产止息规则，规定在破产程序启动时一律停止计息，使得不同的债权人的权益计算均终止于破产程序启动这一时点。

而随着经济的发展以及破产理念和程序的多样化，破产不仅仅意味着清算，先具备发达经济的西方国家所发展的现代破产法主要以企业拯救为导向，这使得破产法的基础产生了变化，从而导致了其整体的变革，包括破产止息规则[①]。破产程序不再仅限于清算，破产重整、破产和解等也开始成为常态。由于现代破产的企业拯救目的及破产重整等的存在，破产的启动也更加便捷。而经破产程序后的企业的价值也并非只有减值一途，相反，将优质资产剥离出来从而获得优良发展的也不在少数。在这种情况下，“债权人本金不能被完全清偿，何谈利息”的观点被突破了，不仅本金需要偿还，在仍有富余的情况下，债权人的利息也不应被法律直接排除在外，故而现代破产法更多的是采取承认利息但劣后的规定，这也有利于公平合理地保护债权人的利益。

（二）我国破产法实施以来的市场变化

《破产法》于2006年8月27日通过，自2007年6月1日起施行。根据国家工商总局办公厅统计处发布的《统计分析发布：2008年全国市场主体发展情况报告》[②] 可知，2006年我国实有市场主体919.07万家，2008年我国实有市场主体971.46万家，而根据新华网《2020中国企业发展数据年报》[③] 显示，“截至2021年2月，目前我国共有在业/存续的市场主体1.44亿家，其中企业4457.2万家，个

---

① 参见贺丹《企业拯救导向下债权破产止息规则的检讨》，载《法学》2017年第5期，第88－96页。

② 《统计分析发布：2008年全国市场主体发展情况报告》，国家工商总局办公厅统计处发布。

③ 韦夏怡：《2020中国企业发展数据年报：2020年新增注册市场主体同比增长12.8%》，见经济参政报网站（http://www.jjckb.cn/2021－03/01/c_139775386.htm）。

体工商户 9604.6 万家”。在破产法颁布的十几年时间里，我国市场主体数量可以说发生了天翻地覆的变化，相应的商业实践等也有了巨大的提升，简单说来，可以看到我国现有的大型龙头企业在国外也有了一定的竞争力，因而该法律的有关规定是否能够有效地适用于现今的情况而不产生矛盾还有待商榷。

同时，我们也要看到，尽管现有市场主体数量不少，但其质量仍旧是一个巨大的问题。就现有企业而言，中小微企业占据 99.7%，这些企业存在一些明显的问题如小、散、乱、差。由于我国发行债券准入门槛高，股票融资条件严格，中小企业基本上都被拒之门外，可以说绝大多数企业既无财政支持又上市“无门”[①]。就目前观察可知，中国现有企业破产的普通债权清偿率约为 20%。我国大环境下企业的发展程度其实还只是处于新生儿或孩童时代，远远未达到成熟状态，而我国经济不发达地区的企业的发展程度则更低。而与之对应的是我国的司法实践，各地的司法系统和司法实践等也同经济发展一样，仅经济发达的地区对破产有着相对较多的认识和经验，而欠发达地区的相关经验则依旧匮乏。因此目前来说，在绝大多数破产案件上适用破产止息规则或适用承认但劣后的规则在最终结果上并无太大区别。

尽管目前我国复杂的经济环境有可能使得破产财产在数年间大幅增值，但总的来说，破产止息规则的改良对当前的破产实践来说并没有十分急迫，而只是具备了一定的充分性和必要性。近年来，我国经济体制改革正处于处理“僵尸企业”的阶段，实践中通过解释法律、结合其他法律法规的方式也在实际上达到了使利息成为劣后债权的效果[②]，如《中华人民共和国公司法（2018 修正）》[③]（简称《公司法》）第一百八十六条第二款规定，“公司财产在分别支付清算费用、

---

① 《2020—2026 年中国中小企业市场现状调研与发展趋势预测分析报告》，见中国产业调研网。

② 参见李遵礼《破产债权清偿后仍有剩余应先清偿停止计付的利息》，载《人民司法》2019 年第 29 期，第 75 - 77 页。

③ 《中华人民共和国公司法（2018 修正）》，自 2018 年 10 月 26 日起施行。

职工的工资、社会保险费用和法定补偿金，缴纳所欠税款，清偿公司债务后的剩余财产，有限责任公司按照股东的出资比例分配，股份有限公司按照股东持有的股份比例分配"，明确规定了其与劣后债权具备同等效用的偿付方式，即对未纳入破产程序清偿的对外债务应优先于股东分配权益的清偿。

因此，根据实践经验以及公平公正的原则，破产止息规则实际上在实践中已然存在着类似劣后债权的处理方式，即破产止息规则本身在中国正向着仅仅只针对破产债权本身适用这一方向转变。而在破产债权之外还存在着实体债权，应根据相应的法律法规对其进行规范和处置。故而，立法上的相应进程方向也已明确，只是对其的改革并不急于一时。

（三）破产止息规则与保证责任的适配

现代民商行为多设有担保财产或保证人，以增强债权人的信心，从而保证财产的高效流动，增强社会的活力。保证责任的目的是在主债务人无法偿付其对债务人的债务时，以担保财产或保证人的财产在约定的范围内对债权进行偿付，以清偿债权人的债权。基于这一目的，保证和担保的具体内容大多数由当事人加以约定，法律更多的是起到辅助性作用。而破产程序的目的如上所述，在于稳健、公平地清偿债权。两者的目的并不相同，同时也分别由不同的法律加以规制，故而在适配上既有联系也有区别。甚至当社会更加需要何种目的时，经由法律的解释，法官可以选择性地在判决时加以考量，从而适应社会的发展。

在保证责任与破产止息规则的适配上，实践和理论中较为突出的矛盾在于破产止息规则是否能够突破保证责任的相对性。

仅就《广东省高级人民法院执行局关于执行程序法律适用若干问题的参考意见》（2018 年 7 月）、《四川省高级人民法院关于审理破产案件若干问题的解答》（2019 年 3 月 20 日）以及《浙江省高级人民法院民事审判第五庭关于主债务人破产后保证人是否停止计息问题的解答》（浙高法民五［2020］1 号，2020 年 1 月 10 日）等的意见、答复来看，其更加偏向于破产止息规则可突破保证责任的相对性，即《中华人民共和国企业破产法》第四十六条第二款“附利息的债权自破产申请受理时停止计息”的规定，仅适用于进入破产程序的主债务人，不适用于担保债权。

虽然以上只是各法院自己的规定，法律上并未加以明确，但笔者对此是支持的。首先，从债权的形式上看，债权有实体和程序的区分，而破产债权实际上是一种程序债权，其确定与否并不影响其他实体债权的存在，即所谓破产法所规定的止息规则只是为了确定程序上的债权，以方便后续程序的进行；而保证责任所担保的，是其约定的全部实体债权，亦即两者可以并行不悖。另外，从目的解释与体系解释的角度看，《破产法》第四十六条的目的并非从实体上消灭利息债权，因此即便使用了“停止计息”的表达，也应解释为只具有程序上确定破产债权数额以便程序进行的意义，而不应据此否定利息债权的实体存在[①]。故而，以公司法的规定处理破产后仍有剩余财产的做法具备合理性和合法性。其次，保证责任的从属性并非绝对的，而是相对的。也就是说，既可通过合同等加以制约，使其本身具有独立的成立、消灭、变更等要件，也可由债权人加以消灭，如放弃，甚至于反过来影响主债务，使主债务人在一定范围内产生抗辩权。故而，其利息计算方式不依据破产法的规定并不违法。再次，在未破产时，保证人承担的责任自然包括所有的利息；而在破产时，却仅因为破产止息规则确定的程序债权而减少保证责任的实体债权，显然并不合理，对债权人也不公平。最后，在上文的论述中，破产止息规则在实践的适用上已然存在着劣后债权的处理逻辑，可以通过其他的法律规定明确特殊情况下（清偿完后仍有剩余财产）的处理规则。既是如此，保证责任也不应有所区别，即可以担保法本身之规定加以处理，在该法并没有限制其利息计算时，就按其一般处理方式进行计算即可。

综上，对于保证责任，法律并没有明确规定其利息的计算方式，

---

① 参见许德风《论破产债权的顺序》，载《当代法学》2013 年第 2 期，第 76 – 82 页。

但基于法律的解释和一般适用规则，可以得出保证债权的利息一般应根据担保法不停止计算，但亦可根据担保法加以特殊制约。在民商法领域，一般原则为法无明文规定即可为，故而在此情形下，担保债权的利息在破产程序中的计算显然可归属于合同的约定事项。在具备可操作空间的情况下，利息是否停止计算，法律虽并未明确，实则已经包含在法律的逻辑里。通过承认担保合同、保证合同的相对独立性，破产止息规则可以突破保证责任的从属性来倒逼民间在保证合同的签订中自发地增加破产条款，不失为一种理想的解决方式。这不仅可增强社会的整体法律意识，使法律与社会更好地结合，甚至还可作为社会发展的指示性标准。

三、结语

现有的法律明确规定了破产止息规则，并没有规定劣后债权制度，但是在实践中由于知识信息的全球化、对破产时公平观念的认可以及其他法律的规定，法官通过对法律的解释而在实质上达到了劣后债权的效果，充分地保护了债权人的利益，并且这一做法正在逐渐成为一种常态，即法律的滞后性通过法律的解释被稀释。既然事实上已经存在劣后债权了，这里更为重要的点则在于，在目前破产实践并不十分迫切需要立法上的规定时，可以选择保留现有规定从而使得司法上的法律操作更为成熟，以提高现有的司法实践成熟度。

同时，因为实际上采用了承认但劣后的利息处理方式，所以需要解决一个新的规则所带来的新的相关性问题[①]。例如：具体的利息计算截止时点，不同债权人因清偿的先后顺序不同造成利息计算时日有所不同；设定统一的利息标准；利息债权在重整程序中的表决权的处理；在实践中将会出现的其他问题。而对于并不需要用特殊解决方式

① 参见贺丹《企业拯救导向下债权破产止息规则的检讨》，载《法学》2017 年第 5 期，第 88 – 96 页。

从而仍旧可以采用破产止息规则的情况，按照一般处理方式进行处理即可，只是也需要注意一些问题的统一，如破产受理日是否计息、企业实质合并的停息日起算时间等。

至于保证责任，笔者同意现有的司法观点，即破产止息规则并不适用于保证责任，保证责任的利息计算依照担保法和担保合同进行。依照《广东省高级人民法院执行局关于执行程序法律适用若干问题的参考意见》（2018 年 7 月）规定，“债务人破产本身就是担保人所要承担的担保风险，除非当事人在担保合同中明确约定主债务人破产情形下减轻或者免除担保责任，否则担保人即应对担保合同项下的全部债务承担担保责任”。与破产止息规则本身的适用一样，在市场能够解决的情况下，并非一定要将其都归向通过修改法律来解决这一途径。因此，如上所述，倒逼市场签订合同来解决问题从博弈上来看便是一个优选。当然，在破产止息规则逐步过渡到承认但劣后处理规则后，这一问题也将不复存在。

关联企业实质合并破产制度中债权人的利益保障问题研究

陈立成*

【摘要】对关联企业实质合并破产规则的运用在司法实践中日益增加，该规则是一种破除关联企业破产困境、从根本上解决关联企业滥用控制关系、实现实质公平的必要手段。当前并联企业合并破产在实践中呈现出三种形态，但都存在现有法律制度依据不足、实质合并破产适用标准单一且混乱、实质合并的申请审查方式不统一的现象。基于当前我国的司法现状，应当制定完善的关联企业实质合并破产制度，针对实体标准和程序规则制定详细规定，以公平偿债原则、实质的同一性、审慎认定作为适用实质合并规则的基本原则，最大限度地维护相关利益主体的权益。

【关键词】关联企业；实质合并；破产；法人人格否定

随着市场经济的发展和企业规模的扩张，市场主体通过关联企业开展商业活动的现象越发普遍，关联企业对法律制度产生的影响也愈发明显。关联企业的异地经营、在短期内迅速募集社会资本等特征改变了传统企业受资金、管理限制的状况，为企业的投资、收购、合同等行为提供了内外联动、降低了企业成本。然而，当前我国并不存在关联企业合并破产的特殊法律法规，在传统企业破产法中也并未对关联企业作出相关规定。虽然《全国法院破产审判工作会议纪要》对关联企业合并破产的问题作出了针对性的规定，但也仅针对法院的审判工作作出原则性规定，且并未明确细化具体的法律条款。有学者通过检索全国企业破产重整案件信息网、中国裁判文书网 2007 年至

* 陈立成，广东明思律师事务所律师。

2018年案件，以及最高法院和江苏、浙江、广东、安徽等地高级法院公布的破产典型案例，共搜集到关联企业实质合并破产案件共计76件，且呈现逐年上升的趋势[①]。可以预见，随着社会经济的不断发展，此类破产案件的数量将会只增不减，这也必然会对当前的法律体系产生较大冲击。

一、我国关联企业破产制度概述

（一）关联企业实质合并破产的概念

在深度理解关联企业实质合并破产之前，必须对关联企业本身的概念加以解析。为顺应世界经济的发展和企业生活环境的变化，商事企业形成一种集团化的上市企业联合，以谋求自身利益最大化。有学者认为，“关联企业是指企业之间为达到特定经济目的通过特定手段而形成的企业之间的联合”[②]。学界普遍认同的观点是，关联企业是两个或者多个企业的联合集团，其本身不具备独立法人资格，关联企业内部基于股权或是内部协议或是共同控制而产生控制关系，达到特定的经济目的。关联企业区别于普通企业的最大特点是关联企业更具有稳定性，这也将导致因关联关系而产生更多的利益相关主体。

关联企业实质合并破产制度的适用是基于适用法人人格否认制度，若仍然以独立的法人人格作为基础，对母子公司或是控股公司按照单个破产程序对债权人进行清偿，则无法保证程序的公平性。母子公司两个实体共同破产，或者其中一个实体破产，应当如何保证母子公司债权人获得公平清偿?[③] 一般分为两种情形，一种是母子公司同时破产，另一种是一方破产引起另一方资不抵债也进入破产程序。使

① 参见王静、蒋伟《实质合并破产制度适用实证研究——以企业破产法实施以来76件案件为样本》，载《法律适用》2019年第12期，第3－17页。

② 施天涛：《关联企业法律问题研究》，法律出版社1998年版，第6页。

③ 参见朱慈蕴《公司法人格否认法理在母子公司中的运用》，载《法律科学》1998年第5期，第40－46页。

用该程序需要考虑两个条件，一是对关联企业之间的密度关系进行分析，只有当企业之间关联度很高的企业才能够进行实质合并破产；二是对关联企业债务集中清偿能够产生更加公平的清偿效果。按照实质合并破产制度的特点，对关联企业合并破产时无须计算相互之间的债权和债务，而是按照统一的比例对外部债权人清偿债务。

（二）关联企业的破产困境

当前我国破产法体系的宗旨是解决债权人之间因债务人有限财产不足以清偿全部债权而发生的相互冲突①。因此，关联企业的破产程序也应当将保证各当事人利益平衡作为重要内容。关联企业在进入破产程序后，其损害外部债权人利益的内部安排很可能会侵害内部债权人的利益。首先，因为关联企业所涉及的其他企业在法律上具有独立的法人人格，相互之间可以发生债权债务关系，且此债权具有一定的投资性质。然而，在市场经济中，控制公司对被控公司的债权债务往往是托债务之名，行逃避股东风险之实。如果从属公司从控制公司处获得授信，在这种情况下，即使从属公司对外借贷产业债务，控制公司也将与从属公司共同获利。传统破产法体系无法有效地将这种关系分隔开，自然也就无法实现公平分配利润的初衷。其次，若不适用关联企业合并破产的特殊条款，那么在清偿债权时，关联企业更具有优越性。虽然从清偿对象上看，关联企业的债权人与其他债权人并无差异，但其实关联企业内部公司的破产债权具有不同于一般债权的特质。不仅母公司或子公司对其财产状况了如指掌，而且由于双方存在密切的利益关系，两者之间形成债权的条件更为优越。例如，母公司可以利用债权债务让子公司进行抵债，或是对决定是否需要对债务进行担保。这样不仅为关联企业任意对债权夸大或缩小提供便利，还极有可能损害其他债权人的合法权益。最后，关联企业之间的从属性模糊了企业财产的独立性，若企业能够正常运营，就不会产生太大影响，而一旦关联企业中任一从属企业进入破产程序，关联公司子公司

① 参见王欣新《破产法》，中国人民大学出版社2007年版，第5页。

的债权比例将会提高，这显然背离了破产法保障利益公平的基本宗旨。

（三）关联企业实质合并破产的功能意义

当前，有学者质疑适用实质合并规则的必要性，也有学者认为实质合并有利于全体债权人的公平清偿，应当全面适用。虽然当前学界对于实质合并规则持不同观点，但关联企业实质合并破产制度的现实价值已经在学界达成基本共识。

关联企业实质合并破产具有重要的功能价值。第一，弥补现有规范手段的不足，从根本上解决关联企业进行不正当利益输送的现状。根据现有破产法规定，关联企业的债权人只能通过法人人格否认、破产撤销权、破产无效行为制度等方式维护权利。但法人人格否认、破产撤销权、破产无效行为制度的适用条件过于严苛，如法人人格否认制度的适用就存在债权人承担过重的举证责任、规范主体狭隘等问题。显然，这些制度在实践中存在的局限性，对债权人顺利获得清偿造成了极大的阻碍。第二，实现各债权人之间的实质公平，避免关联企业滥用关联关系。关联企业的本质特征是，关联企业在具有独立法律地位的同时，内部的经济关系十分密切，形成一种法律上的冲突关系。这样复杂的控制与从属关系和法律上的冲突关系在破产程序中显得尤为突出，为关联企业内部逃避债务提供了天然屏障，导致债权人的债权几乎无法从被“掏空”的企业中得到清偿，从而违背了破产法保障债权人之间实质公平的立法宗旨。第三，提升关联企业的破产效率。关联企业过于密切的从属和经济程序将会对破产程序的进行设下许多障碍。例如，关联企业之间由于相互之间经济上关联过于密切，想要厘清其复杂的债权债务关系将会大大增加时间、人力、物力成本，不仅对人力、财力资源造成严重浪费，也将拖垮整个破产程序的进度。更有甚者，关联企业中的成员企业若是陷于破产中，则其他成员企业也极有可能会受到影响，导致企业破产的程序愈发滞后。运用合并破产程序无须厘清资产和负债的类别，而是将其一并计算，简化了破产程序，减少确定债权债务的阻力和穿透难度，能够在短时间内高效完成关联企业的破产程序。[①]

二、当前关联企业实质合并破产制度的现状与不足

（一）关联企业实质合并破产规定不明

当前，我国关联企业实质合并破产制度存在诸多问题，且现有法律制度并不完善，无法有效保障关联企业小股东和债权人的合法权益。

当前关联企业破产共存在三种类型，第一种是关联企业中的从属企业破产，控制企业存续。这是关联企业破产最为常见的一种类型，也是最容易损害债权人利益的情形。若是按照独立企业的独立破产程序，将会使债权人的正当权益面临无法维护的风险。若要适用关联企业实质合并破产规则，也需要考虑一系列问题，例如是否需要针对从属企业破产之前从事的行为做出相应目的分析，是否要对控制企业作出相应控制的司法手段，等等。第二种类型是母公司让子公司先破产，而后利用公司之间的关联关系进行交易，将财产转移至其他未破产的公司。随着公司管理权的变动，母公司将资产利用关联交易转移资产，部分公司通过资金分离活动将资产分批抽走，或是通过频繁的股权变动、财产转让等经济行为使债务不降低反而增加，此种“母体裂变，悬空债务”的现象对债权人是相当不利的，将对债权人利益产生实质上的价值损失。第三种类型是控制企业与从属企业连带破产。即在一个破产案件中，控制公司与从属公司同时破产，不分别立案处理。一般情况下，法院对控制公司和从属公司的破产是分案处理的，不会因为控制公司破产而宣告从属企业就当然破产。若两个企业的表面上不会产生任何财产、人事方面的控制和影响，但实质上两个企业的控制人是同一主体，则必然会为了共同的利益作出相应措施，

① 参见潘姚《关联企业破产中实质合并规则的适用》，载《〈上海法学研究〉集刊（2020年第7卷总第31卷）——中国政法大学、西南政法大学文集》，第193－194页。

这极其具有迷惑性。如何认定“可能导致利益转移”，如何判断兄弟公司之间进行了貌似合法的不公平交易，这些问题在破产法中都没有详细的规定。

（二）现有法律制度依据不足

一方面，在司法实践中，破产法为保护债权人的合法权益、防止债务人通过联合关系制造“假破产”，规定了破产撤销和无效制度两项规定。这两项规定的意义固然重大，在一定程度上能够达到维护破产企业债权人的权益。但是，在关联企业破产的特殊情况下，破产撤销和无效制度面对错综复杂的财务和债权债务关系，显现出其制约力的不足，故而仅依靠这两项制度无法有效推进关联企业的破产程序。另一方面，法人人格否认制度也无法应对关联企业破产。法人人格否认制度在公司法中具有重要的地位，并能够确保公司独立作出法律行为，并能够确保公司独立进行市场化运营。司法机关依据其享有的自由裁量权，也可作出人格否认进而合并处理的裁定。例如，在哈尔滨百货采购供应站申请破产一案中，最高人民法院认为，虽然哈尔滨百货采购供应站在负债累累的情况下依然抽出大量资金开办子公司，随后申请破产，其目的是逃避债务，但原企业可以与新分企业一并破产①。然而，基于关联企业的特殊性，该制度无法应对与其根本目的背道而驰的合并破产制度。不仅如此，法人人格否认制度没有规定具体的适用标准，这也使得司法机关在处理此类案件时存在诸多局限性②。

此外，我国破产法体系中并未针对关联企业破产的问题进行特殊规定或作出相应调整。大多数法院在办理关联企业实质合并破产案件时，仅能引用《中华人民共和国企业破产法》第一条和第二条作为法律依据。然而，上述条款仅为破产法立法宗旨和立法价值的阐述，并未针对实质合并破产的管辖、适用条件、审慎适用原则等作出特殊

---

① 参见徐阳光《论关联企业实质合并破产》，载《中外法学》2017 年第 3 期，第 818 – 839 页。

② 参见郭长星《论我国实质合并破产的法律适用》，载《西部学刊》2020 年 3 月上半月刊（总第 110 期），第 110 – 113 页。

性规定。虽然最高人民法院在2018年印发的《全国法院破产审判工作会议纪要》的第六部分对实质合并作出了原则性规定，但是此文件既不属于法律法规，也不属于司法解释，在裁定中适用稍显缺乏信服度。

（三）实质合并破产适用标准单一且混乱

根据《全国法院破产审判工作会议纪要》第三十二条可知，当前我国适用关联企业实质合并破产的条件为“法人人格高度混同、区分各关联企业成员财产的成本过高、严重损害债权人公平清偿利益”。但由于第三十二条规定得过于笼统和概括，并没有对具体标准进行详细的描述，这导致在适用过程中出现混乱。部分法院在对“法人人格高度混同”“区分各关联企业成员财产的成本过高”这两个条件进行区分和适用时，理解的不同极容易导致适用时产生混乱。而针对“严重损害债权人公平清偿”这一条件，也极容易出现单一适用的状况。实际上，“严重损害债权人公平清偿”仅为关联企业实质合并破产的结果要件，应当将其作为关联企业滥用关系后无法清偿债务的必然结果，而非独立判断能否进行实质合并破产的一项标准①。

当前各地法院主要将“法人人格高度混同”作为主要的判断标准。在湖南省长沙市中级人民法院（2020）湘01破监1、2、3号民事裁定书中，法官认为在判断法人人格高度混同时除了考虑经营性财产所有权能否区分以及董事、监事、高管是否混同等因素外，还应当考虑关联企业之间混同的持续性、广泛性和显著性，不能因为关联企业之间存在暂时性的、偶然性的、略微的人格混同而判定其适用实质合并破产。就“区分各关联企业成员财产的成本过高”这一条件而言，至少存在两层含义，一是区分其他债权人和关联企业内部真实债权债务成本过高，二是区分债权人和公共投资者与债务人和内幕人员操纵产生的财产关系。要达到上述标准，法院必须结合企业的经济现

① 参见赵吟《连带责任视角下个人与企业合并破产的准入规范》，载《法学》2021年第8期，第20-37页。

实来分析关联企业是否达到实质合并破产的适用条件，通常是根据三方审计机构出具的混同调查报告，但法院对此类报告的认可程度并不高，也因此裁定其不适用实质合并破产。

（四）实质合并破产的申请审查方式不统一

在司法实践中，法院针对关联企业实质合并破产申请的审查方式也并不统一，主要存在两种形式：一是债权人会议或债权人委员会表决同意，二是法院采取公开听证的方式进行审查。第一种审查方式在实质合并破产制度的最初适用中较为常见，即关联企业的内部企业分别设立债权人会议，由管理人将关联企业的多家企业合并清算的方案分别提请各内部公司的债权人会议进行表决，各债权人会议均表决同意后，法院再作出裁定实质合并[1]。但是，此种方法极容易将债权人会议的职责与法院的职责相混淆。是否适用实质合并制度本应是由法院作出决定的司法职权，是一种特殊的破产案件审理方式，而非申请人与债务人之间的争议，显然这已经超出了债权人会议自治的范畴。且债权人会议具有共益性，若法院裁定结果依靠债权人会议决定而裁定，则极容易受到当事人处分主义的过度干预，从而无法发挥职权裁量的作用。再者，即使债权人会议表决通过，也不意味着法院应当采取实质合并规则，并不代表关联企业符合实质合并的适用条件[2]。第二种是由法院采取公开听证的审查方式，是以法院主持召开听证会的方式对实质合并申请进行审查[3]。通过听证程序，能够保证债权人有渠道发表意见、提交证据，充分有效地保障债权人的程序权利，能够在非司法程序中完成充分协商。且听证程序相较于债权人会议表决而言，一致同意表决与多数决的表决方式也存在差异。此种方式目前仅

① 参见王永亮、黄杰国、高丽宏《关联企业破产实体合并的司法实践》，载《人民司法》2010 年第 16 期，第 33－36 页。

② 参见王静《非讼程序视角下实质合并的申请与审查》，载《法律适用》2021 年第 6 期，第 90－98 页。

③ 参见孔维璜《实质合并规则的理解与适用》，载《人民司法》2016 年第 28 期，第 18－21 页。

存在于司法实践的探索中，并未由法律统一规定，这也导致司法机关基于不同的理解可能会适用不用的申请审查方式，或是出现听证程序流于形式等现象。

三、我国关联企业实质合并破产的制度构建

当前关联企业实质合并规则的适用是大势所趋，关联企业实质合并破产案件在司法实践中的数量越来越多，势必要构建完整的关联企业实质合并破产制度与之相适应，以弥补现有破产法律体系的缺位和不足，妥善解决实质合并破产中存在的法律问题。

（一）关联企业实质合并破产的实体标准

关于关联企业实质合并破产，亟待解决的是有关实质合并的判断标准。根据司法实例中的不同观点，可以分为宏观层面和微观层面的判断标准。

首先是有关宏观层面的判断标准。有学者建议，关联企业“只有在独立清算或重整将使部分企业处于无法清理状态且显失公平时，实质合并才能作为必要的处理手段加以使用”①。也有学者认为，应当适用“谨慎适用”“例外适用”“权利用尽”等规则。总体而言，根据当前关联企业破产存在的问题，应当赋予法院在适用实质合并规则问题上足够的自由裁量权。并由法院认定采用实质合并破产是否满足保护债权人合法权益、保障债权债务合理清算、维护司法公正等目的，是否应当适用采用实质合并规则。

其次是有关微观层面的判断标准。判断是否针对关联企业采用实质合并破产，应当是结合多个微观标准作出的综合性判断。具体微观标准如下：①关联企业之间是否存在相互担保情形；②关联企业在利益和所有权方面是否存在一致性；③关联企业之间的业务是否具备实

---

① 王欣新、周薇：《关联企业的合并破产重整启动研究》，载《政法论坛》2011年第6期，第72－81页。

质性和独立性；④控制企业与从属企业之间签订的合同是否施加特殊合同义务；⑤关联企业之间是否合并财务报表、会计账簿；⑥从属企业或控制企业是否存在资金严重不足；⑦控制公司是否为从属公司的员工支付劳务报酬；⑧控制公司是否占有从属公司50%以上的股本；⑨各关联企业成员在企业日常费用指出方面是否存在共担的情况[①]。法院应当通过以上微观标准综合判断，例如公司是否存在高度混同、区分债权债务关系是否需要耗费大量成本等问题，来决定是否适用实质合并破产程序。综上所述，法院应当先根据宏观标准进行初步判断适用实质合并破产能否实现公平价值，再根据微观标准进一步判断是否有利于保障债权人的合法权益。

（二）关联企业实质合并破产的程序规则

首先，实质合并程序的启动模式应当以依申请为主、依职权为辅。根据破产法的原则，只有当相关申请主体提出申请时，人民法院才能够裁量能否进入合并破产程序[②]。这样的规定具有一定局限性。不仅因为关联企业的债权人在提出申请时难以举证证明，更因为管理人想要申请实质合并破产也将受到诸多限制，以致关联企业难以进入破产程序。当相关主体怠于进入或拒绝申请关联企业进入破产程序，在沟通无效的前提下，人民法院可以依职权裁定已受理的相关债务人合并进入破产程序。实际上，实行以依申请为主、依职权为辅的方式更有利于实质合并破产程序的启动。

其次，关联企业实质合并破产的裁定程序应当充分听取各方主体的意见。当申请主体提出实质合并申请时，法院在作出是否实质合并的裁定之前，不仅需要通过宏观和微观标准判断是否应当进入实质合并破产，还需要尽可能地争取各方主体的意见，平衡相关的利益关系。因实质合并破产的裁定属于司法裁定事项，若法官需要征得全部

---

① 参见徐阳光《论关联企业实质合并破产》，载《中外法学》2017年第3期，第818－839页。

② 参见曹文兵《供给侧改革背景下实质合并破产制度的构建与完善——以16件关联企业实质合并破产案件为分析样本》，载《理论月刊》2019年第7期，第103－111页。

关联企业债权人会议的同意，则会超出司法职权的范围。此外，鉴于关联企业复杂的债权债务关系，如果进入合并破产程序必须征得关联企业的债权人同意，如此反而会拖累整个破产程序，妨碍案件的进程。因此，法院在作出裁定时应争取各方主体利益，而非争取所有债权人的同意。

最后，应加强对债权人的特殊保护。关联企业实质合并破产的清偿率往往不高，部分债权人无法获得最高清偿额，故而会对债权人产生较大影响。而实质合并破产程序本身就是为了最大限度地维持各债权人利益的平衡，所以为了遵循程序法的救济理念，有必要赋予债权人一定的异议权，如果债权人对于法院适用该程序存在异议，可以在十天之内向上一级人民法院请求救济。除此之外，法院在适用实质合并破产之前需要综合考量多方债权人的利益平衡，因为适用该制度必然会致使部分债权人利益亏损较大，当这部分债权人相较于其他债权人而言亏损不当时，应当对利益受损突出的债权人进行适度补偿，赋予异议债权人利益补偿权。

（三）关联企业实质合并破产制度适用的原则

首先，应当将公平偿债原则作为实质合并的基础原则。在部分实质合并重整的案例中，利益相关人试图通过实质合并达到整合资源、从而吸引投资者完成重整程序；也有部分案件仅是因为关联企业案情复杂疑难，法官不想深入研究而直接进入实质合并破产程序。对此，从破产程序的根本目的出发，公平偿债原则才应当是启动关联企业实质合并破产程序的出发点，从而保持实质合并程序与破产法的立法目的一致，不能使提高效率等目的优先于公平偿债的目的。

其次，应当以实质的同一性为主，兼顾其他因素的适用标准。在实质合并破产案件中，无一例外运用了混同的概念。混同，顾名思义是混合同一，即关联企业因实质的统一性导致呈现人格高度混同现象。判断该关联企业是否属于混同，还应当结合微观标准判断是否存在“实质的统一性”，以此作为认定关联企业存在“混合”的现象①。

最后，适用实质合并破产制度应当坚持审慎认定的原则。一是要秉持高度谨慎的态度对关联企业进入实质合并破产程序加强审核。一旦进入实质合并破产程序，不仅会对关联企业产生很大的影响，也会对各个债权人的利益进行平衡。若不经严格审核就进入实质合并破产程序，纠偏需要付出的成本将是巨大的。因此，司法部门应当加强法院内部系统的审查、审慎判定，谨慎适用实质合并制度。二是应当科学选择管理人。具体来说，管理人的业务、能力水平都会对合并破产程序的进程产生影响，在优先考虑由控制企业的管理人担任从属企业管理人的同时，其他从属企业的管理人也应当发挥辅助的作用，促进程序有效推进。

四、结语

随着企业集团化运作的趋势化越来越明显，关联企业实质合并破产的需求越来越大。关联企业的某个成员破产或是多个关联企业同时破产，在适用破产法的过程中必然会引发诸多现实问题和法律问题。这些问题通常都涉及公司法与破产法相交叉的许多内容，继而对关联企业的运作产生影响。关联企业破产面临的问题并非我国特有，从司法实践看，域外也都普遍存在关联企业破产的困境。且大多是从判例逐步发展到实质合并的判断标准，未形成系统的实质合并破产制度。在我国，实质合并是企业集团化过程中破除法人独立地位、实现公平偿债的必要手段，合理地运用实质合并破产途径不仅能维护相关利益主体的合法权益，更能最大限度地减少实质合并破产可能给其他利益相关方造成的负面作用，现实的需求和法律的缺位亟须将完整的实质合并破产制度提上议程。

---

① 参见朱黎《美国破产实质合并规则的实践及其启示》，载《浙江学刊》2017 年第 1 期，第 193－199 页。

破产程序中建工优先权问题的讨论

汪子琪*

【摘要】《最高人民法院关于审理建设工程施工合同纠纷案件适用法律问题的解释（一）》规定了建设工程价款优先受偿权，旨在解决工程款拖欠问题，保护建筑工人的利益是该条款的应有之意。在企业尤其是房地产企业走向破产时，建设工程往往被设定多项权利，如建设工程价款优先受偿权、购房者过户请求权、抵押债权等。其中，因建设工程价款在破产债务中占比较大，对其清偿问题的讨论将影响实际施工人和其他权利人的利益。基于该条款的立法目的和保护建筑工人的生存权利，实际施工人可以申报建工优先权，建筑工程应该优先清偿建设工程价款。

【关键词】建设工程价款；优先受偿权；清偿顺位；利益保护

在市场经济尤其是资本经济发展趋向成熟的过程中，加强资金杠杆是一种十分重要的市场行为，也是一种正常的市场创新①。房地产行业利润大，但是周期性较长，一个项目一般需要三到五年的时间才能完成。为了使现有的资产发挥最大的资金效率，几乎所有的房地产企业都会采用加强资金杠杆的方式，在取得建设用地后，先将建设用地和在建工程抵押换取贷款，再出售期房获得房款，然后将资金投入下一个项目。土地、建设工程都设定了权利负担，无法通过抵押、售房等方式取得资金，且每个项目息息相关，一旦项目出现问题，就会产生多米诺骨牌效应，出现资金断裂。近些年来，政府三令五申禁止

* 汪子琪，广东明思律师事务所律师。

① 参见音邦定、钱进《房地产企业破产过程中债权优先权竞合的法律分析》，载《全国商情》2016年第10期，第77－80页。

“炒房”，除了政策的影响，房地产行业的过度饱和、产能过剩导致楼市持续低迷，也是房地产企业最终不得不面临破产窘境的原因之一。房地产企业申请破产后，法院裁定受理，破产程序开始。这时，可能存在同一建设工程上有建设工程价款、抵押权、购房者过户请求等的权益冲突，该冲突的解决与公众息息相关。因此，探究建设工程价款优先受偿权（简称“建工优先权”）的相关问题，对实现该权利具有重大的现实意义。

一、建工优先权的性质

在探讨建工优先权如何在破产清算中实现之前，首先应该确定建工优先权的性质。《中华人民共和国民法典》第八百零七条①规定了建工优先权制度，《最高人民法院关于审理建设工程施工合同纠纷案件适用法律问题的解释（一）》（简称《建设工程司法解释（一）》）第三十六条②规定了建工优先权优先于抵押权和其他债权，却没有规定建工优先权的性质。对于该性质，理论上并没有定论，主要有以下观点：①挑战传统法律留置权客体的不动产留置说；②基于立法史出发的法定抵押权说；③与其他优先权一样的法定优先权说。

（一）不动产留置权说

我国传统法律原担保法③和原物权法④规定留置权的客体仅限于动产，原因在于留置权人能够通过占有该动产来优先实现自己的债

① 《中华人民共和国民法典》（自2021年1月1日起施行）第八百零七条：“发包人未按照约定支付价款的，承包人可以催告发包人在合理期限内支付价款。发包人逾期不支付的，除根据建设工程的性质不宜折价、拍卖外，承包人可以与发包人协议将该工程折价，也可以请求人民法院将该工程依法拍卖。建设工程的价款就该工程折价或者拍卖的价款优先受偿。”

② 《最高人民法院关于审理建设工程施工合同纠纷案件适用法律问题的解释（一）》（自2021年1月1日起施行）第三十六条：“承包人根据民法典第八百零七条规定享有的建设工程价款优先受偿权优于抵押权和其他债权。”

③ 《中华人民共和国担保法》，自2007年10月1日起施行，2021年1月1日废止。

④ 《中华人民共和国物权法》，自2007年10月1日起施行，2021年1月1日废止。

权，但是，该说突破传统的法律认识，认为不动产也可以作为留置权的客体[①]；同时，建设工程施工合同是承揽合同的细分类，是其下位概念，并且从优先顺位来看，建工优先权与动产留置权一样，都优先于不动产抵押权优先受偿，与《建设工程司法解释（一）》第一条规定相印证，故可以将建工优先权的性质定性为不动产留置权。

（二）法定抵押权说

梁慧星先生认为，建工优先权是一种法定优先权，其性质为法定抵押权。从立法过程中可以窥探一二，“合同法第286条，从设计、起草、讨论、修改、审议直至正式通过，始终是指法定抵押权”[②]。梁慧星先生作为立法过程中的参与者，从其言论可以看出，立法者的立法本意是将建工优先权规定为法定抵押权。王利明先生也指出，建工优先权实际上是法定抵押权[③]。而且大陆法系国家有将建工优先权定性为抵押权的，如德国、日本等。

（三）法定优先权说

最后一种是法定优先权说，该说认为建工优先权同船舶优先权[④]、民用航空器优先权[⑤]一样，且为了法律适用上的统一，应将其名称改为“建设工程优先权”[⑥]。

---

① 参见音邦定、钱进《房地产企业破产过程中债权优先权竞合的法律分析》，载《全国商情》2016年第10期，第77－80页。

② 梁慧星：《是优先权还是抵押权——合同法第286条的权利性质及其适用》，载《中国律师》2001年第10期，第44－45页。

③ 参见2001年7月17日《人民法院报》与《建筑时报》、全国律师协会共同举办的“《合同法》第286条专题研讨会”的书面发言。

④ 《中华人民共和国海商法》（自1993年7月1日起施行）第二十一条：“船舶优先权，是指海事请求人依照本法第二十二条的规定，向船舶所有人、光船承租人、船舶经营人提出海事请求，对产生该海事请求的船舶具有优先受偿的权利。”

⑤ 《中华人民共和国民用航空法》第十八条：“民用航空器优先权，是指债权人依照本法第十九条规定，向民用航空器所有人、承租人提出赔偿请求，对产生该赔偿请求的民用航空器具有优先受偿的权利。”

⑥ 参见梁慧星《是优先权还是抵押权——合同法第286条的权利性质及其适用》，载《中国律师》2001年第10期，第44－45页。

在笔者看来，将建工优先权界定为法定抵押权和不动产留置权值得商榷，而将建工优先权界定为法定优先权则更为恰当。不动产留置权说现在鲜少人支持，《民法典》第四百四十七条明文规定，留置权只有动产留置权一种，并没有规定可以包括不动产，况且留置权以债权人占有标的物为前提，建设工程竣工后，承包方将其交给承包方，便不再占有该不动产，若将该建工优先权认定为不动产留置权，则不利于保护承包方。传统不动产抵押权是登记生效主义，而法定抵押权则不以该登记为生效要求，将建工优先权纳入传统不动产抵押权的范围会冲击我国担保体系，而将建工优先权归于优先权一类，则无此担忧。法律突出建工优先权的立法初衷是解决拖欠建筑工人工资的问题，而赋予承包人就建设工程优先清偿建设工程款的权利。此种立法目的与船舶优先权、民用航空器优先权一样，旨在保护弱势群体的利益，且该优先权指向的标的物都与该债权有关联，故将该建工优先权认定为优先权更合适，且应更名为“建设工程优先权”，以便与其他两种优先权归于一类，达到法律体系上的统一①。

二、破产清算的建工优先权行使主体

根据《民法典》第八百零七条的规定，发包人拖欠工程款，经承包人催告后在合理期限内仍未支付的，承包人可以就建设工程折价或拍卖所得的价款优先受偿。一般来说，总承包人是承包人，承包施工部分的承包人也是承包人，两者都是承包人，在理论上和实践上都是没有争议的。装饰装修工程的承包人享有建工优先权，这一点已由法律明文规定。在 2021 年的关于建设工程施工合同的司法解释中，建工优先权的客体范围进一步扩大。此后，不管装饰装修工程的建筑物是否属于发包人享有，都可以对该工程享有建工优先权，该规定极大地维护了承包人的利益。关于勘察、涉及合同的承包人是否可以行使建工优先权，理论界对此存在着争议。除此之外，无效合同的实际

① 参见曹艳芝《优先权论》，湖南人民出版社 2005 年版，第 202 页。

施工人是否属于该主体？这些都是需要探讨的。

（一）勘察、设计合同的承包人

关于勘察、设计合同的承包人是否为建设工程行使建工优先权的行使主体，通常有两种看法。其中，肯定者的理由主要有二[①]：第一，建设工程价款优先受偿的法理基础为增值理论，勘察人和设计人的工作是后期进行建设工程施工的前提和保障，对建设工程的增值具有直接贡献；第二，依据《中华人民共和国合同法》第二百六十九条和第二百七十二条规定，建设工程合同包括勘察、设计和施工合同，依据文义解释，承包人包括勘察人、设计人和施工人。否定者则认为：首先，《合同法》第二百八十六条旨在保护弱势群体建筑工人的利益[②]，而勘察人、设计人相较于建筑工人有一定的经济能力，不需要法律进行倾斜保护；其次，相较于建筑工人，其成果并不能直接转化为建筑工程；最后，建设工程合同应该采狭义解释，不应将处于前期工作的勘察、设计纳入行使建工优先权的主体，而应只限于施工合同。

在笔者看来，肯定者的理由值得商榷，毕竟债权原则上应平等受偿，有需要优先保护的利益时才得以倾斜保护，故应该限缩建工优先权行使的主体。首先，法律设定优先权赋予特殊的债权优先与其他债权的地位，是出于保护弱势群体的考量[③]。合同法规定建工优先权是为了解决拖欠工程款的问题，维护广大建筑工人的利益，促进社会的和谐稳定。其次，前期的勘察和设计对后期建设工程的施工固然是必不可少的，但是勘察人和设计人的智力成果并没有客观地、直接物化为建设工程，并不一定能使建筑物增值。最后，勘察和设计主体与建筑工人不同，并不具备需要进行优先保护的特殊权益，比如生存利

---

① 参见孙科峰、杨遂全《建设工程优先受偿权主体的争议与探究——〈合同法〉第286条之分析》，载《河北法学》2013年第6期，第126－134页。

② 参见梁慧星《合同法第二百八十六条的权利性质及其适用》，载《山西大学学报（哲学社会科学版）》2001年第3期，第5－7页。

③ 参见高富平《物权法》，清华大学出版社2007年版，第334页。

益，若勘察和设计主体可以就建设工程行使建工优先权，则可能影响承包人的建工优先权，进而导致拖欠建筑工人工资。

（二）实际施工人

建设工程合同的总承包人和建设工程施工合同的承包人对建设工程具有建工优先权，这在法律上是无可争议的。但是，实际施工人是否有建工优先权，司法解释和理论界并没有定论。根据《民法典》第七百九十一条规定和《建设工程司法解释（一）》第一条规定，实际施工人是指转包、违法分包和缺乏相应资质而借用有资质的施工人。在一份样本数据中，支持实际施工人行使建工优先权的比例为41%，而59%的法院判决驳回实际施工人行使建工优先权的诉讼请求[①]。法院判决驳回的理由主要是根据合同相对性原则，建设工程施工合同存在于发包人和承包人之间，而与实际施工人无涉，虽然法律规定实际施工人在承包人拖欠工资的前提下，可以突破合同相对性原则，享有对发包人主张工程价款的权利，但也是在发包人未支付工程款的范围内，而不是《合同法》第二百八十六条规定的建工优先权的主体。

关于缺乏资质的实际施工人挂靠有资质的施工单位进行施工，被挂靠单位收取管理费，发包人往往对此是知情的，所以应该认定在事实上发包人和实际施工人存在直接的合同关系。实务对此争议不大，争议的关键在于转发和违法分包的实际施工人是否享有建工优先权。笔者认为，上述两种实际施工人可以行使建工优先权。首先，建工优先权设立的目的旨在解决拖欠工程款问题，保护建筑工人的生存利益；其次，在转发和违法分包的情况下，实际施工人拿到的工程款其实是先由发包人支付给承包人，承包人扣除相应的税费、管理费之后等再支付的。实际施工人能否拿到工程款，往往在于发包人是否按期支付给承包人。实际上，实际施工人和发包人才是真正的利益方。因此，在房地产企业破产时，应当允许实际施工人行使建工优先权。

---

① 参见张伟《论实际施工人的建设工程优先权》（学位论文），中国政法大学2020年。

三、破产程序中建工优先权的清偿顺位

破产程序，是指在企业资不抵债时债权人或债务人向法院申请破产后，在法院的监督下，管理人根据法律规定帮助公平清偿债务的企业退出市场的程序。根据破产法的相关规定，破产财产应该先清偿担保债权，担保债权清偿后，再清偿破产过程中产生的破产费用和为了全体债权人利益而产生的共益债务，随后是职工的相关债权，然后是税款，最后是无设定担保的普通债权。而担保债权是在法院宣告破产后不参与破产清算分配程序，个别地就特定财产进行优先受偿，不足以清偿的部分转为普通债权。根据《最高人民法院关于审理企业破产案件若干问题的规定》第七十一条第一款第四项的规定，存在优先权的财产不属于破产财产，这里的优先权包括民用航空器优先权、船舶优先权，当然也包括建工优先权，但法规没有规定该优先权在破产程序中的清偿顺序。本文将通过对建工优先权与抵押权、购房者权利和职工债权顺位的探讨，使相关权利人各得其所，以便房地产破产企业更好地退出市场，从而实现资源的重新配置。

（一）建工优先权与抵押权的冲突

房地产企业破产时，同一建设工程中可能既存在抵押权，又存在因拖欠工程款而产生的建工优先权，当该建设工程的价值无法同时满足上述两种权利时，就会产生如何实现相关债权的竞争和冲突。2021 年出台的《建设工程司法解释（一）》保留原司法解释的规定，即承包人享有的建工优先权优于抵押权和其他债权。但是，理论上对该建工优先权是否优先于抵押权存在着争论，主要有四种说法：抵押权优先说、成立顺位说、比例清偿说、建设工程价款优先受偿说。

1. 抵押权优先说

抵押权优先说认为，在建设工程上存在权利冲突的情况下，即抵押权与建工优先权发生冲突时，建工优先权位于抵押权之后受偿。该

说主要理由有三[①]。其一，原《合同法》第二百八十六条仅规定了建工优先权的内容，但没有规定与抵押权发生冲突时，何者权利优先[②]。建设工程价款由合同法规定，属于债权，而抵押权属于原《物权法》规定的权利，属于物权，故抵押权优先受偿。其二，根据原《物权法》第一百七十条规定（现《民法典》第三百八十六条），没有法律规定的除外情况出现之时，担保物权人可以就担保财产优先于其他债权受偿。其三，法律直接规定了建工优先权，意味着不需要对其进行登记，而登记具有公示的作用，因此没有登记不具有公示性，不足以对抗第三人。

在笔者看来，仅凭建工优先权由合同法规定就认定其为债权的说法值得商榷，因为即使为债权，也可能优于担保物权而优先受偿。上述理由二也提到当法律规定的除外情况没有出现之时，担保物权人可以就担保财产优先于其他债权受偿，该规定是平等债权例外之例外，是基于历史原因、利益考量等情况设计的，比如特定情况下国家税收权优先于担保物权、破产程序中未清偿的特定职工债权优先于担保物权，建工优先权的立法旨在解决拖欠工程款，保护建筑工人的生存利益，理应属于法律另有规定的除外之列。另外，按照登记顺序来确认清偿的顺序，前提是不动产抵押权需要进行登记，但是优先权乃法定优先权，并不存在需要登记的情况。

2. 其他学说

成立顺位说[③]认为，既然从性质上难以确认抵押权和建工优先权何者优先，则应该平等对待，从设立的时间先后顺序来决定保障何种权利，即成立在前的，予以优先保护。成立顺位说的前提是建工优先权同抵押权的地位平等，从关于建工优先权的性质学说来看，成立顺

---

① 参见胡卫《论在建工程抵押中的利益协调》，载《法学论坛》2009 年第 4 期，第 133－138 页。

② 参见危思敏《建设工程款优先受偿权实现中的权利冲突及其解决》（学位论文），西南政法大学 2017 年。

③ 参见张学文《建设工程承包人优先受偿权若干问题探讨》，载《法商研究》2000 年第 3 期，第 101－105 页。

位说可能将建工优先权认定为不动产留置权或法定抵押权。根据前文所述，建工优先权的性质与船舶优先权、航空器优先权一样，都是为了保护弱势群体而设置的优先权。因此，该说的逻辑起点值得商榷，况且建工优先权是法定权利，其设立时间如何确定，也是一个需要进一步探讨的问题。

比例清偿说回避了建工优先权和抵押权权利位阶问题，认为这两种权利都需要保护，在同一建设工程无法同时实现两者的权利时，则按比例清偿。比例清偿说采取折中的办法，不去争论两种权利孰先孰后的问题。但是，法律既然规定了建工优先权，就应有其意义。在资产不能够全部清偿的情况下，不同的清偿顺位的影响巨大，因此该说亦值得商榷。

建设工程价款优先受偿说认为，在抵押权与建工优先权发生竞争时，不论两种权利的成立先后，建工优先权都应优于抵押权。笔者赞同该观点，实践中，房地产企业建设工程的抵押权人往往是银行，而银行资金实力强大，因此，建筑工人的生存利益必须优先予以保护。

（二）建工优先权与购房者的权利冲突

根据《最高人民法院关于建设工程价款优先受偿权问题的批复》[①]（简称《批复》）第二条规定，建工优先权不得对抗已经支付大部分或全部商品房购房款的消费者，根据反对解释，即这些消费者的权利可以对抗建设工程建工优先权。但是，《建设工程司法（一）》删除了《批复》的该条规定，那是否意味着建工优先权可以对抗上述消费者呢？下文将从法理上来论证购房者权利和建工优先权何者应优先予以保护。

梁慧星先生认为，在开发商尚未交房或虽交房但尚未办理产权过户的情形下，如果优先清偿建设工程价款，无异于用消费者的资金去清偿开发商的债务，等于将开发商的债务转嫁给广大消费者，这将严

① 《最高人民法院关于建设工程价款优先受偿权问题的批复》，自 2002 年 6 月 27 日起施行。

重违背特殊保护消费者的法律政策[①]。《批复》第二条的规定，体现了对购房消费者的权利保护，是基于生存权利大于经营利益的社会政策考量[②]。根据《中华人民共和国消费者权益保护法》[③] 的规定，消费者是为了生活所需而进行购买、使用商品或接受服务的。而购房消费者与普通消费者不一样，由于商品房价格高，很多人都是用一生的积蓄甚至是几代人的积蓄才攒足购房款，从维护社会的公平正义的角度出发，其生存权利毋庸置疑需要法律予以倾斜保护。但是，若真如《批复》所规定的，支付大部分或全部购房款的消费者的权利优先于建工优先权，虽是保护了购房者的生存权利，却忘记了设立建工优先权的立法初衷。建工优先权保护的不是承包人的经营利益，而是其背后的广大建筑工人，他们的利益也是生存利益，无法衡量二者孰优孰劣。不管是让购房者继续办理过户登记还是优先清偿工程款，都必将损害某一方弱势群体的利益，不利于构建和谐稳定的社会。笔者认为，在此种情况下，不应允许购房者办理过户登记，而应将建设工程款折价、拍卖所得的价款按照比例清偿购房款和建设工程。

（三）建工优先权与职工债权冲突

根据我国现有破产法的规定，在清偿破产过程中产生的破产费用和为了让全体债权人受益的共益债务后，职工债权属于普通财产清偿顺序的第一位。关于职工债权与建工优先权的清偿顺序问题，理论与实务也存在着争论，主要有职工债权优先说、建工优先权优先说和同等受偿说[④]。

职工债权优先说认为，建工优先权非法律规定的有担保的债权，故属于普通债权，应该参与清偿分配程序。而职工债权的清偿顺位仅

---

① 参见梁慧星《是优先权还是抵押权——合同法第 286 条的权利性质及其适用》，载《中国律师》2001 年第 10 期，第 44 – 45 页。

② 参见王欣新、张思明《论房地产开发企业破产中的购房者利益保护》，载《江汉论坛》2015 年第 10 期，第 118 – 122 页。

③ 《中华人民共和国消费者权益保护法》，自 1994 年 1 月 1 日起施行。

④ 参见危思敏《建设工程款优先受偿权实现中的权利冲突及其解决》（学位论文），西南政法大学 2017 年。

次于破产费用和公益债务，优于其他普通债权。建工优先权优先说认为建工优先权的本质是担保物权，应在破产宣告后，单独、个别地就建设工程受偿。同等受偿说认为，职工债权和建工优先权应同时受偿。

在笔者看来，建工优先权与职工债权孰先孰后，可以以担保债权为参照物。根据前文所述，从建工优先权的立法宗旨考量，建工优先权应优先抵押权清偿。而抵押权优先于职工债权清偿，抵押权属于担保物权的一种，可以推出建工优先权优于担保物权，故建工优先权优先说更为合理。

四、结语

在国家对房地产进行调控等原因的影响下，部分建设单位不能及时、足额支付建设工程款，更有甚者，最终不得不面临破产的窘境。在房企破产、不能清偿所有债权时，应对所有债权进行利益衡量，按照先后顺序进行清偿。在所有的债权中，基于对建筑工人生存利益的保护，有建工优先权的债权应优先于购房者的权利和职工债权清偿。

个人破产豁免制度的合宪性审查及债务人财产的识别

周小龙*

【摘要】 个人破产豁免制度是我国首部破产法规《深圳经济特区个人破产条例》中针对破产人的豁免规定，兼具创新性、裁量性与实践性。从宏观层面看，其有利于清理长期处于悬而不决“僵尸”状态的债权债务关系，优化资源配置；从微观层面看，该制度可避免诚实守信的个人债务人在遭受财务危机时身陷囹圄，能得到制度的保护与救济，从而得以“再生”。但是，由于该地方性法规仍处在试水阶段，且在实践中存在较大裁量性不确定性因素，债权债务双方的利益平衡成为十分重要的考察因素之一。不仅如此，个人破产豁免制度中对债务人人身财产权的保护是否损害债权人之基本权利、是否违反宪法平等保护之规定均有待论证。

【关键词】 个人破产；豁免制度；合宪性审查；利益平衡

2021 年 3 月 1 日，我国首部个人破产法规——《深圳经济特区个人破产条例》② （简称《条例》）在深圳正式施行，该条例填补了我国个人破产法规在制度上的空白，也促进了我国地方个人破产制度的萌芽。2021 年 7 月 16 日，广东省深圳市中级人民法院发布首个个人破产公告，宣布首个个人破产重整程序的完成。

质疑总是与新事物在萌芽之时相伴而生，对个人破产制度而言，其针对个人破产人的主要救济手段——豁免制度是否符合宪法中对于

---

* 周小龙，广东明思律师事务所律师。

② 《深圳经济特区个人破产条例》经深圳市第六届人民代表大会常务委员会第四十四次会议于 2020 年 8 月 26 日通过，自 2021 年 3 月 1 日起施行。

公民基本人权、财产权的平等保护的问题显得尤为突出、尖锐。在《条例》颁布、施行前，我国并无针对个人破产的统一规定的法律法规，且没有“个人破产”这一概念及相关制度规定。在我国司法实践中，与个人破产机制最为相近的是执行程序，然而，执行难已然成为司法实践中的“老大难”问题，即便经历过几轮强势的执行攻坚战，极为有限的执行效果相较于实践中大量的有待解决的执行需求无异于杯水车薪。余债对债务人生存权的冲击亦使个人破产制度的确立迫在眉睫。个人破产制度建立的初衷是使诚实、善意的债务人生存权得到保障，使债务人能够在遭遇个人财务“重创”时得到尽可能有效的救济与复苏，对部分经过一定期间考察的债务人的余债加以豁免。有观点认为，这种“豁免”在一定程度上侵犯了债权人的部分权益，因而使得该制度自制定至试点实施以来便屡遭质疑，且豁免制度本身的合宪性也引发了热烈讨论。

一、个人破产豁免制度的理论与实践解读

我国采用申请制个人破产，且个人破产人须遵守、履行一定义务方能使其部分个人财产获得豁免。其中，豁免制度不仅是个人破产制度中的内核所在，也是实践中个人破产人通过个人破产制度获得保护与救济的关键所在。

（一）个人破产豁免制度的成文法解读

个人破产豁免制度的核心要素即为促进个人债务人社会经济能力的重建与再生。即以《中华人民共和国企业破产法》为依据，在破产程序终结之后，在法定范围内对债务人未能依照破产程序清偿的债务免除其清偿责任[①]。该制度在《条例》中关于适用范围和豁免财产的相关规定中亦有所体现。从适用范围看，《条例》同时适用于生产经营与生活消费两个领域，只要是在深圳居住且参加社保连续满 3 年

① 参见王欣新《破产法》（第 4 版），中国人民大学出版社 2019 年版，第 378 页。

的自然人，如因为以上两种情形而导致其丧失清偿能力或资产不足以清偿全部债务之时，即便是自然人也可以申请破产、重整或和解。与之相对的是，当符合上述情形的自然人债务人的债权人对其单独或者共同持有50万元以上债权时，可以申请法院对该债务人进行清算。该条例更为人性化之处在于其对于上述债务人的配偶给予了更为宽松的适用条件，即上述债务人配偶申请破产、重整或是和解的条件不受《条例》第二条规定的居住且参保的硬性规定的限制，这实质上是对破产条例适用范围的扩大。

个人破产中豁免制度的设计初衷是避免债务人因破产而无法开始新的生活，对债务人日后生活所必需的基本生活资源予以保留。《中华人民共和国宪法》（简称《宪法》）第三十三条规定的国家尊重和保障人权在个人破产豁免制度中得以充分体现。

从《条例》的规定不难看出，我国破产制度试图从以下两个维度入手：其一，设置多元化重整程序，破产程序与非破产程序共同作用，以达到预防、缓解负债乃至帮助债务人重生之作用；其二，基于复杂多变的个人破产人情形规定宽严相济的救济豁免制度，尽可能在遵循利益平衡的基础上予以适用。

豁免制度是否侵害债权人财产权在中国和世界各国均存在较大争议。由于各国经济基础、信用制度与金融体系存在较大差异，在具体制定豁免制度时，各国就获得豁免的方式、豁免的范围以及豁免例外情形等规定亦有所差异。《英国破产法》[①] 规定了豁免财产制度，即为保障个人债务及其抚养人的基本生活而为破产人保留的财产。在英国1705年的破产立法中，允许债务人保留必要的衣物[②]；符合条件的破产者在一定限制条件下（清偿若能达到其债权的80%）[③] 可以

---

① 参见丁昌业译《英国破产法》，法律出版社2003年版。

② 参见许德风《论个人破产免责制度》，载《中外法学》2011年第4期，第752－757页。

③ 参见许德风《论个人破产免责制度》，载《中外法学》2011年第4期，第752－757页。

从破产财产中得到5%的份额用于生计，最多可达200英磅[1]。美国关于债务人豁免财产的较早规定在1867年，该规定允许债务人保留自己部分财产。德国基本法第一条第一款[2]认为，债务人的人格尊严同样不可侵犯，且解救资不抵债之困境使其重生而恢复人格尊严乃国家之责任义务[3]。由此可见，为保护债权人权益，余债不免为各国对待债务人的普遍态度，但侵犯了人权而不自知。豁免制度使得债务人的人格尊严得以维护。

（二）个人破产豁免制度的实践解读

2021年3月10日，创业个体户梁文锦向深圳市中级人民法院申请个人破产。梁文锦申报负债75万元并于法院受理之日停止计息，在其找到工作之后调整为重整程序，并不对其进行破产清算，这是我国首个个人破产案件。据了解，作为个人破产制度的先行试验区，深圳市中级人民法院收到的个人破产案件的申请主体以有过创办或者经营企业的中青年人为主。这些债务人因得到个人破产制度的保护而得到从债务危机中得以解脱，通过重新参与经济活动而得到重生。尤其是重整、和解等方式能够预防真正的破产，避免让负债成为压垮债务人的最后一根稻草。具体而言，当债务人明确缺乏或者丧失偿债能力时，法院就会倾向于对债务人进行破产清算，但这也不意味简单地免去债务。《条例》同时还规定了多种情形不能免责，如因为奢侈或是赌博等行为而负债的情形。当法院宣告债务人破产之日起，债务人往往要面临一个考察期，考察期内，债务人将面临高消费限制、任职高管的限制等，同时还要遵守多种规定，在三到五年的限制期内，如能严格、良好遵守规定则能顺利通过考察期便能得以免除余债。

---

① 参见徐阳光《英国个人破产与债务清理制度》，法律出版社2020年版，第32页。

② 《德意志联邦共和国基本法》第一章“基本权利”第一条第一款：“人之尊严不可侵犯，尊重及保护此项尊严为所有国家机关之义务。”（德国基本法1949年5月23日获得通过，次日即1949年5月24日生效，标志着德意志联邦共和国的成立。后经过多次修改，最后一次修改在2006年8月26日，并于2006年9月1日生效。）

③ 参见［德］乌尔里希·福尔斯特《德国破产法》（第7版），张宇晖译，中国法制出版社2020年版，第286页。

随着个人破产制度的试行与推广，与该制度相关的质疑、风险和担忧也随之而来。如个人破产制度的运行是否足够完善？该制度一旦在全国大范围实施，是否为欠钱不还的“老赖”提供了逃避债务的空间？事实上，一系列的制度安排有望规避这些风险。根据《深圳经济特区个人破产条例》规定，个人破产类型分为破产清算、重整、和解。以梁文锦案件为例，由于梁文锦创业失败后很快找到了工作，每月收入约2万元，故深圳市中级人民法院同意对梁文锦个人破产案适用重整程序，与债权人自行协商制定一份分期还款计划，并不对其进行破产清算。由此可见，法院并非“一刀切”宣告破产、免除其债务，而是选择适用重整程序，平衡债权人和债务人的权益。不仅如此，随着该制度的不断推进，未来的司法实践要进一步完善制度，法院和政府之间要加强协作，推动信息共享，还要细化案件受理标准，完善个人信用及财务管理方面的法律制度，加大对逃废债行为的打击力度，或可推动个人破产欺诈行为入刑，让恶意逃债的“老赖”无处可躲。另外，个人破产程序会对债务人的经济状况进行全方位的详细调查比对，债务人的财务状况只会更加透明，想要借助个人破产程序转移财产逃废债的意图将无处遁形。其实早在1961年，日本最高裁判所就对一个涉及破产豁免案件作出与之相似的判决且对相关问题予以考量。1961年12月13日，日本最高裁判所曾对一个涉及破产豁免的案件做出裁判，而该裁判的依据就是《日本国宪法》①。《日本国宪法》规定的豁免指的是除特殊情形外，在破产程序中，免除破产人对破产财团无法清偿部分之债务所应承担的责任。因此，破产法中有关破产人豁免的规定是对破产人的特别待遇，但这种豁免待遇是有限制的，即只有诚实的破产人才能享受。反之，如债务人被发现存在欺诈等不诚实守信的行为，其将很有可能面临裁判所作出的不予准许豁免的裁定。此外，个人破产豁免制度还规定了租税债权、工资债权以及该条款中的其他特殊债权不适用豁免的情形。

---

① 《日本国宪法》：又称“和平宪法”，1946年11月3日公布，1947年5月3日起施行。

二、合宪性质疑：豁免制度对债权人宪法权力的侵害

考虑到权利与义务的相对性，个人破产豁免制度必然是把双刃剑。豁免制度在给予债务人救济、豁免的同时难免会对债权人的财产权造成侵害，其合宪性饱受质疑，对个人破产制度的合宪性进行审查也显得尤为重要。

（一）个人破产豁免制度的合宪性审查之必要性

个人破产中的豁免制度规定个人债务人在符合一定条件且履行一定义务的情形下，可获得部分债务豁免以减轻其沉重的负债情况，但债权人的合法财产也因此而丧失。受到“欠债还钱天经地义”等根深蒂固的传统观念的影响，债权人认为其合法债权被无故剥夺，从维护自身权益的主观因素层面考虑，于情于理都难以接受。概言之，豁免制度的推行之所以面临重重困难，其主要原因就是担心债务人通过个人破产以及豁免制度来逃避其原本应当清偿的债务。地方性法规可分为执行性地方性法规、创制性地方性法规与实验性地方性法规。当上位法缺位时，可以在地方施行实验性地方性法规进行试行，该试行法规在实施前需经过相应的审批手续，通过后方能予以施行，该实验性法规的施行可以为国家正式立法提供经验[①]。《条例》属于较为典型的实验性地方性法规。就地方性审查而言，合宪性审查、合法性审查与适当性审查均有其不同审查标准[②]。但无论如何，法律与行政法规只能作为地方性法规审查的合法性标准，只有宪法才是其合宪性审查的唯一标准。实践中，合宪性审查常常被合法性审查所掩盖和吸收，因而有必要将合宪性审查与和合法性审查相区分，强化合宪性审

---

① 参见舒颖《深刻理解地方人大地位作用　扎实推进新时代地方立法工作——访全国人大宪法和法律委员会主任委员李飞》，载《中国人大》2019 年第 15 期，第 23－24 页。

② 参见王锴《合宪性、合法性、适当性审查的区别与联系》，载《中国法学》2019 年第 1 期，第 5－24 页。

查，让合宪性审查的功能得以充分发挥。

（二）个人破产豁免制度与基本人权保障的冲突

《深圳经济特区个人破产条例》是针对个人破产制度的相关规定，看似仅与财产权相关联，实则与基本人权的平等保护亦有所牵涉。深圳是个人破产立法与个人破产制度实施的先行者。在符合一定条件的情形下，在深圳申请个人破产或者被申请个人破产保护的自然人将有可能获得个人破产制度的保护与救济效力。目前，该制度保护效力尚未及于深圳之外的地区，如此一来，区域性的个人破产制度试行难免会滋生各区域之间的不平等保护。

不仅如此，根据《条例》第二十一条①规定，债务人应当配合法院和破产事务管理部门，履行自破产受理之日至裁定免除债务人未清偿债务之日期间应当承担的义务。此外，债务人还应当配合并履行破产管理人要求提交的各种材料并接受调查；列席债权人会议并接受询问；当姓名、联系方式、住址等个人信息发生变更时需要向破产事务管理人报告；不得出境；等等。那么，这些对于个人债务人人身自由的限制，以及为配合调查所让渡的个人隐私等规定又是否构成对个人债务人基本人权之侵害，仍有待商榷。

（三）个人破产豁免制度与公民财产权保护的冲突

《条例》第三十六条规定，债务人可享有的豁免财产的范围，包

---

① 《深圳经济特区个人破产条例》第二十一条规定："自人民法院裁定受理破产申请之日起至依照本条例裁定免除债务人未清偿债务之日止，债务人应当承担下列义务：（一）按照人民法院、破产事务管理部门、管理人要求提交或者补充相关材料，并配合调查；（二）列席债权人会议并接受询问；（三）当债务人的姓名、联系方式、住址等个人信息发生变动或者需要离开居住地时，及时向破产事务管理部门、管理人报告；（四）未经人民法院同意，不得出境；（五）按时向人民法院、破产事务管理部门登记申报个人破产重大事项，包括破产申请、财产以及债务状况、重整计划或者和解协议、破产期间的收入和消费情况等；（六）借款一千元以上或者申请等额信用额度时，应当向出借人或者授信人声明本人破产状况；（七）配合人民法院、破产事务管理部门和管理人开展与破产程序有关的其他工作。"

含债务人的生活学习合理费用、医疗费用、专属于债务人的人身损害赔偿金、最低生活保障金以及社会保险[①]。不仅如此，其人身保险、表彰物品以及特殊意义纪念物品也可包含在此范围之内。此外，《条例》还在最后一点规定了兜底性条款——“根据法律规定或者基于公序良俗不应当用于清偿债务的其他财产”。尽管《条例》还规定了一定的限制性条款作为补充，且其他豁免财产累计总价值不得超过二十万元，但该条款仍然大大扩充了债务人可能获得豁免的财产范围，且在具体实施中赋予了法院较大的裁量权。

追溯个人破产制度建立之初的目标宗旨与《条例》的立法精神，个人债务人在丧失偿债能力之后，无论经历重整、破产清算还是和解程序，其部分个人财产均终将得以保留，以供给其个人及其所需抚养人的基本生活所需支出，乃至其学习、劳动发展所需的基本条件，于个人破产人而言可谓十分人性化。但权利与义务往往是相对的。在个人破产制度的程序中，债务人或因为其诚信守法而得到“眷顾”，即有可能就其全部债务中未清偿的部分债务不再承担清偿责任，免于担责。但对于债权人而言，这种豁免则有失公允且不够公平合理。这是因为，自然人之间的借贷关系较企业之间而言有较大差别，一些申请了破产的个人债务人的债权人很有可能以此债权作为其赖以生存的个人或家庭基本生活来源。在这种情形下，对债务人财产权利的保护难免构成对债权人的财产权的侵害。

---

① 《深圳经济特区个人破产条例》第三十六条规定：“为保障债务人及其所扶养人的基本生活及权利，依照本条例为其保留的财产为豁免财产。豁免财产范围如下：（一）债务人及其所扶养人生活、学习、医疗的必需品和合理费用；（二）因债务人职业发展需要必须保留的物品和合理费用；（三）对债务人有特殊纪念意义的物品；（四）没有现金价值的人身保险；（五）勋章或者其他表彰荣誉的物品；（六）专属于债务人的人身损害赔偿金、社会保险金以及最低生活保障金；（七）根据法律规定或者基于公序良俗不应当用于清偿债务的其他财产。前款规定的财产，价值较大、不用于清偿债务明显违反公平原则的，不认定为豁免财产。除本条第一款第五项、第六项规定的财产外，豁免财产累计总价值不得超过二十万元。本条第一款第一项、第二项的具体分项和各分项具体价值上限标准由市中级人民法院另行制定。”

三、合宪性论证：个人破产豁免背后的宪法依据

个人破产制度创建的意义不在于制度本身，而在于通过制度的构建在全社会营造一种强烈的个人责任意识，从而增强社会中个人乃至企业的信用基础，这种信用基础的强化才是建立该制度更为重要的意义。

（一）个人破产豁免制度缺位下破产制度之困境

个人债务危机会带来怎样严重的后果，相信山东“辱母案”已经通过血淋淋的现实昭然于世。当债务危机侵蚀到个人身上，债权人和债务人被逼得走投无路之时，其不良后果就会显现出来[①]。在豁免制度面世之前，世界范围内的破产制度几乎都是以最大限度清偿债权人财产为首要目的。在债权债务关系里，诚信且诚实的债务人无疑处于更为弱势的一方，由此延伸出的债权人、债务人的财产权也因此而处于极为悬殊且不平等的对立面。在现实的社会生活中，不少债务人因陷入负债困境而长期处于忧虑、抑郁的情绪困境里，部分债务人甚至因不堪债权人的长期滋扰而一蹶不振，巨大的债务问题使他们无法再正常投入工作、生活乃至社交等其他日常事务中，使他们的生活陷入恶性循环。如此一来，债务人不断恶化的个人情况不仅让同样作为社会单位的债务人家庭面临困境，债权人的债务也并不能因此而得到偿还。更为严重的后果是，个人债务人因为不堪忍受而最终退出社会经济生产活动，对其家庭成员乃至孩子造成的消极影响将伴随其一生。长此以往，个人债务人本人以及家庭成员的生存权、人格尊严、财产权等宪法规定的基本权利均无法得到有效保障，其最终可能对整个社会产生的负面影响不容小觑。权利和义务不仅具有相对性，还具有相互依存性。当个人债务人最终仍无法履行其还款义务时，债权人

---

① 参见龙卫球《关于“辱母案”债务的民法思考——如何认识和治理非法催债乱象》，载《紫光阁》2017年第4期，第87－88页。

的财产权亦难以体现或保全。

（二）个人破产豁免制度的宪法依据

《条例》第三十六条列举了或可为债务人保留的豁免财产的范围以及例外情形：供给个人债务人及其抚养人基本生活而保留的生活必需品；保障债务人职业发展所必需的物品与合理费用；保留于债务人而言具有特殊意义的物品等[①]。《宪法》第三十三条规定了对公民基本人权的保障；第四十五条规定了公民享有社会保障权。个人破产制度以此为基础，制定了为避免价值冲突且为避免触发社会保障制度的豁免制度。具体而言，国家通过制定豁免制度为个人债务人保留基本生存及职业发展所必需的物质基础，从而避免触发《宪法》第四十五条所规定的，公民从国家获得相应物质帮助的权利，即获得国家给予的社会保障金的救济。看似违宪的个人破产豁免实质上是基于宪法的制度选择，且在一定程度上调和了个人破产人的基本人权、社会保障权与债权人财产权之间的利益冲突。

（三）个人破产豁免制度的合宪性论证

从表面上来看，个人破产中的豁免制度似乎因侵害了债权人的财产权而违宪，债权债务关系也在此时站在了非此即彼的对立面。但抛开债权人与债务人之间简单的二元关系，把眼光放长远，将视角转向债务人得以“重生”后经济复苏、整体社会经济得到更为良性运转的益处时，豁免制度的合宪性便有了更有力的解释。《宪法》第十三条[②]规定了国家对公民私有财产权和继承权的保护。宪法规定的财产权既包括继承权、物权、债权，也包括知识产权中的财产权利。破产

---

① 《深圳经济特区个人破产条例》第三十六条列举了7种豁免财产，同时规定除勋章或者其他表彰荣誉的物品与专属于债务人的人身损害赔偿金、社会保险金以及最低生活保障金外，豁免财产累计总价值不得超过20万元。豁免财产清单由债权人表决通过，未通过的由法院裁定。

② 《宪法》第十三条规定，公民的合法的私有财产不受侵犯。国家依照法律规定保护公民的私有财产权和继承权。国家为了公共利益的需要，可以依照法律规定对公民的私有财产实行征收或者征用并给予补偿。

程序中予以豁免的合法债权即属于债权人的财产权之一。反观世界其他各国宪法关于财产权保障条款的规定不难发现，其在规范上均具有不可侵犯保护性条款、限制性条款以及征收征用的例外条款。具体而言，限制性条款体现私有财产权保护的局限性，即在不违反法律法规规定的条件下，国家可以以公共利益之名对私人财产权加以限制①。这是因为个人债务人生存权是其得以履行其他义务的基础，且该权益需要国家通过积极履行义务才能满足并得以保障，这必然会涉及对其他个人私权的合理限制。因此，豁免制度的核心要义在于，在某些特殊情况下，为保障债务人基本生存权而对债权人财产权加以合理限制，从而使债务人享有一定条件下、范围内的财产豁免，则该制度必然具有合宪性。

四、个人破产豁免制度债权债务利益平衡之补强

豁免制度的优异性同时也是其引人质疑的负效应所在，该豁免制度如监管不力或稍有疏忽则容易导致权利的滥用，被债务人当成逃避债务与规避责任的手段。如此一来，善意的初衷将会被反噬，从而引发更为严重的市场经济问题与风险。因此，在设计相关制度时如不审慎处理这一问题，个人破产制度的实施则有可能偏离应有轨道而带来与之相反的负效应，可谓得不偿失。

（一）个人破产豁免制度建立的必要性

一项制度的存在与发展必然具有其合理性。在理论与实践中，支持个人破产免责制度的观点不在少数。不少观点认为，个人破产制度有利于实现企业法人与自然人之间的平等保护。其原因在于，我国目前仅有适用于企业的破产法，该法并不适用于自然人，即自然人在出现经济危机或困境时无法寻求救济与保护，与之相应的债务人的债权人之合法权益亦难以得到保障。当今社会，个人已经成为社会主义市

① 参见林来梵《宪法学讲义》（第3版），清华大学出版社2018年版，第414页。

场经济中重要的经济主体，因而个人财产保护与救济制度的建立是回应经济社会发展的必然需求与大势所趋。不仅如此，个人破产制度的建立与发展对企业破产制度的衔接与完善同样意义非凡。基于当下中国市场经济信用环境与中国“熟人社会”的商业氛围，中小型民营企业在经营、交易过程中为争取交易机会，股东个人时常会为企业提供担保，若企业发生破产则股东个人需承担担保责任。此时，企业因破产法而得到保护，股东个人则因为缺乏保护救济制度而身陷囹圄。可见，自然人与企业法人同样需要得到法律的保护与救济。具体而言，创建个人破产制度对债权人、债务人乃至整个社会带来的正面效应都不可小觑。

首先，于债权人而言，个人破产制度可以逐渐完善个人诚信体系，成为债权人判断债务人是否诚实可信的一杆标尺，在一定程度上可以帮助债权人避雷，从而保障其合法财产不受侵害。

其次，于债务人而言，由于个人破产制度只帮助“诚实但不幸的人”，因而该制度可以对债务人进行诚信的价值观指引，避免其走向“老赖”的行列。

最后，于社会而言，个人破产制度实则是对传统社会债权债务观的一种“破旧立新”。如数偿还、不容减免的传统债权债务观念实际上已经不能为整个社会提供最终的债务解决机制，而新的债权债务制度不仅可以节省追偿债务的成本，也更利于重新理顺社会日常债务关系。

（二）合理平衡债权人与债务人利益关系是贯穿个人破产豁免制度的根本遵循

豁免债务是个人破产制度之特色与立法宗旨之根本，其目的在于保障债务人正常生存条件以及帮助债务人实现经济重生。但若不注意平衡双方利益，或在设计与实施该制度时不够严谨，不仅达不到预期效果，还极有可能引发许多次生问题。因而，在构建个人破产豁免制度之时，尤其应当注重对个人债务人破产财产保障与债权人财产保护之间的平衡与协调。具体而言，可以从以下三点入手。

第一，该豁免制度并非针对所有个人债务人，针对有不诚信行为的债务人应对其豁免权予以限制甚至免除。如此不仅可以激励债务人诚信守诺，也可以尽量将豁免制度中原本处在对立面的债权人、债务人的利益一致化。

第二，该豁免制度并非适用于所有债权类型，如基于雇佣关系而产生的劳动报酬相关的请求权、基于公民纳税义务而产生的债权、基于恶意侵权行为而产生的损害赔偿请求权等。这些债权是宪法所保护的公民基本权利①，将其位列于常规豁免债权之外，可最大限度实现平衡与调和个人破产人与特殊类型债权人之间的利益之目的。

第三，以年为单位设置周期较长的豁免考察期，该周期可规定在3～6年，具体时间由法院根据具体债务额度以及债权人情况予以裁量。考察期内个人破产人如违反考察期规定或其符合豁免的情形消失，则可由法院裁定撤销其豁免权，恢复债权人债权。

概言之，个人破产中豁免制度仍应在宪法的大框架之下制定并实施，作为法律体系中的一部分，其不能也不应该脱离、违反宪法的基本规定。与此同时，从平衡整体社会利益角度出发，对财产权作出合理且必要的限制，既让债权债务关系得到宪法层面更高位阶的规制与照看，也让豁免制度从实质上符合宪法精神。

五、结语

《深圳经济特区个人破产条例》颁布以前，破产法的宪法维度极少被提起、议论。随着《条例》的试点实施、个人破产制度在我国逐渐落地生根，其需从宪法的基本原则以及相关规定中寻求理论支持，使其符合我国的基本国情与实施环境。《条例》的出台在一定程度上完善了市场推出机制，帮助诚实守信但遭遇债务危机的个人破产人渡过难关。但从另一面来看，由于个人债务人获得救济后被免除掉

① 如《宪法》第四十二条规定的劳动权保护，《宪法》第五十六条规定的纳税义务，《宪法》第三十三条规定的人权等。

一部分清偿义务，债权人的部分合法债权因法律规定而消失，故而在实施过程中如不注意平衡债权人与债务人之间的利益关系则极易引发道德风险。

个人破产制度的构建是一项系统工程，不仅需要该制度本身的完整性与实用性，还需要其能够与其他法律制度衔接顺畅。而豁免制度无疑是个人破产制度的内核所在，其制度设计与适用即体现了法律的宽严相济。世界各国针对不同时期与具体国情制定了与之匹配的破产豁免政策，我国试点出台的《条例》亦是如此。概言之，世界各国的个人破产法规根据国情纷纷制定不同程度的免责制度，该制度为债务人“重生”、实现经济复苏与保障债务人的基本人权与财产权提供了行之有效的制度安排。在我国现有法律制度框架与市场经济环境下，如何将个人破产制度这一“舶来品”恰如其分地本土化，需要我们在制度设计与实施中时刻注重对豁免制度的准确把握，注意债权债务关系利益的平衡，审慎推进个人破产制度，对个人破产制度的可操作性、合宪性、执行效率以及可能产生的负面影响予以充分评估，在实施推进过程中不断建立、完善与之配套的保障制度。

专题五

破产程序中的涉税问题

论困境企业破产前的税务预警机制

楚晗旗*

【摘要】 困境企业正式进入破产程序需要一段时间，外部债权人可以在这期间采取措施从而最大限度地保障债权的实现。税务机关在税务征管活动中具备独特的优势，可在此基础上依法建立一套完整的税务预警机制，从而提前介入破产程序避免因困境企业冒险投资、转移资产等行为造成企业资产流失，导致税收债权即使通过破产程序也无法得到相应受偿。本文通过对域外企业困境预防和保护相关立法的比较研究，为我国完善立法提供借鉴。

【关键词】 困境企业；税务预警；破产保护

破产企业在进入破产程序之前，经营状况会提前一段时间进入困境，但在此期间，外部债权人或者政府机关等第三方会存在一定的信息“盲区”，无法提前判断出企业濒临困境临界破产的现实情况，而企业经营者则要么急于摆脱困境通过冒险激进的方式进行风险投资，要么恶意转移资产意图通过破产程序脱身。而我国现行破产立法司法实践并未建立强制性的破产申请义务制度，困境企业进入破产程序也没有稳定和明确的合理预期。这就需要外部债权人或者第三方等提前介入并进行预期，提前进行破产程序的相关准备，或者通过合理的方式引导困境企业摆脱困境，保护困境企业资产不会进一步流失。这也将“破产保护”的理念通过合理的预警机制贯彻到破产立法司法实践中，从而营造良好的营商环境，对困境企业通过科学的机制进行识别、干预和分流，减少破产案件的受理压力，及时恢复摆脱困境的企业的社会信用使其成为正常企业继续经营，及时督促符合破产条件的

---

* 楚晗旗，广东明思律师事务所律师。

企业的权利人申请破产并由管理人及时接管。

一、困境企业风险预警的问题提出

困境企业风险预警主要是对困境企业是否存在破产或者即将破产的现实风险的预警，是破产预防的前提。只有通过风险预警，尽早发现企业已经陷入经营困境，出现了符合破产条件或者即将破产的风险信号，及时将风险信号反馈给权利人或者专责机关以及时采取预防和应对措施来避免企业状况进一步恶化，从而降低风险爆发后导致的整体社会成本。

困境企业风险预警作为“破产预防”的一种主要形式，有着现实的必要性。在我国商业经营业态下，未有及时的破产风险预警，极易导致司法实践中破产申请和受理不及时。困境企业大部分情况下都是在经营风险全面爆发，甚至严重到出现明显的资不抵债或者丧失清偿能力的情况并且被破产企业或者债权人等适格主体提出破产申请后，才能进入破产程序。站在困境企业经营者的角度，他们为了申请企业破产需要投入大量的成本，且这些付出对投资者而言并不会带来直接的收益，即使企业负债累累，他们也仅以所持股份为限承担有限责任。反而主动申请破产会导致他们的商业信誉遭受损失，企业的经营也会由管理人接管，从而丧失控制权和经营自主权。而对于外部的债权人而言，启动破产程序会中止对个别债权的清偿，转由通过破产程序由全体申报债权概括地受偿，除了担保债权外，大部分的债权都很难足额受偿。这也是通过破产程序进行“破产保护”的现实局限性。为了克服这一局限性，应当引入“破产预防”的理念和机制，落实中立或者外部债权人的破产风险预警权利和责任。通过对困境企业的提前预警和干预，及时引导以顺利衔接后续的破产程序启动，解决现时司法实践中破产程序启动难的尴尬局面。

最高人民法院关注到这一问题，并提出人民法院要成为“生病企业”的医院，建立企业破产预警、困境企业识别机制①。虽然我国

① 中华人民共和国最高人民法院：《关于人民法院为企业兼并重组提供司法保障的指导意见》，见最高人民法院网（http:// www. court. gov. cn /zixun - xiangqing - 6463. html）。

现行破产立法司法尚未在实践中建立“破产预防”的相关体制机制，在“破产保护”方面也仅仅通过试点等方式开展了预重整、个人破产制度等制度完善，但是“破产保护”的理念进一步深化，“破产预防”相应的理念及相应的体制机制会成为未来发展的必然趋势。

二、困境企业风险的税务预警机制

困境企业风险预警必须依仗能够获取风险信号的能力和相关资源，相应的责任主体应当具备预警的权力和条件。经营者对企业内部本身经营状况的掌握是最直接和最密切的，但由于其利益与预警行为本身存在冲突，不可能期待其主动预警，而通过法律规定等方式强制要求其承担，则违反合理期待可能性的原则。另外，预警本身也需要通过公开、权威的渠道让可能的利害关系人能够接收到预警的信息。但企业内部的经营者或者投资者之间易产生利益冲突，因而其所发布的预警信息的公正性和权威性会大打折扣。另外，这种预警机制应当最低程度地影响企业的正常经营，即存在谦抑性的考量，且不能与正常的企业经营行为或者职能互相冲突，以避免存在同为“吹哨者”和“参赛者”的身份冲突。因此，设计困境企业的风险预警机制至少需要从权责主体和行为措施等层面进行考虑。

（一）困境企业风险预警的权责主体

从其他国家典型的立法例来看，目前比较成熟的就是法国1984年出台《企业困境预防与和解清理法》。该法关于启动破产预警程序主体所作的规定概括起来分为三类：由法院启动破产预警程序、会计监察人启动破产预警程序和企业工会（或职工代表）启动破产预警程序[①]。

1. 法院启动破产预警程序

法院通过诉讼、令状或者其他方式发现企业出现影响正常经营的

---

① 参见种林《法国困境企业保护制度研究及借鉴》，载《南京社会科学》2018年第6期，第102－107页。

重大困难时，依职权启动预警程序。这种方式需要各级法院之间有一定程度的信息共享和定期检索机制，才能主动发现困境企业在某一时间段出现大量诉讼或执行信息，才能发现其存在现实的债务危机或者履行困难。但是，对困境企业所涉诉讼可能存在多个具有管辖权的法院，由于企业的经营活动主要集中在注册地或者住所地，所以一般由企业注册地或者住所地法院承担破产预警职责。结合我国现行司法体制，如果仍由企业注册地或住所地法院启动预警程序，则有可能受到困境企业属地的地方保护主义影响，不可避免地干扰法院中立判断。另外，法院一般遵循不告不理原则，积极主动地履行预警职责可能与这一原则存在相悖之处。我国法院尤其是基层法院案量繁重，人员紧张，司法资源薄弱，在现有人员配备和机构设置的条件下很难保证预警效果符合设计的目标。此外，法院本身仅能通过诉讼等法律层面判断企业经营是否存在破产风险，而无法在不借助会计师事务所等中介机构从财务等经营层面综合判断。因此，法院无法在困境企业出现经营危机的早期就能发现风险信号，而只能在出现债权纠纷并进入司法程序甚至作出裁判文书后才能发现。

2. 会计监察人启动破产预警程序

会计监察人一般在股份有限公司中从事外部审计工作。在审计过程中发现存在影响企业继续经营的重大事项或者风险时，会计监察人可以对企业管理者进行质询。如果企业管理者拒绝回复或者回复无法打消会计监察人的职业怀疑，那么会计监察人可以书面通知企业负责人在董事会或监事会上专门汇报和讨论，并同步汇报给法院。如果通过前面的程序依然无法得到合理的回复或者解决方案时，会计监察人还可以要求召开股东大会专题讨论。但是，这一启动主体存在严重的局限性，在我国现行经营管理制度下，可能只有上市公司才有义务专门聘请外部审计人员进行审计工作，而且外部审计人员并不具备相当的独立性，其报酬是由被审计的公司支付的，其利益与外部债权人等存在冲突。而我国破产企业中大部分仍以非上市公司为主，它们并没有被强制性的要求需要定期进行外部审计，其向工商管理部门提供的年报也可以自主申报。因此，该启动主体在我国完全没有适用空间。

3. 企业工会（或职工代表）启动破产预警程序

企业工会（或职工代表）启动破产预警程序亦不具备现实基础。在法国等西方发达国家，企业工会与企业本身保持着相对独立的关系，工会经费也是由员工自行缴纳而非公司从工资中代扣。工会由专门人员进行运作管理，是一类成熟的社会组织。企业工会为保护会员工人的合法权益，在公司出现经营困难而无法按时足额发放工资的情况下，会及时作出破产预警，通过与公司或其投资者进行谈判的方式获得满意的解决方案。但是，我国公司内部工会的独立性并不完整，工会成员大都由企业员工甚至管理者组成，工会经费也主要来源于企业，很难保证其公正地采取预警措施。

4. 税务机关启动破产预警程序

以上三种破产预警程序的权责主体在我国本土化适用的过程中均有着明显的局限性。因此，可以进一步调整和改良我国困境企业风险预警的权责主体。目前，较为合适的方法就是由税务机关作为启动破产预警程序的主体。首先，在我国破产实践中，有较大部分的破产企业尤其是民营企业均有税收债权存在。即税务机关一般能够作为外部债权人的一方，充分代表债权人的利益。同时，税务机关又具有公共属性，不会仅因单笔债权的实现而直接出现利益冲突。税收债权进入破产程序后优先于其他普通债权受偿，因此税务机关无损害其他债权人的必要。其次，税务机关在国地税制改革后基本完成了国税、地税合并，统一由中央直属管辖，能够有效地避免企业属地的地方保护主义干扰。再次，企业对经营状况密切相关的增值税等税种需要按月底申报纳税，同时也需要按季度或者半年度申报会计报表，税务机关能够及时地掌握企业的财务情况。另外，还可以通过其他的税收征管措施充分掌握企业的财务现状和资产情况，有效判断企业破产风险。最后，税务机关作为公权力机关，有国家信用背书的权威性，且其可以通过纳税信用等多个维度公开报告困境企业风险预警信息，外部债权人或者投资者能够及时地从公开渠道获取相关信息。

（二）困境企业风险预警的行为措施

税务机关依职权启动破产风险预警程序，不能违反一般的税收征收管理法等相关法律法规规定而采取额外的征税强制措施。同时，也要避免风险预警与正常税务征管的信息隔离以保证国家征税安全。此外，税务机关本身也有着对居民纳税企业进行纳税人信用评级的工作机制，可以在该评价基础之上增加对企业破产风险的定期评估。总而言之，税务机关可以在现有税收征管法律体系内对困境企业进行破产风险预警做出合法且有效的行为措施。

1. 检查企业的账簿、记账凭证、报表和有关资料

税务机关在发现企业纳税申报出现异常，可能存在进一步的财务风险时，可以进行税务检查。根据《中华人民共和国税收征收管理法》[①]（简称《税收征收管理法》）第五十四条第一款第（一）项的规定，税务机关有权检查纳税人的账簿、记账凭证、报表和有关资料，在检查过程中可以及时发现并作出初步研判。如果涉嫌税务违法而被立案调查，税务机关还可以对上述资料进行照相和复印，做进一步的系统性分析。税务机关因此可以及时获得困境企业直接的财务信息，从而能够形成完整、成熟的意见，判断困境企业是否存在破产风险。

2. 检查企业的参保人数变化和社保费用缴纳情况

劳动部门不再负责企业的社保费用缴纳，而由税务机关统一收取企业缴纳的社保费用。税务机关因此能够实时了解企业参保人数变化情况和社保费用是否足额及时缴纳。这两个指标都能及时反映企业内部是否出现经营困难导致一定规模的裁员行为或者企业流动资金紧张无法及时足额缴纳社保费用。一旦上述两个指标出现严重风险，税务机关都能在第一时间反应并做出预警。

3. 查询企业在银行或者其他金融机构的存款账户

税务机关经县级以上的正职领导批准，可以凭检查存款账户许可

① 《中华人民共和国税收征收管理法》，自2001年5月1日起施行。

证明，查询管辖企业在银行或者其他金融机构的存款账户，及时获取存款账户的资金情况，从而能够充分掌握困境企业是否存在资金紧缺和转移的情况，并及时对外发出破产风险预警。

但是，需要再次明确的是税务机关通过税务检查等方式获取的信息，依法仅能作为税收用途。对于上述信息不能直接作为风险预警的一部分进行公开，要建立起相关信息的“隔离墙”。参考税务机关对企业纳税信用评价的机制，税务机关可以在掌握困境企业存在重大经营风险、存在破产可能的情况，发布可能破产的示警名单或者标注，并且给予一定的宽限期让相关企业可以提起听证程序，在听证中由困境企业向税务机关作出风险解决方案的报告或者情况说明，税务机关在认可其报告或者说明后可以取消示警。

三、困境企业税务风险预警机制与破产程序的衔接

一旦困境企业被税务机关列入风险预警名单，可能会加速企业经营风险爆发、直接导致其被破产清算，这反而与破产风险预警制度的设立目的相悖。因此，有必要改变现有的破产程序，以更好地与破产风险预警制度配合。这也为和解程序和破产保护程序的调整和完善提供了基础。

（一）和解程序从“破产和解”到“预和解”

法国《商法典》第六卷“企业困境”第一编“企业困境的预防”是和解程序的基本法律依据，其明确了和解程序本身不属于集体清偿程序，而是集体清偿程序的补充程序或前置程序，是预防进入集体清偿程序的程序[①]。借鉴此种理念和我国现行开展“预重整”实践，税务机关在风险预警名单公示前的宽限期内依企业申请召开听证

① 参见种林《法国困境企业保护制度研究及借鉴》，载《南京社会科学》2018 年第 6 期，第 102 – 107 页。

会后，企业提出的风险解决方案涉及与主要债权人的和解时，税务机关可以协同法院共同处理，通过指定和解人组织专门的和解会议，就困境企业的债权部分豁免达成“预和解”以落实经营风险的解除。此外，税务机关也可以根据“预和解”结果解除对相应企业的破产风险预警。

（二）破产保护程序的引入

根据适用对象各自的特点，法国困境企业法规定了普通保护程序、快速保护程序和金融快速保护程序三种程序[①]。但是，法国破产保护程序也是从普通保护程序的大量实践出发，不断完善立法从而演变出快速保护程序和金融快速保护程序。我国暂未有相关破产保护的司法实践，可能无法直接照搬其实践结果。但是，可以对破产保护制度做一个本土化的简化和调整。如果税务机关及法院在充分沟通企业管理者和主要债权人的基础上发现“预和解”不可行时，可以由法院依相关方的申请或者依职权启动破产保护程序，要求部分债权人给予一定的展期（即保护期），在保护期内可以停止计息甚至偿付债务，直至保护期满困境企业恢复清偿能力或者直接转入破产程序。

四、结语

困境企业在正式进入破产程序的“破窗期”内允许适格债权人采取特定的预警措施，以使其内部风险得以对外披露，适时启动相应的“破产保护”机制。相比非债权利益相关的法院、会计师事务所和企业工会等主体，税务机关与其他债权人一样享有私法上的债权权益，但同时也具备公法上的公益地位。因此，由税务机关作为适格主体对困境企业进行税务预警，其他债权人和社会公众不仅可以合理期待其不会滥用权力谋取困境企业的个别清偿，也可以信赖其有足够动

---

① 参见种林《法国困境企业保护制度研究及借鉴》，载《南京社会科学》2018 年第 6 期，第 102 – 107 页。

力通过检查企业的财务资料、社保数据，甚至银行存款等措施贯彻落实风险预警机制。同时，这种税务风险预警机制也不会动摇、破坏法院和管理人在破产程序中的角色和职权，反而能与后续的破产程序进行良好的衔接，由税务机关与法院协作开展“预和解”或其他破产保护程序。

破产企业的税款滞纳金清偿问题研究

高艳岚*

【摘要】 企业破产时，无法保证所有债权都能得到全部偿还。法律规定了破产清算时的顺序，破产管理人必须按照法律规定的顺序进行清算。在破产债权中，税款及其滞纳金的清偿事关国家利益，也直接影响对其他债权人的清偿率。在法律上，对税款及税款滞纳金的规定纷繁复杂，难免引发对税款滞纳金清偿相关问题的争议。为解决有关争论，必须明确税款滞纳金补偿和惩罚的性质，基于税款滞纳金的性质，税收优先权不应包括税款滞纳金，因此，笔者建议明确规定税款滞纳金的上限。

【关键词】 企业破产；涉税滞纳金；税收

一个企业从登记注册到注销，其从事各项活动涉及的税收问题必须根据《中华人民共和国税收征收管理法》等法律规定缴纳税款，如企业所得税、增值税等。由于破产企业已经资不抵债，无法保证清偿所有债务，为了公平地清偿债务人的债务，法律规定了破产财产的清偿顺序。根据破产法的相关规定，破产财产应该先清偿担保债权，担保债权清偿后，再清偿破产费用和共益债务，接着是职工的相关债权，然后是税款，最后是无设定担保的普通债权。其中，担保债权作为别除权，优先受偿，而且不需要申报债权；而清偿破产费用和共益债务则是为了保证破产程序的顺利进行；职工相关债权是为了保护劳动者的利益；税收债权由于具有强制性和法定性，故优先于普通破产债权清偿。在清偿税款时，如企业未按照规定在一定期限内足额缴纳税款，其法律后果是缴纳罚款和税款滞纳金。税款滞纳金的性质为

* 高艳岚，广东明思律师事务所律师。

何、是否有上限、清偿顺序如何明确，在破产企业无法清偿所有债务的情况下，是极为重要的。

一、税款滞纳金性质的学理分歧

对纳税人或扣缴义务人的税款滞纳金规定源于《税收征管法》，《税收征管法》第三十二条和第五十二条规定了税款滞纳金产生的条件和原因，但没有规定税款滞纳金的性质。而税款滞纳金的性质将影响其在破产程序中清偿顺位等问题，故从学理上分析其性质尤为重要。税收债权的性质有别于平等主体之间的债权，税收的无偿性、强制性、法定性等性质决定了其附带有金钱处罚的公权力色彩。目前，关于税款滞纳金性质争论不休，本文将介绍以下五种主要观点。

（一）利息说

该观点认为，法律设立滞纳金的目的是让未按时缴纳、未足额缴纳税款的纳税人自觉履行纳税义务，惩罚不是其本意，而是具有补偿的性质[①]。从应然角度来看，纳税人应该按时、足额缴纳税款，这些税款成为国家财政收入的一部分；但是，当纳税人未按规定缴纳时，就造成本来属于国家财政收入的一部分税款暂时的流失，在此期间国家将无法使用该资金从事公共设施建设，其间造成的损失，纳税人对此应该予以一定的补偿。利息说从占用税款资金造成国家财政的暂时性短缺的角度，认为税款滞纳金的性质为利息，符合一般交易习惯。但是，万分之五的日利率明显超过银行同期贷款利率，带有惩罚的性质，显然不符合利息的特征。同时，滞纳金产生的时间点是纳税人逾期未缴纳税款之时，而利息从民间借贷关系成立之日就已经开始计算。

① 参见邓满源《税收滞纳金性质及征收比率的确定》，载《税务研究》2014 年第 5 期，第 70－73 页。

（二）附带税收说

该观点认为税款滞纳金具有附带性，依托于税款而存在，是国家对税款主债权的附带债权①。有判决也持这样的观点。在“杨再维诉海南省三亚地方税务局税收征收管理纠纷案”中，该法院认为“滞纳金是由于纳税义务人占用国家税款而应支付的补偿金，具有补偿性质，仍属于税收征收行为”②。从法官对税款滞纳金的定性来看，其认为税款滞纳金是补偿金，对滞纳金的加收可以归为税收征收的一种。此外，其他国家大多也将滞纳金定性为附带税。从国外立法来看，很多国家会将滞纳金性质界定为附带税收，认为滞纳金非利息，也不属于罚金，其本质是给纳税人施加压力，迫使其准时、足额缴纳税款的一种手段，如《德国租税通则》③。而我国的《中华人民共和国税务行政复议规则》④ 第十四条也将“加收滞纳金”归入到征税行为的范畴之内。由此可见，附带税收说深得大多数国家的立法认可，我国也有判决和法律认为加收税款滞纳金是征税的一种行为。但是，根据立法法规定的税收法定原则，该法是指狭义的法律，故可能存在抵触税收法定原则的风险。

（三）行政处罚说

该说认为滞纳金具有“制裁、惩罚”的属性，滞纳金是对逾期未缴纳税款、未足额缴纳税款的纳税人予以制裁的一种手段，从这个角度讲，滞纳金可以视为罚款的一种。但是，《税收征管法》第四十六条第一款第二项等相关法律的规定已经对纳税人欠税、逃税的行为予以罚款，若再对将滞纳金归入罚款的范畴，则与“一事不二罚”的原则相悖，给行政相对人增加过重的负担，因此，该说也是值得商

---

① 参见赵锦《我国税收滞纳金制度研究》（学位论文），深圳大学 2017 年。

② （2004）三亚行初字第 16 号。

③ 参见陈子龙、陆宇坤《税收滞纳金性质与制度修订研究》，载《税收经济研究》2014 年第 5 期，第 43－50 页。

④ 《中华人民共和国税务行政复议规则》，自 2010 年 4 月 1 日起施行。

権的。

（四）损害赔偿说

损害赔偿说的观点以纳税人和税务机关的法律关系为基础，认为他们之间的法律关系类似于私法的债权债务关系，只不过一方主体为公权力，故而为公法上的债权债务关系。滞纳金是纳税人逾期未缴纳税款、违反了给付税款的义务时，对国家债权造成损失的一种赔偿。与一般合同的违约责任一样，无论纳税人是否在主观上有过错，都需要承担赔偿责任，需要被加收滞纳金。该说与利息说有异曲同工之处，本质上都是逾期缴纳税款对国家经济损失的弥补。但是，该说忽视了加收税款日利率万分之五所带有的惩罚性。故该说亦难以成立。

（五）行政强制说

除了上述四种主要观点，还有一种就是行政强制说。该说认为，税款滞纳金兼具损害赔偿与行政强制中执行罚的性质，滞纳金既是纳税人因迟缴税款造成国家财政流失而向国家所做的赔偿，也是税务机关对不及时履行税款而实施的一种加重给付[①]。《中华人民共和国行政强制法》[②]（以下简称《行政强制法》）在强制执行的相关规定中，将加收滞纳金规定为行政相对人不履行行政处罚的一种强制措施。因此，行政强制说将税款滞纳金等同于行政强制法中的执行罚滞纳金。该说并没有真正意识到两者间的不同之处，导致将两者等同起来。税款滞纳金在纳税人未按照规定缴纳税款时产生，缴纳税款是法律规定的义务，不属于行政处罚；而执行罚滞纳金是在行政相对人不履行行政处罚后，行政机关强制执行的一种方式。两者产生的时间和原因均有所不同。

---

① 参见闫海、于骁骁《论税收滞纳金的法律性质、适用情形与核定机制》，载《湖南财政经济学院学报》2011 年第 6 期，第 5－9 页。

② 《中华人民共和国行政强制法》，自 2012 年 1 月 1 日起施行。

二、滞纳金性质的厘清

（一）立法现状的不足之处

1. 税收征管法没有明确滞纳金的性质

《税收征管法》第三十二条对滞纳金的产生原因、时间以及计算标准作出了明确规定，纳税人逾期缴纳税款，从滞纳税款之日起，按日加收滞纳税款万分之五的滞纳金。《税收征管法》第五十二条规定了逾期、未足额缴纳税款的三种不同方式：无过失不加收、一定期限内加收、不受限加收。具体说来，“无过失不加收”是指纳税人、扣缴义务人逾期、未足额缴纳税款的是税务机关导致的，则不应该加收滞纳金；“一定期限内加收”是指纳税人、扣缴义务人的过失责任在于税务机关；“不受限加收”针对的是偷税、抗税、骗税的纳税人，对其加收滞纳金不受期限的限制。但上述规定都没有明确滞纳金的性质。

2. 税款滞纳金与执行罚滞纳金的混同

现行税收管理法和行政强制法都属于公法领域，且都有关于滞纳金的规定。在适用法律上，如果没有清晰地认识到两者的性质不同，则往往会将两者混同在一起。在“济南市中级人民法院某破产债权确认纠纷二审”① 中，济南市中级人民法院将税款滞纳金等同于执行罚滞纳金，认为加收滞纳金是对逾期、未足额缴纳税款的纳税人一种制裁手段，属于行政强制执行的一种方式。该判决就将税款滞纳金与执行罚滞纳金混同了。需要明确的是，税款滞纳金与一般的滞纳金性质是不同的。同时必须强调的是，我国立法早就意识到税款滞纳金可能会被误解与执行罚滞纳金的性质一样，于是在 2015 年《税收征管法》修订草案（征求意见稿）中便尝试通过用“税款滞纳金”代替“滞纳金”，以此来表明两者不能够等同。

① （2019）鲁 01 民终 4926 号。

（二）滞纳金的经济补偿及惩戒性双重属性

税款滞纳金因纳税人欠缴税款而产生，并从欠缴税款之日起按税款日万分之五计算。纳税人未按规定缴纳税款，占用了本该属于国家的税款，在此期间对国家造成了损失，因此需要对国家进行经济补偿。然而，以税款本金为基数，按照日万分之五的标准来计算税款滞纳金，该标准远高于同期银行贷款利率，其所体现的惩戒性不言而喻。在税收法定原则下，有纳税义务的人必须按照法律规定准时、足额地缴纳税款，若一部分人逾期缴纳，则对已经履行纳税义务的人是不公平的；况且，税收是否稳定，直接影响着国家的财政收入，并间接影响到社会的重新分配、对公共服务的投入等问题，于是法律规定了按照本金为基数、日万分之五的加收标准计算滞纳金。

三、破产程序中滞纳金清偿顺位

破产程序中滞纳金的清偿顺位，顾名思义，探讨的是税款滞纳金可否归于税收优先权，以便与税款一起清偿。从法律规定来看，《税收征管法》第四十条第二款[①]早已明确规定，税务机关可以同时强制执行税款滞纳金与税款。而《税收征管法》第五十三条[②]的规定更为明确、清晰。在此规定之下，税款滞纳金就是税款，两者等同。那么，这是否意味着税款滞纳金和税款在破产程序中清偿顺序相同？问题有待继续探讨。

---

① 《中华人民共和国税收征收管理法》第四十条："税务机关采取强制执行措施时，对前款所列纳税人、扣缴义务人、纳税担保人未缴纳的滞纳金同时强制执行。"

② 《中华人民共和国税收征收管理法》第五十三条："国家税务局和地方税务局应当按照国家规定的税收征收管理范围和税款入库预算级次，将征收的税款缴入国库。对审计机关、财政机关依法查出的税收违法行为，税务机关应当根据有关机关的决定、意见书，依法将应收的税款、滞纳金按照税款入库预算级次缴入国库，并将结果及时回复有关机关。"

（一）实务的分歧

在四川省广安市前锋区人民法院审理的一起案件[①]中，法官认为，根据《税收征管法》和《国家税务总局关于税收优先权包括滞纳金问题的批复》[②]（简称“1084 号文”）规定，普通诉讼的执行程序和普通税收征缴程序中存在税收优先权，但是对于重整程序中是否适用并无规定，因此应当适用《最高人民法院关于税务机关就破产企业欠缴税款产生的滞纳金提起的债权确认之诉应否受理问题的批复》[③]（简称“9 号文”）。税务机关与司法机关的观点截然相反，两种观点体现不同的价值立场。税务机关代表国家对纳税人进行征税，征税是税务机关的权利，亦是税务机关的义务，体现的是国家的利益；而法院则基于大多数债权人的立场，相较于国家，债权人是弱势群体，故而应当首先保障其权益。

（二）司法和税务观点的趋同

如本文前面所述，国家税务总局的 1084 号文中明确规定税收优先包括滞纳金，这与 9 号文的规定相反，因此造成了实务上税务机关和司法实践相冲突的观点。司法实践中渐渐形成统一的观点，即认为滞纳金不属于税收优先权的范畴。为了解决与司法实践的冲突，2020 年国家税务总局发布了《国家税务总局关于税收征管若干事项的公告》[④]，旗帜鲜明地指出“在涉税滞纳金属于普通破产债权”，该文件反映了国家税务总局对涉税滞纳金性质认定的态度转变，也解决了长期以来存在的“税收优先权是否包括滞纳金”的争论。

本文在前面已经论述了税款滞纳金“经济补偿”和“惩戒”的

① （2019）川 1603 民初 1649 号。

② 《国家税务总局关于税收优先权包括滞纳金问题的批复》（国税函〔2008〕1084 号），自 2008 年 12 月 31 日起施行。

③ 《最高人民法院关于税务机关就破产企业欠缴税款产生的滞纳金提起的债权确认之诉应否受理问题的批复》（法释〔2012〕9 号），自 2012 年 7 月 12 日起施行。

④ 《国家税务总局关于税收征管若干事项的公告》（国家税务总局公告 2019 年第 48 号），自 2020 年 3 月 1 日起施行。

双重属性。税款滞纳金的两种属性针对的是国家还有未缴纳税款的纳税人。税收优先权如果包含滞纳金，虽然对国家财政有利，但可能会对普通债权人的债权受偿造成影响。从保护普通债权人、弱势群体以达到促进社会稳定的角度而言，国家应扮演一个让利者，让普通债权人得到更高的清偿率。因此，即使在司法机关和税务机关就滞纳金清偿问题达成一致。但为了让此观点更加清晰、明确，笔者建议用立法将此做统一的规定，而不是任其散见于司法解释还有其他规范性文件中。

四、滞纳金须设上限

（一）滞纳金加收标准和上限的规定

《税收征管法》第三十二条规定，对未按照期限、未足额缴纳税款的纳税人，以滞纳税款之日为计算起点，按照日万分之五的标准加收滞纳金。《中华人民共和国行政强制法》第四十五条规定，当事人逾期不履行金钱给付义务的行政决定时，行政机关可以加处滞纳金。但是，该滞纳金不得超过应履行的金钱给付义务的数额。税收征管法和行政强制法都规定了滞纳金，但这两种滞纳金的性质是不同的，在适用上也是有差异的。没有正确认识这两种不同的性质的滞纳金，导致在司法实务上产生了争论。

（二）司法实践的分歧

在实务上，税务机关对此没有异议，税务机关代表国家行使税收权，一直主张税款滞纳金应当根据《税收征管法》第三十二条的规定，没有规定滞纳金的上限。而在司法实践上，对税款滞纳金是否存在上限存在争议。在“济南市中级人民法院某破产债权确认纠纷二审”[①] 中，济南市中级人民法院认为对依法应当按期、足额缴纳税款

① （2019）鲁01民终4926号。

的纳税人来说，加收滞纳金是一种处罚手段，属于强制执行的一种方式。《行政强制法》规定滞纳金不应该超过本金。因此，纳税义务人认为滞纳金的数额不应超过本金的数额符合法律规定，税务机关请求确认超过本金的数额无法律依据，不予支持。该观点认为涉税滞纳金属于一种处罚措施，属于行政强制执行的一种方式，应当适用《行政强制法》有关滞纳金的规定。

与济南市中级人民法院的观点相反，在“海南雅可影视节目制作有限公司与海南省地方税务局第一稽查局其他行政行为一审行政案”[①] 中，海口市龙华区人民法院认为税款滞纳金可超过本金，理由有二：其一，根据特别法优先于一般法，《税收征管法》和《行政强制法》是同一位阶的法律，而《税收征管法》是特别法，当在法律适用上发生冲突时，应当适用特别法；其二，根据《税收征管法》第三十二条的规定，税款滞纳金可以超过本金，不同于执行罚滞纳金。

（三）维护社会稳定，滞纳金须有上限

如前所述，税款滞纳金不同于执行罚滞纳金。但税款滞纳金的上限问题，尚未有法律予以明确规定。《税收征管法》规定了税款滞纳金规定的计算方法，但是并没有明确其是否有限额的限制。本文认为，从“法无授权不可为”及基于维护社会稳定的角度出发，税款滞纳金不可以超过本金。

在有公权力存在的法律关系中，行政相对人相较于行政机关，势必处于劣势地位，因此需要对行政权力进行相应的限制。在法律没有明确规定税款滞纳金是否可以超过本金的情况下，应该从保护行政相对人的利益出发，认为税款滞纳金不可以超过本金。同时，在破产程序中，如果滞纳金没有规定上限而超过本金，则会影响其他债权人的利益，进而影响社会的稳定。税款滞纳金如前所述，带有经济补偿及惩戒的双重属性，其中补偿的是国家，惩戒的是未缴纳税款的纳税

---

① （2017）琼0106行初2号。

人，而不是债权人。为了让更多的债权人得到清偿、提高清偿率，进而维护社会稳定，国家应该让利。基于此，税款滞纳金也是不可以超过本金的。

五、总结

企业注册登记，根据相关法律，成为法律拟制的人，是为“法人”。企业在生产经营的过程中，不可能一帆风顺，势必会受到内外部因素的影响：内部有经营管理者的经营理念、方针路线的影响，外部有市场优胜劣汰的机制。有些企业经不起大风大浪，一旦经营不慎，加上外部的冲击，就会面临财务危机，最后不可避免地走向破产的窘境。破产法遵循的原则是公平、公正地使债权人的债权得以清偿，但是有原则势必有例外。企业破产清算过程中，涉税滞纳金的相关问题，既事关破产普通债权人的利益，也涉及国家的利益。税款滞纳金不同于执行罚滞纳金，其有经济补偿和惩戒的双重属性。税收优先权不包括税款滞纳金，司法和税务机关的观点已趋于一致，将人民法院裁定受理破产案件前产生的涉税滞纳金认定为普通破产债权，认为裁定后的涉税滞纳金不是普通破产债权。涉税滞纳金不与税款一起清偿。关于涉税滞纳金的数额能否超过税款本金，税收征管法没有规定上限，税务机关往往认为可以超过本金，但从“法无授权不可为”和维护社会稳定的角度出发，笔者认为税款滞纳金不可以超过本金。

论破产财产的处置税费问题

楚晗旗*

【摘要】破产企业经常通过拍卖等方式处置财产涉及的税费缴纳，而不直接适用执行程序中普通司法拍卖的相关规定。在破产法未明确规定此类税费清偿顺位的情况下，即使在拍卖公告中约定买受人承担税费，也不能实际解决后续的遗留问题，包括该约定权力是否溯及破产企业困境处置里新产生的税费、相应税费计算所涉及的计税依据及新欠税费的债权清偿顺位。

【关键词】破产财产；计税依据；纳税主体；税费清偿顺位

破产企业处置财产产生的税费发生在破产受理后，在实务中一般发生在税收债权申报之前，其性质与一般的税收债权存在较大差别。但是，处理这部分的税费问题也需要适用税收征管方面的法律法规。在实践操作中，拍卖公告通常会约定由买受人承担税费以回避相关税费负担问题，但随着破产财产处置数量的大幅增加，必然会导致其他税费承担的方式产生。这也就要求我们要进一步明确这部分税费产生的债权真实属性以及不同承担主体之间的税务处理。

一、破产财产处置税费问题的提出

破产财产处置直接的法律依据是《中华人民共和国企业破产法》第一百一十二条规定，原则上以拍卖方式进行变价销售，但是债权人会议决议可以采取其他方式处置。虽然该条规定并未涉及处置过程中

* 楚晗旗，广东明思律师事务所律师。

的税费问题，但是，《中华人民共和国契税法》[①]《中华人民共和国个人所得税法》[②]《中华人民共和国企业所得税法》[③]《中华人民共和国增值税暂行条例》[④] 等相关法律法规对财产转让税费负担确有明确规定，如果按照正常财产转让的税费承担方式由买卖双方各自缴纳税费，处置税费就无法简单地归入《破产法》第一百一十三条所列示的破产费用、共益债务、税收债权甚至普通破产债权。破产财产处置税费所形成的债权显然不在《破产法》第四十二条所规定的共益债务范围内，但该债权是否属于《破产法》第四十一条第一款第二项中的“管理、变价和分配债务人财产的费用”，法律或者司法解释对此没有进一步明确。另外，该债权能否概括性归纳在税收债权中亦存在争议，即破产财产处置及相关税费是现时发生而非积欠，强行解释为欠税则演变成“未缴先欠”，不利于税收征管。

鉴于法律法规上的模糊表述及债务人现实中税费缴付能力的不足，司法实践往往在拍卖公告中明确约定由买受人承担处置环节的全部税费，包括本该由债务人缴纳的部分。这种“一刀切”的方式虽然简便高效，但是损害了买受人依法纳税的权利，而且某些税费并不能用于抵扣，从而给买受人增加了额外的负担，在实务中引起了不小争议，也给法院执行带来一些消极影响。

其实，最高人民法院早在《最高人民法院关于人民法院网络司法拍卖若干问题的规定》[⑤]（简称《网络司法拍卖规定》）中否定了在司法拍卖公告中要求买受人概括承担全部税费的做法。该司法解释的第三十条规定，“因网络司法拍卖本身形成的税费，应当依照相关法律、行政法规的规定，由相应主体承担；没有规定或者规定不明的，人民法院可以根据法律原则和案件实际情况确定税费承担的相关

---

① 《中华人民共和国契税法》，自 2021 年 9 月 1 日起施行。

② 《中华人民共和国个人所得税法》，自 2019 年 1 月 1 日起施行。

③ 《中华人民共和国企业所得税法》，自 2018 年 12 月 29 日起施行。

④ 《中华人民共和国增值税暂行条例》，自 2017 年 11 月 19 日起施行。

⑤ 最高人民法院：《最高人民法院关于人民法院网络司法拍卖若干问题的规定》（法释〔2016〕18 号），自 2017 年 1 月 1 日起施行。

主体、数额”。而实际上税收法律法规均有明确规定的纳税人，但拍卖公告使用的“缴纳”或“承担”等用语模糊甚至偷换了相关概念。

同时，2020 年 9 月国家税务总局在《对十三届全国人大三次会议第 8471 号建议的答复》[①]（简称《答复》）中也再次明确：“最高人民法院……要求各级法院严格落实司法解释关于税费依法由相应主体承担的规定，严格禁止在拍卖公告中要求买受人概括承担全部税费。”这为破产企业财产拍卖的税费承担及相关债权问题做进一步的探讨和研究提供了前提条件。

二、破产财产处置税费的类别与性质

（一）破产财产处置税费的类别

依据破产企业处置的财产类别不同，在处置过程中会涉及不同的税种、税率以及纳税人。一般而言，资产处置可能涉及的税种主要有增值税、土地增值税、所得税、印花税等。而在破产企业中常见的处置财产有股权、股票、动产、不动产及商标、专利等知识产权。

1. 股票、股权

在增值税层面，对破产企业持有的境内非上市公司的普通股权转让不征收增值税；对破产企业持有的上市公司股票转让以卖出价减去买入价为销售额按 6% 的税率计征增值税。在所得税层面，破产企业处置境内非上市公司的普通股权所得收入，不需要缴纳企业所得税；破产企业转让上市公司股票所得是应税收入，纳入应纳税所得额计算缴纳企业所得税，但是连续持有境内上市公司股票 12 个月以上部分的所得免征企业所得税。在印花税层面，破产企业转让股权或股票，均需缴纳印花税。另外，根据印花税法规定，包括股票转让在内的证券交易仅对出让方即破产企业一方征收。

① 国家税务总局：《对十三届全国人大三次会议第 8471 号建议的答复》，2020 年 10 月 19 日发布。

2. 动产

动产在破产企业中较为常见的种类有车辆、办公设备、办公家具、机器设备以及存货等。其中，车辆较为特殊，除了主要的增值税和印花税之外，可能还要补缴此前拖欠的车船税及其他费用。在增值税层面，车辆一般入账作为固定资产，在不得抵扣且未抵扣进项税额的情况下，依照2%优惠的征收率计征增值税。另外，对于破产企业的存货而言，往往会涉及销售额的认定问题，以区分含税销售额和不含税销售额，如果经评估确定的拍卖价格包括销项税额，那么管理人应当向买受人开具增值税专用发票，相关税额可以由买受人做进项税额进行抵扣。

3. 不动产

对于非房地产行业的破产企业，一般以处置所得全额按9%的税率计征增值税，但对于营改增之前取得的非自建不动产，在简易计税的方式下可以差额按5%的征收率计征增值税，差额为包括其他价外费用在内的处置所得扣除取得时原价的部分。而对于房地产行业的破产企业，这种处置不动产的行为在税法上类似于处置存货，转让自行开发的不动产可以以处置所得扣除对应土地价款的差额按照9%的税率计征增值税，转让营改增之前开发的不动产则只能按简易计税方式以5%征收率全额计征增值税。另外，买受人在不动产处置时一般也不存在抵扣税额的问题。

4. 商标、专利等知识产权

破产企业如果转让的是专利技术等知识产权，则免征增值税。如果转让的是商标、版权等其他知识产权，则按照6%税率计征增值税，该部分税额是否抵扣可以参照动产部分的税务处理方式。

破产企业在处置上述常见资产类型时所产生的税费均有税法上规定的纳税人、税目、税率等，能够完整地计算出相应税种的应纳税额。而且，买受人实际并没有税法上应当承担税费的依据。拍卖公告通过约定的方式，将税费实际支付的主体确定为买受人虽没有直接违反税收法律的强制性规定，但这种根据承受的约定过于模糊，并不能解决破产企业在后续所得税方面的问题，也会给买受人在自身流转税计征方面埋下隐患。

（二）破产财产处置的税费性质

破产财产处置税费的清偿顺位与其债权性质密切相关。承前述，处置税费不同于税收债权及共益债务，与破产受理后的新增税费有着截然不同的性质。在破产法理论界与实务界，更多人倾向将其性质归类为破产费用。但是，从法理层面和财会角度分析，将处置税费认定为破产费用仍存在无法解决的问题。

从法理角度分析，破产财产的处置税费仅发生于变价破产财产这一行为中，而破产企业出现变价财产的行为并不是必然的，在变价财产的行为中也不是单独产生税费而已。比如，在处置厂房等不动产时，也需要同时缴清此前拖欠的物业费、水电费等其他费用，与法定的税费明显不同，这类费用几乎都可以通过拍卖公告约定来承担主体的意定费用。管理人或者其他利害关系人此前垫付相关费用则必然加重了自身的成本或者损失，而由全体债权人概括地受益。因此，这类费用直接解释为破产费用并没有法理上的障碍。但是，有相当一部分处置税费在税法上严格限制了纳税主体，通过竞拍公告等形式强制买受人承担并不能当然地修复这种违反法律法规的瑕疵。而且，由买受人一概承担处置税费也会引发新的税费问题，导致与破产财产处置相关的新纠纷产生。[①] 另外，在前面提及的国税总局相关《答复》中实质将破产财产网络拍卖与网络司法拍卖截然区分，虽然不能直接参照适用《网络司法拍卖规定》禁止税费由买受人概括承受，但能在一定程度上阻止管理人直接沿袭司法实践中网络司法拍卖竞拍公告直接约定买受人承担税费的做法。

从财会角度分析，《企业破产清算有关会计处理规定》[②] 规定的会计处理方式并没有将处置税费列入破产费用科目。首先，破产企业

---

① 参见虞伟庆、潘志刚、林长华《由诉讼案例引发对破产财产拍卖涉税问题的思考》，载《中国律师》2020 年第 4 期，第 56 – 59 页。

② 《企业破产清算有关会计处理规定》（财会〔2016〕23 号），自 2016 年 12 月 20 日起施行。

在清算期间的会计处理增设了“应付破产费用”“应付共益债务”两个负债类科目，用于核算破产企业在破产清算过程中发生的相关破产费用或者共益债务。同时，在清算损益类中科目中增设了“破产费用”“共益债务支出”，用于核算清算过程中相关破产费用或者共益债务的实际支出[①]。也就是说，这四个科目已经完整地核算所有应当计入的破产费用或共益债务，如此设置也是为了在财会处理上与破产法律法规保持一致。但是，该规定却仅保留了“应交税费”单一科目来核算清算期间的应缴税费，由此倒推出破产财产处置税费并不属于破产费用、共益债务。这也表明即使不单独区分处置税费，也不会影响破产企业的会计核算。其次，按照该规定，法院宣告破产时，破产企业应将原“应付账款”“其他应付款”等科目的余额进行结转，其中属于破产法律法规明确规定的破产费用、共益债务的部分要转入“应付破产费用”“应付共益债务”科目，但“应交税费”科目的余额无须进行类似的结转。当然，破产企业在被宣告破产后才会发生破产财产处置的行为，但是相关破产费用、共益债务的结转已经结束，处置税费也无法追加结转。再次，在破产财产处置行为发生时，在借方分录按照“现金”“银行存款”科目记录，以此前的账面价值在贷方分录中按各类具体资产相关科目进行记录所应缴纳的税费在贷方分录按照“应交税费”科目记录；剩余差额部分依据最终损益表现为借记或者贷记“资产处置净损益”科目。因此，在变价处置破产财产的行为中也没有把处置税费归入破产费用或共益债务。

当然，仅凭财会角度的梳理分析，并不能实际解决税务征管实务中的问题。以作为动产的中间产品处置为例，如不缴清处置过程产生的增值税税额，不出具相应的专用发票，买受人将无法进行进项税额的抵扣，而该部分税额又无法做不得抵扣的进项税额转出，导致操作起来非常尴尬。

---

① 参见包关云、包卓群《破产企业财产拍卖涉税研究——基于财务与法学视角》，载《中国注册会计师》2019年第11期，第118－121页。

三、破产财产处置税费的清偿顺位分析

对破产财产处置税费的类别和性质进行梳理后，可以明确的是，不宜直接认定处置税费为破产费用从而进行破产法上债权分类的硬性适用。从实际而言，这种处置税费的产生并不是因破产企业而具有特殊性，它仅仅与处置行为有着直接关系，即有处置行为才会有处置税费。因此，破产企业无须以破产程序的特殊性来异化破产财产处置行为的税费缴付。即使破产企业因为自身清偿能力的不足无法切实地履行处置税费的纳税义务，也应当由税务机关在破产企业注销税务登记时与其他无法清偿的税费一并进行核销，而不能不平等地加重买受人一方的纳税负担。破产财产处置税费的清偿顺位应当与破产受理后的企业存续所产生的税费一致，但是，现行破产法律法规并未对相关税费对应的债权清偿顺位作出明确规定，根据法律规定所列举的共益债务、破产费用种类也无法直接包括破产受理后企业存续所产生的税费。由于共益债务、破产费用的清偿顺位具有法定的优先性，如果在没有法律规定明确指明相应税费归类性质的情况下，更宜将其作为普通破产债权这类无损于其他明确优先顺位的破产债权利益来认定，以平衡各类债权人之间的利益。同时，也有助于进一步缓解破产企业通过重整或者和解等其他非清算程序存续的债务清偿压力，从而恢复正常经营以更长远地保证税源。

另外，税务机关相对于其他债权人而言可以通过税款征收强制措施更有力地保障税收债权的清偿，这一部分利益在企业进入破产前已经得到相应的补偿。因此，企业破产受理后，再赋予其类似于破产费用、共益债务同等地位的优先受偿顺位，将造成对其他债权人双向的不平等。因此，从优先权法定和债权人利益平衡等多角度分析，破产财产处置税费宜作为普通破产债权进行受偿，无法清偿部分应随着破产程序的终结一并地予以免除。

四、结语

破产财产的处置是破产债权受偿的必经之路，不仅关系到债权人的利益，也关系到破产企业和买受人的利益。不同于破产程序内部的债权人及破产企业，买受人作为外部的利益相关者，应当公平地统一适用税法相关法律法规、承担相应的破产处置税费。在破产法律法规没有明确地进行特别法规定处理时，破产财产处置费用应当直接适用税法相关规定从而确定税务负担。同时，从法理解释和财会处理等路径分析也无法得出其性质与破产费用、共益债务有明显的相同之处，这也进一步表明其与破产受理后企业存续所产生的税费并无二致。但是，破产受理后企业存续所产生的税费不具有相应优先顺位的明确法律依据支持，因此在清偿顺位上以普通破产债权处理破产处置税费更符合破产立法的本义。

论破产程序中税收债权的清偿顺位

周小龙*

【摘要】破产程序中债务人财产往往不足以清偿全部债权，而税收债权基于其另属税收征管法的调整范围，在清偿顺位上直接适用破产法规定则会引起冲突。通过法律解释的方法理顺两者的清偿顺位、厘清税收债权本身的特性，有助于明确税务机关参与破产程序的角色定位，完善现有法律规定，进而推动普遍意义的税务机关参与破产程序的行为规范。

【关键词】税收债权；担保物权；破产程序

破产企业进入破产程序前，基本上都存在包括欠税在内的各种税务问题，税务机关作为征税主体和税收债权的实际行权人广泛地参与到破产程序中，税收债权亦是税务机关加入破产程序的主要权利来源。但是，在破产程序中，税收债权并不基于其国家公权力的性质而享有绝对的优先效力，相反，在破产立法和实践中反而劣后于破产费用、共益债务、职工债权等。除此之外，其与担保物权也存在直接的冲突。

一、问题的提出

税收债权的权利人实际是国家，税务机关作为国家意志的具象化主体，代表国家行使征税权，包括追收纳税人未及时履行纳税义务而产生的税收债权。这也表明税收债权往往代表国家利益和公共利益，与破产程序中的其他私权利有着明显的区别，甚至产生冲突。但是，

* 周小龙，广东明思律师事务所律师。

税务机关并不等同于国家意志，而仅仅类似于一般权限的“代理人”，无法作为实际权利人在没有法律明确规定或授权的情况下对税收债权进行放弃或者接受不利的负担，因此，税务机关在实现税收债权过程中比其他债权人有着更多的限制。鉴于上述情况，需要通过《中华人民共和国税收征收管理法》等法律明确规定赋予税收优先权来保障税务机关优势行权的地位，以解决其与私权利人的冲突。在税收征管法律关系中，税收债权权利保障顺位优先于所有的无担保债权，优先于设立在税收债权形成之后的担保债权。

在破产法适用领域中，税收债权的优先顺位有过一定程度的调整，私权利不再具有普适性的优势地位。《中华人民共和国企业破产法》的第一百一十三条规定大举突破了税收债权优先于无担保债权的原则，管理人接管破产企业为保障各方利益产生的破产费用、共益债务以及与职工生存权益息息相关的职工债权等普通债权清偿顺位已然优先于税收债权。同时，《破产法》对担保债权的优先受偿也做了特殊安排，即在第一百零九条中明确了担保债权有别于其他债权，优先对特定的担保财产享有受偿的权利，不能受偿部分才作为普通债权共同参与破产财产处置所得的概括性受偿，这实际上也突破了担保债权劣后于其设立之前已存在的税收债权原则。从形式上看，《税收征收管理法》与《破产法》关于税收债权清偿顺位的问题存在明显的冲突，并不能以“特别法优于一般法”的原则划定冲突规定的效力位阶来予以解决。

二、造成税收债权清偿顺位冲突的分析

税收债权在破产程序中清偿顺位与税收征管法之间的冲突表现为两个方面，一是税收债权与破产程序中特殊的无担保债权的清偿顺位不一致，二是税收债权与破产程序中的担保债权的清偿顺位不一致。另外，税收债权的优先效力范围也需要进一步明确，即是否包括欠税税款本身，以及因欠缴税款产生的滞纳金和其他税收罚款等。同时，应当首先考虑税收债权在破产法语境中优先权范围的差异。

（一）税收优先权的范围差异

税收债权及于税款、滞纳金、罚款等已毋庸置疑，而这几类不同性质款项亦有顺位。结合《税收征收管理法》第四十五条第一款、第二款的表述，税务机关另行处以的罚款或者没收违法所得与具有优先效力的税收存在明显的顺位差别，税收优先权仅及于税收。但是，上述规定并未直接提及滞纳金。通过对《税收征收管理法》进行体系解释，可以发现，税款与滞纳金的关系可以类比一般民法意义上的本金与利息的关系，它们同属于税收这一概念项下，即税收优先权在税收征管中是包括滞纳金的。

在破产程序中，滞纳金的性质在理论界尚存在一定的争议。在司法实践中，依据《最高人民法院关于税务机关就破产企业欠缴税款产生的滞纳金提起的债权确认之诉应否受理问题的批复》[①]，滞纳金产生于企业破产受理前性质为普通破产债权，而产生于企业破产受理后则适用《最高人民法院关于审理企业破产案件若干问题的规定》[②]第六十一条规定，其不属于破产债权。但是，不属于破产债权并不当然产生豁免债务的法律效果，管理人依然需要对上述债权的申报进行登记。因此，理论界也将这种处理方式表述为税收劣后债权，即顺位低于普通破产债权的债权，只有在普通破产债权全部受偿后仍有剩余破产财产可供分配的情况下，才可能被清偿。在破产实践中，除非破产财产本身在破产过程中出现大幅增值，劣后债权清偿的可能性极低。总而言之，滞纳金无论产生于破产受理前或受理后，在破产程序中均没有优先权效力。

因此，税收优先权在税收征管法律关系中优先效力是同时及于税款和滞纳金的。但是，在破产法律关系中税收优先权仅涵盖税款本身，不再及于滞纳金和罚款，两者在优先权范围已经存在本质上的差异。

---

① 《最高人民法院关于税务机关就破产企业欠缴税款产生的滞纳金提起的债权确认之诉应否受理问题的批复》（法释〔2012〕9号），自2012年7月12日起施行。

② 《最高人民法院关于审理企业破产案件若干问题的规定》（法释〔2002〕23号），自2002年9月1日起施行。

（二）税收优先权的顺位冲突

按照《税收征收管理法》第四十五条第一款规定，税收债权与担保债权同为法定的优先权，在优先效力上是平等的，不存在当然的优劣顺位差异。因此，只能通过债权成立时间的先后顺序决定税收优先权与担保债权之间的清偿顺位。

但是，在破产法中，担保债权的优先效力依托于特定财产存在，而不是对所有的破产财产具有概况统一的优先效力，也就是更加注重其“担保物权”的属性。因此，根据《破产法》第一百零九条的规定，担保债权就其设定担保的担保物这一特别财产享有排他性的优先效力。有学者把这种优先效力称为我国的别除权制度，即“债权人因其债权设有物权担保或享有特别优先权，而在破产程序中就债务人特定财产享有的优先受偿权利”①。而在《破产法》第一百一十三条规定中，破产费用、共益债务以及职工债权等特殊的无担保债权对于税收优先权亦有概况统一的优先效力，也就形成了税收优先权从一般的税收征管法律关系中进入破产程序必然会丧失部分权利的法律效果。

基于担保债权或者类担保的其他债权设立于特定财产这一特点，其与概况受偿的破产程序本身会存在冲突，因而被赋予这种“别除”的优先效力予以调和。比如，在涉及普通购房者、拆迁补偿人债权的房地产企业破产实践中，普通购房者或者拆迁补偿人的债权对于特定化的部分房产也享有排他性的优先效力，对该破产企业开发的部分房产优先受偿，甚至优先于其他普通担保物权，因而被称为“超级优先权”。

这种顺位冲突在破产实践中尤为激烈。税务机关在实施征税行为时主要依据的是《税收征收管理法》及税务相关的法律法规，而在部分破产企业中，税务机关还控制着部分破产财产，如应退未退税款

① 王欣新：《破产别除权理论与实务研究》，载《政法论坛》2007年第1期，第31－47页。

等。此外，税务机关亦无法完全自主地参与和解、重整等程序中可能需要豁免破产企业部分债务或者放弃行使权利的表决等。在这些情况下，税收优先权就可能会损害其他依照破产法等规定顺位在先的破产费用、共益债务等债权的优先性。

（三）税收优先权的顺位确定

1. 一般法与特别法的关系

《中华人民共和国立法法》[①]（简称《立法法》）第九十二条明确规定特别法优先于一般法，这一处理法律效力冲突原则同样适用于解决《税收征收管理法》和《破产法》在企业破产场景中的效力冲突问题。普遍观点认为，对于破产企业的税收债权与担保物权的冲突这一具体问题而言，《破产法》属于《税收征收管理法》的特别法，应当优先适用[②]。其实结合两部法律的相关规定来看，税收债权这一特殊事项在《破产法》中是有专门规定的，但《税收征收管理法》并没有将破产程序作为一个特定情形加以区分，而是没有差别地规定税收债权。因此，仅就破产程序中的税收债权及其顺位问题而言，《破产法》显然更应当作为特别法优先适用。

2. 一般优先权与特别优先权的关系

《破产法》将破产债权划分为优先债权和普通债权以决定不同债权的清偿顺位，这一标准是明确和清晰的。而普通债权之间不存在顺位差别，同一顺位的债权清偿方式为按比例分配。但是，对于优先债权之间的顺位及区分则是相对复杂和模糊的，这就必须引入一般优先权和特别优先权这一比较概念区分。一般优先权是基于全部破产财产享有概括性的优先权，而特别优先权则是基于特定财产而非破产财产享有依附性的优先权。对于担保债权来说，其就是依附于破产财产中的担保物的特别优先权，担保物丧失控制或者损毁、灭失则特别优先

① 《中华人民共和国立法法》，自2000年7月1日起施行。

② 参见王雄飞、李杰《破产程序中税收优先权与担保物权的冲突和解决》，载《法律适用》2018年第9期，第89－94页。

权就面临着损失。有进一步区分意义的反而是一般优先权，即破产费用、共益债务、职工债权、税收债权等。《税收征收管理法》规定了税收保全、强制执行在内的大量征收措施，其风险性能够得到有效控制，如果税收债权都无法得以清偿，那么其他风险性较大的债权获得清偿的可能性就更低。税收本质是一种最基本的全社会的共益债务①，这种共益性也表明税收债权的风险与收益是由全社会共同承担的，在终极意义上可以相互抵消。也就是说，即使税收优先权清偿顺位在后，也不会减损社会整体损益。基于此种考量，税收优先权顺位劣后于其他一般优先权更具有合理性。

三、破产程序中税收债权清偿顺位的原则及限制

破产程序中，处理税收债权必须区分破产债权与其他债权，先对破产债权部分做进一步处理，然后再对破产债权按照优先债权和普通债权做下一步细分处理。根据现行法律规定，税收债权中的罚款、破产受理后的滞纳金这一部分应当作为其他债权与破产债权区分开来，而不能直接通过破产程序概况受偿。税收债权中的税款和破产受理前的滞纳金虽然都是破产债权，但是，税款可以作为优先债权在前序优先债权受偿之后、后序普通破产债权受偿之前进行清偿。

（一）税收优先权与担保物权的清偿顺位原则及限制

1. 税收优先权清偿顺位原则劣后于担保物权

税收优先权与担保物权的清偿顺位原则一样可以适用本文前面讨论的特别法优于普通法、特别优先权优于一般优先权两个方面，另外，以物权优先于债权的原则亦可以做进一步补充以支撑担保物权相对的优先性。当然，这些层面更多的是从法理的角度进行探讨，从实

① 参见熊伟、王宗涛《中国税收优先权制度的存废之辩》，载《法学评论》2013 年第 2 期，第 47－54 页。

践中的可操作性来判断亦能支持这种顺位安排。

从《税收征收管理法》立法目的来看，其设立税收优先权是防止因为税务机关消极放弃税收债权，在相关权利竞合时怠于主张权利，导致税款流失[①]。但是，只有在企业正常经营时，才存在消极行权的不利后果。而在企业临界破产时，行权与否对于税款追缴本身意义不大，此时应当更加关注破产企业恢复能力的保护，以及各利害关系方之间的利益平衡。

从破产比较法的视角来看，成熟市场经济国家在逐渐完善破产立法后，税收优先权愈发受限制的趋势明显增大。在效力等方面，税收优先权的顺位与普通债权相同，甚至更低，表现为直接取消其优先权。美国税收债权只享有“第八优先权，通过留置登记也依然落后于第七优先权，仅在第八优先权之间更加优先，并不高于某些普通债权”；德国 1999 年实施了“没有等级的破产”，取消所有优先权[②]。另外，在适用范围方面，限制税收优先权的税种、时间和客体。例如，中国台湾地区仅规定土地增值税、关税和营业税三种税收优先权，法国也仅规定直接税和营业税的优先权。还有一些国家和地区要求税收优先权需要进行公示，即在适用形式方面进行限制。

2. 税收优先权清偿顺位的限制

虽然担保物权原则上清偿顺位优先于税收债权，但是破产程序作为集体清偿、概括清偿的程序，担保物权的行使依然不能损害后序顺位债权的清偿。因此，担保物权也必然受到相应的限制。《税收征收管理法》中设置了纳税担保的征税措施用以保障税收债权清偿，这一担保同样为物权担保，在清偿顺位上并不因担保债权的公益性而减损其优先效力。普通担保债权人放弃担保后，担保债权转变为普通破产债权，而纳税担保债权人一般不得放弃，即使通过重整程序依法裁定放弃，最终也只能转化为税收债权，但还是具有一定优先效力的。

---

① 参见李慈强《破产清算中税收优先权的类型化分析》，载《税务研究》2016 年第 3 期，第 85 – 90 页。

② 参见熊伟、王宗涛《中国税收优先权制度的存废之辩》，载《法学评论》2013 年第 2 期，第 47 – 54 页。

另外，对于未经登记或交付的担保物权，基于信赖利益的保护和与其他债权人的利益衡平考虑，应当不得对抗善意的普通债权人，当然包括税收债权人。

（二）税收优先权与其他一般优先权的清偿顺位原则及限制

其他一般优先权主要是破产费用、共益债务和职工债权，破产法已经有相对明确的清偿顺位规定。但是，需要特别指出的是，税务机关依然对于特定破产财产有着类担保的控制能力，对这部分财产是否也一概适用相同顺位则值得进一步思考。一方面，对于税务机关而言，管理人无法对抗也不能期待其不会以该部分特定资产抵偿此前的税收债权，特别是在有《税收征收管理法》等法律法规明确支撑之下；另一方面，冗长的行政审批也会延误其他破产财产的处置。因此，对于这一部分财产，不应当强行适用原则性的清偿顺位，而从破产法立法目的来看，也应当给予其灵活处置的空间从而平衡整体利益。

四、结语

在破产程序中，税收债权并不必然产生税收优先权，即使属于税收优先权，也应当考虑其优先权的来源与顺位。即应关注到税收征管法本身与破产法之间的规定冲突，并且运用法律解释的方法协调两者之间的冲突。在破产程序的特殊场合，相较于税收征管法，应当认定破产法为特别法而优先适用破产法相关规定，即担保债权优先于税收债权。但是，破产法规定本身亦未关注到税收优先权清偿顺位原则之外的特殊限制，即前序的担保债权或者破产费用、共益债务、职工债权的顺位利益也应当受到限制，以保障税收债权在内的后序债权利益。

参考文献

一、专著

[1] 爱泼斯坦，尼克勒斯，怀特. 美国破产法［M］. 韩长印，殷慧芬，叶名怡，等，译. 北京：中国政法大学出版社，2003.

[2] 贝尔德. 美国破产法精要［M］. 6 版. 徐阳光，武诗敏，译. 北京：法律出版社，2020.

[3] 波克. 德国破产法导论［M］. 6 版. 王艳柯，译. 北京：北京大学出版社，2014.

[4] 陈荣宗. 破产法［M］. 台湾：台湾三民书局，1986.

[5] 陈夏红，闻芳谊. 破产重整实务指南［M］. 北京：法律出版社，2019.

[6] 戴红兵. 破产审判的广西实践与探索［M］. 北京：法律出版社，2019.

[7] 方小敏. 中德法学论坛：第 13 辑［M］. 北京：法律出版社，2016.

[8] 福尔斯特. 德国破产法［M］. 7 版. 张宇晖，译. 北京：中国法制出版社，2020.

[9] 高富平. 物权法［M］. 北京：清华大学出版社，2007.

[10] 韩长印. 破产法学［M］. 2 版. 北京：中国政法大学出版社，2016.

[11] 韩长印. 破产疑难案例研习报告：2020 年卷［M］. 北京：中国政法大学出版社，2021.

[12] 何怀宏. 正义理论导引［M］. 北京：北京师范大学出版

社，2015.
[13] 何旺翔. 破产重整制度改革研究 [M]. 北京：中国政法大学出版社，2021.
[14] 贺小电. 破产法原理与适用 [M]. 北京：人民法院出版社，2012.
[15] 江丁库. 破产预重整法律实务 [M]. 北京：人民法院出版社，2019.
[16] 李曙光，刘延岭. 破产法评论：个人破产与违约债 [M]. 北京：法律出版社，2021.
[17] 李曙光，郑志斌. 公司重整法律评论：第1卷 [M]. 北京：法律出版社，2011年.
[18] 李永军. 破产法：理论与规范研究 [M]. 北京：中国政法大学出版社，2013.
[19] 林来梵. 宪法学讲义 [M]. 3版. 北京：清华大学出版社，2018.
[20] 刘宁，张庆，等. 公司破产重整法律实务全程解析：以兴昌达博公司破产重整案为例 [M]. 2版. 北京：北京大学出版社，2014.
[21] 刘延岭，赵坤成. 上市公司重整案例解析 [M]. 北京：法律出版社，2017.
[22] 齐砺杰. 破产重整制度的比较研究：英美视野与中国图景 [M]. 北京：中国社会科学出版社，2016.
[23] 史尚宽. 债法各论 [M]. 北京：中国政法大学出版社，2000.
[24] 斯基尔. 债务的世界：美国破产法史 [M]. 赵炳昊，译. 北京：中国法制出版社，2010.
[25] 孙佑海，袁建国. 企业破产法基础知识 [M]. 北京：中国经济出版社，1988.
[26] 泰步. 美国破产法新论 [M]. 3版. 韩长印，何欢，王之洲，译. 北京：中国政法大学出版社，2017.
[27] 王家福. 民法债权 [M]. 北京：中国社会科学出版社，2015.

[28] 王卫国. 破产法精义 [M]. 2 版. 北京：法律出版社，2020.
[29] 王欣新，郑志斌. 破产法论坛：第 14 辑 [M]. 北京：法律出版社，2019.
[30] 谢在全. 民法物权论：上册 [M]. 修订 5 版. 北京：中国政法大学出版社，2011.
[31] 徐亚农. 破产审判的温州探索 [M]. 北京：法律出版社，2018.
[32] 徐阳光，王静. 破产重整法律制度研究 [M]. 北京：法律出版社，2020.
[33] 徐阳光. 英国个人破产与债务清理制度 [M]. 北京：法律出版社，2020.
[34] 徐阳光. 中国破产审判的司法进路与裁判思维 [M]. 北京：法律出版社，2018.
[35] 许德风. 破产法论：解释与功能比较的视角 [M]. 北京：北京大学出版社. 2015.
[36] 宰丝雨. 美国动产担保交易制度与判例：基于美国《统一商法典》第九编动产担保法 [M]. 北京：法律出版社，2015.
[37] 自然人破产处理工作小组. 世界银行自然人破产问题处理报告 [M]. 殷慧芬，张达，译. 北京：中国政法大学出版社，2016.
[38] 邹海林. 破产法：程序理念与制度结构解析 [M]. 北京：中国社会科学出版社，2016.

二、期刊

[1] 艾文，耿振善. 破产重整制度的发展与完善：专访中国人民大学破产法研究中心主任、教授王欣新 [J]. 人民法治，2017 (11).
[2] 包关云，包卓群. 破产企业财产拍卖涉税研究：基于财务与法学视角 [J]. 中国注册会师，2019 (11).
[3] 陈子龙，陆宇坤. 税收滞纳金性质与制度修订研究 [J]. 税收经

济研究，2014（5）.
[4] 陈蓉，唐彩霞. 论企业破产重整信息披露时间节点的规范与细化［J］. 行政与法，2021（2）.
[5] 陈夏红. 个人破产程序中教育贷款的免除困境与制度抉择［J］. 清华法学，2021（6）.
[6] 曹文兵，朱程斌. 预重整制度的再认识及其规范重构：从余杭预重整案谈起［J］. 法律适用（司法案例），2019（2）.
[7] 邓满源. 税收滞纳金性质及征收比率的确定［J］. 税务研究，2014（5）.
[8] 范志勇. 论企业破产与税收征管程序的调适［J］. 河北法学，2018（9）.
[9] 龚家慧. 论我国关联企业实质合并预重整制度的构建［J］. 当代法学，2020（5）.
[10] 郭东阳. 破产法视野下个人信息转让的同意规则研究［J］. 东北大学学报（社会科学版），2020（5）.
[11] 郭富青. 论公司法与邻近法律部门的立法协同［J］. 法律科学（西北政法大学学报），2021（6）.
[12] 高永周. 债权平等：逻辑、风险与政策［J］. 北方法学，2021（3）.
[13] 贺丹. 破产实体合并司法裁判标准反思：一个比较的视角［J］. 中国政法大学学报，2017（3）.
[14] 贺丹. 企业拯救导向下债权破产止息规则的检讨［J］. 法学，2017（5）.
[15] 韩长印. 世界银行“办理破产”指标与我国的应对思路：以“破产框架力度指数”为视角［J］. 法学杂志，2020（7）.
[16] 金晓文. 破产程序中的金融合约“安全港”：安全边界的功能性定位［J］. 现代法学，2017（1）.
[17] 孔梁成. 企业破产清算中环境侵权债权之保护：以董事责任为视角［J］. 政治与法律，2020（9）.
[18] 梁爽. 董事信义义务结构重组及对中国模式的反思：以美、日

商业判断规则的运用为借镜［J］. 中外法学，2016（1）.
［19］李慈强. 破产清算中税收优先权的类型化分析［J］. 税务研究，2016（3）.
［20］李遵礼. 破产债权清偿后仍有剩余应先清偿停止计付的利息［J］. 人民司法（案例），2019（29）.
［21］李曙光. 破产法的宪法性及市场经济价值［J］. 北京大学学报（哲学社会科学版），2019（1）.
［22］龙光伟，王芳，叶浪花. “一带一路”背景下中国跨境破产的发展路径选择：新加坡跨境破产发展历程的经验与启示［J］. 人民司法（应用），2020（1）.
［23］陆晓燕. 运用法治手段化解产能过剩：论破产重整实践之市场化完善［J］. 法律适用，2016（11）.
［24］梁小惠，姚思妤. 法治化营商环境下中国民营企业之重整纾困：以浙江金盾系破产重整案为例［J］. 河北学刊，2020（6）.
［25］聂晶. 社会治理视域下我国破产清偿民间习俗的价值探究［J］. 河北法学，2020（9）.
［26］马馨睿. 破产程序中停止计息规则是否及于保证债权［J］. 中国商论，2020（13）.
［27］潘光林，方飞潮，叶飞. 预重整制度的价值分析及温州实践：以温州吉尔达鞋业有限公司预重整案为视角［J］. 法律适用，2019（12）.
［28］孙鹏. 完善我国留置权制度的建议［J］. 现代法学，2017（6）.
［29］万江. 政府管制的私法效应：强制性规定司法认定的实证研究［J］. 当代法学，2020（2）.
［30］王利明. 所有权保留制度若干问题探讨［J］. 人民法治，2015（9）.
［31］王锴. 合宪性、合法性、适当性审查的区别与联系［J］. 中国法学，2019（1）.
［32］王静，蒋伟. 实质合并破产制度适用实证研究：以企业破产法实施以来 76 件案件为样本［J］. 法律适用，2019（12）.

[33] 王静. 非讼程序视角下实质合并的申请与审查 [J]. 法律适用, 2021 (6).

[34] 王欣新. 企业重整中的商业银行债转股 [J]. 中国人民大学学报, 2017 (2).

[35] 王欣新. 再论破产重整程序中的债转股问题: 兼对韩长印教授文章的回应 [J]. 法学, 2018 (12).

[36] 王欣新. 关联企业实质合并破产标准研究 [J]. 法律适用 (司法案例), 2017 (8).

[37] 王雄飞, 李杰. 破产程序中税收优先权与担保物权的冲突和解决 [J]. 法律适用, 2018 (9).

[38] 吴京辉. 认缴资本制下资不抵债规则的功能转向: 从破产原因到破产预防 [J]. 现代法学, 2020 (6).

[39] 巫文勇, 张耋. 国家干预视角下金融机构破产安全港保护制度规则和边界 [J]. 江西社会科学, 2021 (1).

[40] 熊伟, 王宗涛. 中国税收优先权制度的存废之辩 [J]. 法学评论, 2013 (2).

[41] 项焱, 张雅雯. 从破产有罪到破产免责: 以英国个人破产免责制度确立为视角 [J]. 法学评论, 2020 (6).

[42] 徐阳光. 论关联企业实质合并破产 [J]. 中外法学, 2017 (3).

[43] 徐阳光. 个人破产免责的理论基础与规范构建 [J]. 中国法学, 2021 (4).

[44] 许德风. 公司融资语境下股与债的界分 [J]. 法学研究, 2019 (2).

[45] 许德风. 论公司债权人的体系保护 [J]. 中国人民大学学报, 2017 (2).

[46] 肖彬. 实质合并破产规则的立法构建 [J]. 山东社会科学, 2021 (4).

[47] 郁琳, 吴光荣. 与破产法有关的几个担保问题 [J]. 法律适用, 2021 (9).

[48] 余佳楠. 企业破产中的数据取回 [J]. 法律科学 (西北政法大

学学报)，2021 (5).
[49] 殷慧芬. 论自然人破产免责制度中的利益衡平 [J]. 西南政法大学学报，2021 (4).
[50] 浙江省杭州市余杭区人民法院课题组. 房地产企业预重整的实务探索及建议 [J]. 人民司法，2016 (7).
[51] 赵吟. 连带责任视角下个人与企业合并破产的准入规范 [J]. 法学，2021 (8).
[52] 张玲. 亚太经济一体化背景下跨境破产的区域合作 [J]. 政法论坛，2021 (1).
[53] 张世君. 我国破产重整立法的理念调适与核心制度改进 [J]. 法学杂志，2020 (7).
[54] 张春梅. 破产管理人合同解除权的限制问题：以所有权保留合同为例 [J]. 法制与经济，2020 (10).
[55] 张高，陈文. 集团公司破产重整中关联企业的实质合并问题研究 [J]. 中国律师，2021 (10).
[56] 张钦昱. 破产歧视与反歧视 [J]. 法学杂志，2021 (6).
[57] 张翔. 破产法的宪法维度 [J]. 中国法律评论，2020 (6).
[58] 张艳丽. 破产重整制度有效运行的问题与出路 [J]. 法学杂志，2016 (6).
[59] 张艳丽，陈俊清. 预重整：法庭外重组与法庭内重整的衔接 [J]. 河北法学. 2021 (2).
[60] 邹海林. 论出卖人在破产程序中的取回权：以所有权保留制度为中心 [J]. 上海政法学院学报 (法治论丛)，2021 (4).
[61] 周宇，李晖. 破产程序中税收债权与担保物权的冲突与弥合：一个法律解释的方法 [J]. 税务研究，2021 (3).

三、报纸

[1] 杜军，全先银. 公司预重整制度的实践意义 [N]. 人民法院报，2017-09-13 (7).

[2] 李春生. 完善破产立法优化法治化营商环境 [N]. 人民政协报, 2021-11-09 (12).
[3] 王欣新. 论破产清算程序中担保债权人优先受偿权的个别行使 [N]. 人民法院报, 2021-02-04 (7).
[4] 余建华, 钟法. 杭州: 完善破产审判机制促进资源优化配置 [N]. 人民法院报, 2021-11-15 (6).
[5] 赵晨熙. 加强金融机构破产法治化建设 [N]. 法治日报, 2021-08-24 (5).

后　　记

随着我国经济进入产业结构深度调整的新阶段，加之现阶段受到新冠肺炎疫情的影响，许多企业面临经营困境，甚至有些企业不得不考虑如何脱困重生。在我国法律框架中，破产法律制度能够帮助危困企业有效处理负债、保障债权人合法权益。在此背景下，《破产法专题研究》论文集的主要内容是关于破产法律制度疑难问题的深入性研究，以期助力我国破产法律制度更充分地发挥保护和拯救功能，为经济社会发展贡献力量。

本书是广东明思律师事务所组织编写的破产法专题研究论文集，收入了本所律师们的论文成果，共计21篇，涵盖破产管理人的职责与报酬、破产程序中的撤销权与取回权、预重整制度、关联企业合并破产制度、个人破产豁免制度、债权的保护与清偿顺位等重要制度。虽是文集汇编，却又自成系统，既有律师们从事破产法律业务以来的探索与心得，又有对实践案例的解析和感悟，既关注了当前破产法学研究中的前沿问题，也回应了司法实践中的疑难问题，在研究方法上注重实证分析法与比较分析法的结合，可为我国破产法律实务提供有益的借鉴和参考。